宋史十论

蒙文通 著

巴蜀书社

图书在版编目（CIP）数据

宋史十论/蒙文通著．—成都：巴蜀书社，
2021.3（2024.9重印）
（巴蜀百年学术名家丛书）
ISBN 978－7－5531－1400－2

Ⅰ.①宋…　Ⅱ.①蒙…　Ⅲ.①中国历史—宋代—文集
Ⅳ.①K244.07－53

中国版本图书馆 CIP 数据核字（2020）第 221159 号

宋 史 十 论

SONGSHI SHILUN

蒙文通　著

责任编辑	王承军	
责任印制	田东洋　谷雨婷	
出　版	巴蜀书社	
	四川省成都市锦江区三色路 238 号新华之星 A 座 36 楼	
	邮编 610023　总编室电话：（028）86361843	
网　址	www.bsbook.com	
发　行	巴蜀书社	
	发行科电话：（028）86361852　86361847	
经　销	新华书店	
排　版	四川胜翔数码印务设计有限公司	
印　刷	成都东江印务有限公司	
版　次	2021 年 3 月第 1 版	
印　次	2024 年 9 月第 2 次印刷	
成品尺寸	130mm×210mm	
印　张	9.75	
字　数	200 千	
书　号	ISBN 978－7－5531－1400－2	
定　价	64.00 元	

本书若有印装质量问题，请与本社发行科联系调换

宋史叙言

人之情，劳则思息，久蛰则思起。一动一静，交为之根。方一世群众心理举趋于静，苟有贤能者乘之，则安固之业成于俄顷，无他，此社会向心力强焉耳。及举世之心理方趋于动，则祸乱迭兴，莫之能已，无他，此社会离心力强焉耳。方社会之讴动，智者竭其思，能者毕其力。智者竭思，则处士横议，百家蜂起，而学术昌明；能者角力，则战伐相寻，角逐争雄，而土宇崩析。周之季世，思想发达，为后世冠，天下莫衷于一是，而金戈并争于战国；及其动久而思静，则杂家兴焉，采儒墨之善，撮名法之要，而以道家为中心，《吕览》是也，而《淮南》继之。杂家之兴，其中国将一之先朕乎？而秦以帝。秦以霸争之术，为一统之治，而不能凝民，则政乖而亡。刘氏起汉中，不五年而中国又一，何其速也？无他，人之厌乱久故耳。故曰秦可以不乱而自乱之。于是黄老行于汉而中国以安。夫名法富强之治，不可以苟宁，而黄老无为之术，乃可以久安，岂不异哉？无他，社会之思静也，而为治者乘之，故其功易集。于时百家精卓之说绝，而学一于章句，此舍黄钟而宝瓦釜也。无他，人心之向于静而然也。周末数百年间，思想解放哲学盛，至汉则哲学变而为宗教，道非道，儒非儒，暗淡无足论，而一世安之。然汉遂以强于东亚，开拓四方，胡越率服，此无他，群众之方趋于静，社会之向心力强也。

汉之末造，蛰而思起之会耶？崔寔、仲长统之徒，复振法家之绪论，佛教亦流入区夏，逮道家之清谈朋兴，扫弃礼法，可谓极怀疑破坏之能事，名、墨、阴阳之论靡不毕起，虽曰周秦思想复活可也。于是言政治而持极端放任论者则有鲍敬言，持极端统制论者则有傅咸，异说齐鸣，大盛于魏晋之世，曰"江左儒门，参差互出"，则非复两汉之学也，故集解兴而人思各立一义以自鸣。曰"自魏以前，多效三史，从晋以降，喜学五经"，于是诸家史体竞作，名理之帜高张，口舌相竞，引一世于迷罔。既上取周秦之说，再旁汲天竺之法，思想解放，壮阔波澜，卒之中原板荡，戎马生郊。胡羯俘裔，本寄命塞下，我并州佃客奴竖也，一朝奋起，冲决无前，而神乡遂沦为狼豕之窟宅。权专征镇，天子为虚名，以国政言，则篡夺相循，以学术言，则是非纷错，以士风言，则放浊偷薄，纪纲荡然，而文风亦靡弱不可振，盖动之已极，社会之离心力强，天下苟且涣散，不可收拾也。周隋踵武，世运一变，裁抑浮华，铸镕经籍，以为立言之准，清谈之风，亦以永息。览苏绰诰命之篇,以视齐梁浮艳,迥乎不侔。故曰:"江左宫商发越,贵于清绮;河朔词义贞刚,重乎气质。"惟读河朔之文,盖已气吞江左也。卒之兼齐并陈,海宇为一,岂偶然哉!诚以言者心声,人之性情,一表见于是,而莫可隐饰。观一人如是,察一世亦然,欲知一世之为盛为衰,社会心理之属动属静,察其文章,观其学术,而强弱兴亡之故,已燎燎也。隋可治而不治者,正政习于雄猜,以骚动天下,不七年而唐又定之,斯又社会群趋于静之验也。

唐之学,何莫非剿袭于六代,孔贾之疏,直取熊皇,然六代之儒,于注义不安,则加弹正,而唐人讥之为"虫生于木,还食其木",主于疏不破注,曰"宁道孔圣误,不言服郑非"。佛学在六朝参差纠缪,入唐而各统一归纳为大宗。夫儒固哲学也,乃在汉唐为宗教,佛固宗教也,而在六朝为哲学,岂非社会心理一动一静,交为起伏,而使之然哉?以六朝史学之盛,儒、史、玄、文,各为专业,丙、丁、甲、乙,别成部居,朝有著作之官,野多卓异之作。入唐而《班书》为一时规式,授受之严,与五经相亚。江左名理之论,遂沦亡无迹,而学定于孔贾之辈。以汉唐方周末六代,学术退堕,奚啻云泥;而夷灭异类,拓土广远,为效斯宏。此又群众心理之趋于静而社会向心力强之效也。学定于科判,文归于声律,治入于文法,凡唐人学术之造述,皆贵于广收博取,徒区以类例,而昧于深微,无甚足取,率成类书之习。而其国力强盛,威服百蛮,则不可及也。

唐之学以兼综为贵，宋之学以深入为能，于诗词、于书翰绘事、于文章，宋皆骨立森森，穷极峻远。唐自大历以还，经术则异学渐起，陆淳、啖助之徒，各明一义；言史则柳冕、萧颖士一时皆崇左卑马，非复唐初之论；荆溪、圭峰言佛陀，亦稍异台贤旧贯：天下之渐趋于动也。唐之盛莫如诗，而其后亦流派分别，友人萧仲伦之论曰："中晚之诗，皆自盛唐分裂而来，以各尽其能，元、白以平近，李、韩以奇崛，温、李以丽艳，而皆自盛唐分派来也。"社会之心理既趋于动，于时又强藩割据，乱剧于五季，历年短而乱则急，乱急则痛深，而潜思力追，此宋人严肃之概所以异于六代颓迷者耶？宋之时，亦举世而趋动，承五季之余风，邢、孙之流，袭唐人之疏，则裁其滥而约之以义理；庆历而后，更摧落汉唐之议，以极于横删六籍，怀疑摧陷之勇，迈于贲育，视魏晋有过之。故曰宋亦群众心理趋于动之时也。然宋人不苟安于怀疑之域，进而有必于求是之心，于愚夫愚妇、不学不虑，启示人心固有之知能，以之扫剿摹昔贤言语格套俗伪之论，于是至理明而天下是非有准，迷曲之论不得公行，黑白不相淆，俗正而政肃。新党、洛党言治不同，而必于使君为尧舜之君、民为尧舜之民则一也，汉唐规模不可得而淆之；朱学、陆学言学不尽同，而抉心性之本然以为准，必为圣贤，而不肯作天地间第二等人则一也，书册闻见之诎不可得而淆之。故宋人之学，其始也为哲学，人人反求诸己，期于自证自得；其终也，抉人心同然之安，而天下归于一是之定，则其效又与宗教同。此宋之所以能有统一之治，外之足以御北狄，而僭乱不作，反有贤于汉唐者耶？六代政治之离心力为篡乱、为割据，而宋政治之离心力为士大夫与士大夫之党争；六代学术之离心力为百氏、为异端，而宋代学术之离心力为新学、洛学、蜀学之鼎立及朱学、陆学之抗衡。政党之争烈而一于尊王，学术之争烈而一于希圣，此晚周六代之终于崩乱，而宋之所以挽五代之颓局以反于盛治者耶！六朝政俗与学术同敝，善疑也，而不能进而求是，排落外铄之说，而无拔本塞源、澈底澄清之勇，卒之俗敝政乱而不可挽。宋则异于是，惩藩镇鸱张则言《春秋》尊王之义以正之，慨俗习之污陋则倡《春秋》褒贬之义以裁之，皆非无的而纵矢。则其所以发本然之心、明同然之安而定必然之是者，正以异说朋兴，是非将混，惧祸败之将随而至耳。五季之乱，烈于三国，廉耻扫地，奚止清谈，契丹之迫，过于刘、石，患迫则虑远而忧深，此宋之所以能挽一世于既倒者也，正其学术明而风教肃有以致之。及其覆亡，忠义相属，如火如荼，虽曰宋明以灭于异族之故，而仗节死义者独多，然永嘉之败，其为灭于异族则一，而节概不稍见，岂非是非之久淆而学术太荒之故哉？宋之风以严肃，而六代习于怠荒，其盛其衰，此祸福之无不自己求之者。今之世，言议淆而政俗污，何其似魏晋、五季之甚，吾人亦希能比踪于两宋，而无为六代之续则幸也。宋之为宋，学术文章,正足见其立国精神之所在,故于宋史首应研学术,则知宋之所以存;次制度,则知宋之所以败;而事变云为纷纷者,皆其现象之粗迹,而别有为此现象策动之因存,亦正今日所当深思而引为明鉴者也。

原载 1938 年四川大学讲义《中国史学史》

目　录

宋代史学

一 天宝后之文、哲学与史学

唐初之学,沿袭六代。官修五史,皆断代纪传一体。故《汉书》学,于时独显。与"从晋以降,喜学五经"者异也。徒能整齐旧事,无所创明。而中叶以还,风尚一变。则以唐之思想、学术、文艺之莫不变也。曰"宁道孔圣误,不言郑服非",此唐初五经正义之学也。《新书·儒学传》言:"啖叔佐善《春秋》,考三家短长,缝绽漏阙,号《集传》,赵匡、陆质传之,遂名异儒。大历时,助、质、匡以《春秋》,施士匄以《诗》,仲子陵、袁彝、袁彤、韦茝以《礼》,蔡广成以《易》,强蒙以《论语》,皆自名其学。"此皆唐之异儒,啖、赵之于《春秋》,亦卢同"《春秋》三传束高阁,独抱遗经究终始"之意也。施士匄以《诗》,亦以《春秋》。文宗所斥为"穿凿之学,徒为异同"者也。于是人自为学,独重大义,视训诂章句若土梗。先秦诸子之书,废置已久,至是则有来鹄之于《鬼谷子》，皮日休之于《司马法》，韩愈、柳宗元于《墨子》《列子》《荀卿》《孟轲》，皆颇出入。而杜牧于《孙子》，杨倞于《荀子》，卢重玄于《列子》，其议论尚皆可寻。至《唐志》所载，贾大隐、陈嗣古于《公孙龙》，胜辅于《慎子》，杜佑于《管子》，陆善经于《孟子》，皆为之注。尹知章遍注《管》《韩》《老》《庄》《鬼谷》，赵蕤作《长短经》，更综纵横儒法，自成一家。是皆一反隋唐传统之学，而乞灵于晚周百家之言。诸子之学，于是蔚起。其从事六经，亦以从事诸子之法求之，而义理之途遂启。《太玄》《法言》渐重于世，注者亦多。孟、荀、扬雄、王通之学尊，而郑玄、马融、杜预、何休之俦废矣。凡《隐书》《谗书》《两同书》《化书》《素履》《无能》《伸蒙》《续孟》之作，皆足以见思想解放之风，而渐入于尊儒之域。排斥释、老，若放淫辞。由解放之后而尊儒，与由传统之见地以尊儒，一内一外，大不侔也。以视清世之以治经之法治诸子，岂不霄壤间哉？思想学术之壁垒一新，则文学不能安于骈俪之旧，而古文之说倡。凡以古文名者，莫不与异儒共声气。李舟叙《独孤常州集》，梁肃序《李翰集》，独孤序《李华中集》，皆以萧颖士、李华、贾至、独孤及并论，信四家者为天宝以来古文之巨擘也。《萧颖士传》言"卢异、贾邕、赵匡、柳并执弟子礼，以次受业"。而陆质即学于赵匡，匡又学于啖助，则皆以《春秋》鸣者。吕温《与族兄皋请学春秋书》，遍论六艺，正大历异儒之旨。而吕温实学古文于梁肃，肃学于独孤及。梁肃而下，由韩愈而皇甫湜，而来无择，而孙樵，其渊源亦远矣。韩愈论中庸诚明之说，欧阳詹从而伸之。韩愈论性三品，皇甫湜从而伸之。至李翱之《复性书》三篇，极于道微也。即杜牧之偏于性恶之旨，斯亦本于韩氏三品之言。是其流既广，而义理之说益著。若陆质之序《东皋子》，其所见视李翱亦伯仲之间。凡古文家之与异儒，皆归于义理。故一则曰"效扬雄、王通之辞"，再则曰"取之六经"。则所谓文起八代之衰者，其思想与异儒为一致，又其人皆相互于师友之间。一质一文，相为表里。与夫唐初正义之学、骈俪之文、释老之教，划若鸿沟，隔如胡越。《汉书》之学，亦因之一蹶不起，而新史学乃萌于是也。

萧颖士为古文家之前驱，而排斥马、班，亦于此发轫。其《与韦司业书》曰：

> 孔圣因鲁史记而作《春秋》，托微辞以示褒贬，全身远害之道博，惩恶劝善之功大。有汉之兴，旧章顿革。马迁倡其始，班固扬其波，纪、传平分，表、志区别。其文复而杂，其体漫而疏，事同举措，言殊卷帙。首末不足以振纲维，支条适足以助繁乱。于是圣明笔削之文废矣。仆欲依鲁史编年，起于汉元，终于义宁，约而删之，勒成百卷。应正朔者，举年以系代。分土宇者，附月以表年。于《左氏》取其文，《穀梁》师其简，《公羊》得其核。综三传之能事，标一字以举

凡。挟孔、左而中兴，黜迁、固为放命。自汉元卒于大业，史籍填委，编年之作，亦往往而闻。终未能摧汉臣僭伪之锋，接鲁论之绪。附庸班、范，曾何足云。

萧之所以易班，其要曰约，曰褒贬义法，刘轲、柳冕又从而伸之，而编年之作再起也。萧颖士本传言："颖士谓《春秋》为百王不易之法。而本纪、列传不足为训。撰编年依《春秋》义例，书魏高贵乡公之崩，则曰司马昭杀帝于南阙。书梁敬帝之逊位，则曰陈霸先反。黜陈闰隋，以唐承梁。有太原王绪作《永宁公辅梁书》，黜陈不帝。颖士佐之，亦作《萧梁史谱》及《梁不禅陈论》，以发绪义例。"此所谓应正数、分土宇之说，皇甫湜之《东晋元魏正闰论》，盖即沿颖士而兴。以迄于宋，欧阳修、苏轼、陈师道皆作《正统论》，亦其绪也。褒贬义例之说，沈既济、陆长源之书，亦其志也。自裴光庭引李融、张琪、司马利宾等直弘文馆，撰《续春秋经传》，自战国迄隋。表请天子修经，光庭作传。义例编年通史之作，在唐为异军突起。其必期于褒贬书法者，亦言经重大义之比。以于时哲学思想，已别入一新时期也。

自萧、刘、柳诸家之论倡，盖亦有起而难之者，然终未能全离其说。皇甫湜之《编年纪传论》曰："合圣人之经者，以心不以迹。得良史之体者，在适不在同。编年纪传，何常之有。夫是非与圣人同，辨善恶得天下之中，不虚善，不隐恶，则为纪传、为编年，皆良史也。若论不足以析皇极，辞不足以杜无穷，虽为纪传编年，斯皆罪人。司马氏作纪作传，将以包该事迹，参贯话言，纤悉百代之务，成就一家之说，必新制度而骋才力焉。编年纪事，束于次第，牵于混并，必举其大纲而简于叙事，是以多阙载、多逸文。"持正此论，盖针对柳冕之说。冕之言曰："求圣人之道，在求圣人之心，求圣人之心，在书圣人之法。法者，褒贬凡例是也。"湜虽力伸纪传、抑编年，然曰"是非与圣人同，辨善恶得天下之中"，而主于论之足以析皇极，则于义例之说，未之能易也。李翱《答皇甫湜书》言："仆近得《唐书》，史官才薄，言辞鄙浅。不足以发扬高祖、太宗列圣明德，曾不如范晔、陈寿所为，况足拟左丘明、司马迁、班固之文哉？窃不自度，欲笔削国史，成不刊之书。用仲尼褒贬之心，取天下公是公非以为本。韩退之所谓诛奸谀于既死，发潜德之幽光，是翱心也。仆文彩虽不足以希左丘明、司马子长，岂尽出班孟坚、蔡伯喈之下耶？"习之友于持正，盖亦右纪传之作，而亦主于明褒贬、公是非，斯亦未能外于萧、刘之旨。又兢兢于雄文章，希左、马，是盖古文家必然之论也。观于萧、刘、柳氏之论，皇甫、李翱之说，而后知尹洙之《五代春秋》、吕夏卿之《唐书直笔》所为作，欧阳修之奚为重修《五代史》《新唐书》，又由编年之风，折而入于纪传，固有由也。

二 《五代史》《唐书》之重修与新旧史学

大历以还之新学,虽枝叶扶疏,而实未能一扫唐之旧派而代之,历五代至宋,风俗未能骤变也。旧者息而新者盛,则在庆历时代,然后朝野皆新学之流。五季宋初,新派学者皆潜在草野。若孔维、邢昺、杜镐、舒雅之校撰群经正义,刘昫、薛居正之撰《唐书》《五代史》,文则四六,诗则西昆,《太平御览》《册府元龟》《文苑英华》之集,皆旧派也,实沿《北堂书钞》《艺文类聚》之风。朝列所登,多吴、蜀遗臣,显途皆属旧派。而唐以来之新派,皆潜伏无声华。种放、穆修、柳开、孙复既皆肥遁,而隐居以经术文章教授者尤多,研几则以《易》,经世则以《春秋》,此固源于唐之新学者也。陆游曰:"《易》学自汉以后浸微,宋兴有酸枣先生以《易》名家,同时种豹林亦专门教授,传至邵康节,遂大行于时。"《东都事略》言:"王昭素,酸枣人,著《易论》三十篇,李、穆而下,有闻于时者,皆其门人也。子仁亦有潜德。"晁公武言:"昭素隐居求志,行义甚高。"赵汝楳言:"《易》灾异于西汉,图谶于东都,《老》《庄》于魏晋之交,赖我朝王昭素、胡安定诸儒挽而回之。"则酸枣先生于《易》学所系之重也。陈振孙言:"皇甫泌著《易解》,其学得之于常州抱犊山人,而萧阳、游中传之。山人不知名,盖隐者也。"《东都事略》言:"陈抟不乐仕进,隐居武当。"又言:"种放隐居终南山豹林谷,闻陈抟之风,往见之。张齐贤称放隐居求志,孝友之行,可励风俗。"又言:"穆修师事陈抟,而传其《易》学。方是时,学者从事声律,未知为古文,修首为之倡,其后尹源与弟洙始从之学古文,又传其《春秋》学。"(《宋史》言苏舜钦辈亦从修学《易》。)又言:"高弁从种放学于终南山,又学古文于柳开。"陈振孙言:"王洙著《周易言象外集》,其序谓学《易》于处士赵期。"文彦博言:"武陵先生龙君平,陵阳人,藏器于身,不交世务,闭门却扫,开卷自得。"范仲淹言:"岷山处士龙昌期,论《易》深达微奥。"是见宋初新学诸儒,守唐人异儒,皆避世无闷,风操峻远。邵雍、胡瑗、孙复,何莫非幽栖岩穴,潜心道微,然后能光大其途。流风既广,而后能祛千载之弊,一洗空之。宋初以还,其人既众,其学亦博,若陈抟、刘牧、周、邵之渊源统系,于宋初之学,所系尤显。盖自唐季以来,学术猥鄙,风俗颓薄,宋兴尚未能革,刘鉴泉氏言:"庆历以前先沿南,而后则沿北。"实则宋代先之显学,与后之显学有殊。经五季之乱,文章在南。庆历以后,新派勃盛,无南北皆新派也。李方叔《师友谈记》:"欧阳公《五代史》最得《春秋》之法,盖文忠公学《春秋》于胡瑗、孙复。"柳、孙一派,殆至欧公而后显。自是以还,政治学术,皆焕然一新,涤荡污蔓,拔一世于清正之域。自天宝、大历以来发其端,至庆历而后盛。文化之肇造,革故而鼎新之,岂易言哉?以纪传一体言之,自马班而下,迄于清修《明史》。凡旧史既成而又别修新史者,事不恒见。苟有之，自必史学鼎盛之际。《后汉书》有七家、《晋书》有九家是也。皆有所不满于旧贯，而别作新书。《唐书》《五代》之有新旧书，职是故耳。若史学衰熄之际，旧作虽陋劣，固亦未有起而重修之者，辽、金、宋、元诸史是也。欧阳修本大历以来新学术之议论，自不洽意于刘、薛之书，而旧史重修之事遂以再起。陈师锡序《新五代史记》曰：

> 五代距今百有余年，故老遗俗，往往垂绝，无能道说者。史官秉笔之士，或文采不足以耀无穷，道学不足以继述作。庐陵欧阳公慨然以自任，潜心累年，而后成书。其事迹实录，详于旧记，而褒贬义例，仰师《春秋》。由迁固而来，未之有也。

其曰"道学"，曰"义例"云者，正萧、刘以来之说也。曰"文采"云者，李翱之说也。柳冕以来，法《春秋》而扬编年，此则绍述纪传，则皇甫氏之说也。近人恒言欧公不自言作书之意，实则唐以来之议论，已为一世之通说，又何俟欧公之自道哉？欧公亦不过取持正、习之虚言而实现之耳。晁公武言："永叔以薛居正史繁猥失实，重加修定。"孔欧孟言：《旧五代史》文体劣弱，欧公一削其芜，但笔法谨严，叙事疏略，《司天》《职方》二考，又为未成之书。"盖减截繁秽，归于简洁，亦唐以来之恒论。欧公既未能踵马、班而作书志，二考又为未成之书，则重人治而忽法治，亦于时普遍之见也。曾公亮《进唐书表》曰："唐三百年治乱兴衰，宜其粲然著在简册，而纪次无法，文采不明。惟唐不幸，接乎五代，衰世之士，气力卑弱，言浅意陋，不足以起其文。"陈振孙亦言："《旧史》成于五代文体卑弱之时，论赞多用俪语，不足传。"此皆文章之说也。吴缜《新唐书纠谬》序言："修纪志者则专以褒贬笔削为事，修传者则独以文辞华采为先。"晁公武亦言："议者颇谓永叔学《春秋》，每务褒贬。子京通小学，刻意文章。"此又及于理道之旨也。《新唐书》之作，盖犹乎《新五代史记》，亦沿萧、柳、皇甫、李翱之论，与刘敞、王安石辈无二致也。《能改斋漫录》《困学纪闻》并谓："庆历以前，多遵章句注疏之学，谈经者守训诂而不凿。自刘原父为《七经小传》，始异诸儒之说，而稍尚新奇。王荆公修经义，盖本于原父。"此所谓庆历以前，即宋初显学，沿于唐之旧派者也。庆历以后之显学，则本于唐之异儒，属于新派者也。文起八代之衰，而道继千四百年之绪，为一世言学之宗趣。《新唐书》《新五代史》者，即本此宗趣以重修旧史者也。

三　孙甫与司马光

纪传有书志，自荀悦作《汉纪》，约班书为编年，而书志之文，亦散存其间。唐柳芳作《唐历》四十卷，崔龟从又《续唐历》二十二卷，晁公武谓："《唐历》不立褒贬义例，而叙制度为详。景迁生亟称之，以为《通鉴》多取焉。"自荀氏以来，编年之书，未有不备制度者也。《唐会要》言："姚思廉(应从《史略》作姚康复)撰《通史》(应从《史略》作《统史》)三百卷上之,自开辟至隋末编年,纂帝王美政善事诏令,可利于时者必载,于时政、盐铁、管榷、和籴、赈贷、钱陌、兵数虚实、贮粮、用兵利害、边事戎狄,无不备载,下至释道烧炼,妄求无验,皆叙之矣。"此编年通史自姚氏始,萧氏《通典》,书或未成,成之自康复。于朝章政典,亦详著之。制度、褒贬二者,唐以来皆并举不遗。至孙甫为《唐史记》而事又殊,其论编年、纪传二体得失,亦颇有远过唐人者。兹取其说而论之,以见史学于此之又一变。

孙甫《唐史记序》曰:

古之史,《尚书》《春秋》是也。《尚书》记治世之事,作教之书也。《春秋》记乱世之事,立法之书也。至司马迁修《史记》,破编年体,创为纪传,盖务便于记事也。记事便则所取博,故奇异细碎之事皆载焉。于治乱之本,劝戒之道,杂乱而不明。有识者短之,谓纪传所记,一事分为数处,前后屡出。殊不知又有失之大者。夫史之记事,莫大乎治乱,君令于上,臣行于下,臣谋于前,君纳于后,事臧则成、否则败,此当谨记之某年。君臣有谋议,将相有功勋,与其众行细事,杂载于传中,其体便乎? 复有过差邪恶之事,以召危乱,不于当年书之,以为深戒,岂非失之大者? 甫常有志于史,因《唐书》多失体法,怪异猥俗,无所不有。治乱之迹,散于纪传中,杂而不显,不足以明一代盛衰之由。遂据《唐实录》与《唐书》,兼采诸家著录,修为《唐史记》。旧史之文繁者删之,失去就者改之,意不足而有他证者补之,事之不要者去之,要而违失者增之,是非不明者正之。用编年之体,所以次序君臣之事。所书之法,虽宗二经文意,其体略与实录相类。以唐之一代,有治有乱,不可全法《尚书》《春秋》之体,又不敢僭作经之名。或曰:子之修是书,不为书志,则郊庙、礼乐、律历、灾祥之事,官职、刑法、食货、州郡之制,得无遗乎?答曰:郊庙而下,固国之巨典急务,但记其大要,以明法度政教之体,其备议细文,则有司之书,各有司存。为史者难乎具载也。

孙氏书在当时颇有盛誉,晁公武言:"孙甫《唐史要论》,欧阳永叔、司马温公、苏子瞻称其书议论精核,以为旧史所不及。"永叔亦言:"孙公甫喜言唐事,每为人说,听者晓然如目见,故学者谓晚岁读史,不如一日闻公论也。"之翰臧否二体,以治乱成败应于当年书之,此论视唐为有进。至吕伯恭说史,以为二体互有得失,谓"论一时之事,纪传不如编年,论一人之得失,编年不如纪传"。其言盖正为之翰而发,亦视唐人之说为有进也。孙氏于编年之中,而寓实录之法,则于一人之得失,亦庶可无憾耶?萧颖士、陆长源褒贬义例之旨,孙氏以"不敢僭经"而略之。柳芳、姚康复制度典礼之数,孙氏以"难乎具载"而损之。则编年之史,不可谓非至孙氏而一变。《资治通鉴》之作,编年通史,为沿之萧颖士、姚康复,遗褒贬,削制度,是则仿于孙氏者也。此司马之书,与欧公分流,而各有所导源者也。

《群书考索》称温公尝谓刘恕曰:"《史记》至《五代史》,千五百卷,诸生毕世不能举其大略。予欲因丘明编年之体,仿简要之文,网罗众说,成一家书。"《资治通鉴》未作之先,学者盖多习高峻《小史》,自司马书行,而高书遂废。虽曰温公以"文章议论,成历世大典",而简要之谓,亦其旨焉。高似孙《史略》谓荀悦《汉纪》:"此书专为正史繁博而作,辞约则事必省,事省则史必精。编年之作,难乎其详且细矣。王通氏曰:荀悦史乎!是盖知悦者也。而杜预尤为善言史者,有谓史之旧章,从而修之,故曰约史记而修《春秋》。殆此意欤?""辞约则史精",斯盖于论为至美。取去严而后意执显,此之谓笔削,奚必褒贬而后为笔削哉?高似孙言:"司马公《通鉴》,人但以为取诸正史。予尝穷极《通鉴》用功处,固有用史,用志传,或用他书,萃成一段者。则其为功切矣,其所采取亦博矣。乃以其所用之书,随事归之于下,七年而后成。《通鉴》中所援引者,二百二十余家。"此足以见温公搜求之广。司马公休曰:"此书成,盖得人焉。《史记》、前后汉,则刘贡父。三国历九朝而隋,则刘道原。唐迄五代,则范纯仁。"此见为之助者亦众,况又历时久然后成书。其足以为宋代以来地位特高之作,至今不废者,非偶然也。纯仁既佐温公成《通鉴》,又别作《唐鉴》,自成一家之言。蔡绦谓:

"祖禹子温游相国寺,诸贵珰见之,皆指目曰'此唐鉴公之子'。盖不知祖禹为谁,独习闻有《唐鉴》也。"是其书于时亦最有高名。朱晦庵言:"《唐鉴》有缓而不精确处,如言租庸调及杨炎二税之法,只云在于得人,不在乎法。是见熙宁间详于制度,故有激而言。"然温公之书,每訾短变法、毁斥用兵之类,盖亦以激于熙宁间事,翻为全璧之瑕,正不少也。韩仲止尝言:"《唐论》有才术,《唐鉴》有学术,之翰史才也,淳夫则学者耳。"朱子亦曰:"《唐鉴》有疏处。孙之翰《唐论》精细,说利害如身亲历。但理不及《唐鉴》耳。"而吕伯恭晚年则谓:"《唐论》胜《唐鉴》。"诸家衡孙、范二氏书,得失若不同,自源各人学术之异。亦可见由孙而范,学术之已转变。至胡寅《读史管见》,而议益巇矣。陈振孙言:"胡寅以《通鉴》事备而义少,故为此书,议论宏伟严正。"朱子曰:"致堂《管见》,方是议论,《唐鉴》议论弱。"盖之翰为史家,谆甫为儒者,致堂则道学。理道之旨,三变而言益巇。议史不同,亦正由言学之日益殊也。

温公《与范内翰论修书帖》曰:

> 梦得今来所作丛目,方是将《实录》事目标出。其《实录》中事,应移在前后者,必已注于逐事下讫。自《旧唐书》以下,俱未曾附注,如何遽可作长编也。请将新、旧《唐书》纪志传,及统纪补录,并诸家传记小说,以至诸人文集,稍干时事者,皆须依年月日添附。但稍与其事相涉者即注之,过多不害。其修长

编时,请据事目下所据新旧纪志传,及杂史小说文集,尽检出一阅。其中事同文异者,则请择一明白详备者录之。彼此互有详略,则请左右采获,错综铨次,自用文辞修正之。一如《左氏》叙事之体。此并作大字写。若彼此年月事迹有相违戾不同者,则请选择一证据分明、情理近于得实者,修入正文,余者注于其下。仍为叙述所以取此舍彼之意。大抵长编宁失于繁,毋失于略。

此温公告淳夫修长编法也。李巽岩云:"温公与范太史议修《唐纪》,云已及百卷,既卒为八十卷,删削之功盛矣。"温公《与宋次道书》曰:"唐文字多,托范梦得将诸书依年月编次为草卷,每四丈截为一卷,今已二百余卷,至大历末年耳。而后卷数又须倍此。共计不减六七百卷。又须细删,所存不过数十卷而已。"长编之法,今昔所推,所以搜罗放佚,考正异同,其事之巨且伟也。其后眉山李焘仁甫撰《续通鉴长编》,其《进书表》言:

> 司马光之作《资治通鉴》,先使其寮采撅异闻,以年月日为丛目。丛目既成,乃修长编。唐三百年,范祖禹实掌之。今臣纂集义例,悉用光所创立。错综铨次,皆有依凭。顾臣此书,讵可便谓《续资治通鉴》,姑谓《续资治通鉴长编》可也。旁采异闻,补实录、正史之阙略。参求真是,破巧说伪辨之纷纭。

于是长编之法，自范氏而至李氏，绪衍蜀中。叶水心曰：

> 李氏《续通鉴》，《春秋》之后，才有此书。自史法坏，谱牒绝，百家异传，与《诗》《书》《春秋》并行。而汉至五季事，多在记后。史官常狼狈收拾，仅能成篇。呜呼！其何以信天下也？《通鉴》由千有余岁之后，追战国秦汉之前则远矣。疑词误说，流于人心久矣。方将钩索质验，贯殊析同，力诚劳而势难一矣。及公据兴复之会，乘岁月之存，断自本朝。凡《实录》《正史》，官府文书，无不是正就一律也。而又家录野记，旁互参审，毫发不使遁逸。邪正心迹，随卷较然。夫孔子之所以正时日月，必取于《春秋》者，近而其书具也。今惟《续通鉴》为然尔。故余谓《春秋》之后，才有此书，信之所聚也。虽然，公终不敢自成书，第使至约出于至详，至简成于至繁，以待后人而已。

夫至约之必应出于至详，而至繁之必刊为至简，水心之论，可谓彻彻始彻终，其推挹巽岩者至矣。于是井研李心传微之又作《建炎以来系年要录》，以与巽岩《长编》相续。其《朝野杂记》《旧闻证误》，一皆仁甫法也。范氏之绪，而二李广之。编年之体，至是由约而即于繁。于是眉州王称作《东都事略》，亦一名著，纪传之体，至王氏又由至繁而出于简。二体辉映，其为变亦奇也。

四　新学、洛学、蜀学与史学

宋兴百年之间，仁宗之际，旧派之学始废，而新派遂盛。于是新派中又各分道扬镳，而王荆公、三苏、二程为之魁，各以学召后进。熙丰变法，王学独行，其学遂专新学之名。程为洛学，苏为蜀学，鼎立以相抗。元祐更化，荆公之徒失势，而洛党、蜀党、朔党之争起。朔党者，其人亦大率孙、石之徒，守新派之学，无所创树，而又不入于洛、蜀者也。故论北宋之学，必以此三家为巨擘。虽不能尽括一代，而其余竟为枝蘖也。荆公期君为尧舜之君，民为尧舜之民，陋汉唐而追踪三代，自无所事史学。且置《春秋》不以取士，而诋之曰"断烂朝报"。元符中，薛昂乞罢史学。徽宗时，王学益重，昂为司成，士人程文有用《史记》、两《汉》语者辄黜落。《能改斋漫录》言："崇宁以来，专用王氏之学，非《三经》《字说》不用。至政和之初，蔡嶷、慕容彦逢、宇文粹中奏：欲时务策中参以汉唐历代事实为问，奏可。未几，李彦章奏：秦汉隋唐之事，流俗之学。今近臣进论，不陈尧舜之道，而建汉唐之陋。不使士专经，而使省流俗之学。"荆公虽主持变法，及其徒而后制度之学渐兴。然于汉唐之近迹，终以卑卑不足道。盖法汉唐则祖宗之政不得改，无以持异己者之口。故排史学若此其深也。程氏伯仲之学，直承孔子千五百年之传，义利之辨明，而得失之故疏，其卑视汉唐，与王氏等。谢显道观《汉书》，伊川曰："贤可谓玩物丧志。"于《春秋传自序》曰："夫子作《春秋》，为百王不易之大法，斯道也，惟颜子尝闻之。曰行夏之时，乘殷之辂，服周之冕，乐则韶舞，此其准的也。后世以史视《春秋》，谓褒善贬恶而已，至于经世之大法则不知也。"是孙复辈之说，至斯而一变也。朱晦庵承程氏之传，其云："看史者只是看人相打，有甚好处。"又云："《春秋》只是直载当时之事，要见当时治乱兴衰，非是于一字上定褒贬。"皆意符程氏。晦翁作《名臣言行录》及《通鉴纲目》，或亦染于南渡史学之盛而作，而稍变程氏之旨。《纲目》实法《春秋》之褒贬，盖取欧公、尹洙理道之说，以挽浙东功利之偏。刘鉴泉氏谓《言行录》"剪裁传状，次第始终，遗行讥论，则列于后。一事两书，则作夹注。或以考异，或为附详。体例精密，盖将以补正史。……具载各派议论，足以参互考求。实论世之要籍，正其所以为朱子之书"。夫言史而局于得失之故，不知考于义理之原，则习于近迹，而无以拔生人于清正理想之域，固将不免于丧志之惧。然苟持枵大无实之论，惟知以绳墨苛察为击断，是亦曲士庸人之陋，则又乌可以语至治之事哉？晦翁而后，浙东文献之传，与道学合流为一家。是盖以晦翁之气刚而度伟，固足以摄群伦而含万流，有以致之也。

北宋三家，惟苏氏能不废史学。二苏自述家学，皆谓以古今成败得失为议论之要。故所作史论，固多明烛情状之言。明允谓："史之难其人久矣。魏晋宋齐梁陈间，观其文章,则亦固当然也。所可怪者,唐三百年文章,非三代两汉为敌。史之才宜有如丘明、迁、固辈,而卒无一人可与范晔、陈寿比肩,吁其难而然哉。夫知其难,故思之深,思之深,故有得,因作《史论》。"兹录其文而论之。《史论》曰:

　　史何为而作乎? 其有忧也。……仲尼之志大,故其忧愈大,是以因史修经,卒之论其效,必曰乱臣贼子惧。由是知史与经,皆忧小人而作,其义一也。其义一,其体二,故曰史焉,曰经焉。大凡文之用四:事以实之,词以章之,道以通之,法以检。此经、史所兼而有之者也。虽然,经以道法胜,史以事词胜,经不得史,无以证其褒贬,史不得经,无以酌其轻重。经非一代之实录,史非万世之常法,体不相沿而用实相资焉。夫《易》《礼》《乐》《诗》《书》,言圣人之道与法详矣,然弗验之行事,仲尼惧后世以是为圣人之私言,故因赴告策书以修《春秋》,旌善而惩恶,此经之道也。犹惧后世以为已为臆断,故本《周礼》以为凡,此经之法也。至于事则举其略,词则务于简,吾故曰经以道法胜。史则不然,事既曲详,词亦夸耀,所谓褒贬论赞之外无几,吾故曰史以事词胜。使后人不知史而观经,则所褒莫见其善状,所贬弗闻其恶实,吾故曰经不得史无以证其褒贬。使后人不通经而专史,则称谓不知所法,惩劝不知所祖,吾故曰史不得经无以酌轻重。经或从伪赴而书，或隐讳而不书，若此者众，皆适于教而已，吾故曰经非一代之实录。史之一纪、一世家、一传，其间美恶得失固不可以一二数，则其论赞数十百言之中，安能事为之褒贬，使天下之人动有所法如《春秋》哉？吾故曰史非万世之常法。夫规矩准绳所以制器，器所待而正者也，然而不得器则规无所效其圆，矩无所用其方，准无所施其平，绳无所措其直，史待经而正，不得史则经晦，吾故曰体不相沿而用实相资焉。噫，一规一矩一准一绳足以制万器，后之人其务晞迁、固实录可也。慎无若王通、陆长源辈嚣嚣然冗且僭，则善矣。

明允之论，归于劝惩，斯固宋以来之恒言。至其示后人以务希迁、固实录，而无若王通、陆长源，则以鉴于中唐以迄欧公、尹洙之伦，专法褒贬义例，是明允于一时为绝识，故推明经史之体不相沿而用相资。上来史家，混并经史为一途，盖其蔽固已久也。自啖、赵以来，言《春秋》者皆左祖《公》《穀》，不取《左氏》，亦至子由而反之，其旨固本之明允，亦一代之绝识也。其《春秋集传·自序》曰："余少治《春秋》，时人多师孙明复，谓孔子作《春秋》，略尽一时之事，不复信史，故尽弃三传，无所复取。余以为左丘明鲁史也，孔子本所据依以作《春秋》，故事必以左丘明为本。丘明授经仲尼，躬览载籍。学者原始要终，究其所穷，斯得之矣。至孔子之所与夺，丘明容有不尽，故当参以公、縠、唉、赵诸人。"孙、石之论,盖至是而一变,亦以蜀学重史,故于经亦异于恒流也。子由又作《古史》,朱晦庵曰:"近世之言史者,惟此书为近理。论司马迁以为浅近而不学,疏略而轻信,亦中其病。秦汉以来,史册之言近理而可观者,莫如此书。"苏氏延北宋一线史学之传,俾蜀之史著,风起云蔚,其为教亦宏矣。曾子固、刘贡父、原父亦颇致力于史,然于两汉六朝,皆校勘之功多,而罕所论列。刘鉴泉氏谓:"北宋之古学者,二刘、王、曾为魁。然古学者多能见其大,然多高而不通。如原父之以全道横论百工(《百工说》),介甫之以时中纵论三圣(《三圣人》),与子固之论一与变(《战国策序目》),皆通识也。实斋之通,实本于此。"是数子者,亦一时之俊也。

五 南渡女婺史学之源流与三派

南渡之学,以女婺为大宗,实集北宋三家之成,故足以抗衡朱氏。而一发枢机,系于吕氏。以北宋学脉应有其流,而南宋应有其源也。北宋之学重《春秋》而忽制度,南渡则制度几为学术之中心。考陈振孙言:"王昭禹《周礼详解》,其学皆尊王氏新说。"王与之言:"三山林氏,祖荆公与昭禹所说。"指林之奇《周礼全解》也。林氏之学出于吕氏,而成公又从林氏学。故王应麟云:"少颖说《书》,至《洛诰》而终,成公说《书》,自《洛诰》而始。则伯恭之于少颖,非泛泛也。"盖自荆公主变法师《周官》,其徒陆佃、方悫、马睎孟、陈祥道继之，为王门说《礼》四家，而制度之学稍起，魏了翁所谓方、马、陈、陆诸家，述王氏之说者也。至于林、吕而女婺经制之学以兴。盖龚原少从王安石游，笃志经学，凡永嘉先辈之学沈躬行之徒以经鸣者，渊源皆出于原。林、吕皆出于是，此女婺之学有源于王氏者，不可诬也。王淮言："朱（晦庵）为程学，陈（龙川）为苏学。"《隐居通义》言："灵卧吴先生曰：近时水心一家，欲合周、程、欧、苏之裂。"此女婺之学远接苏氏，又不可诬也。盖庆历而后，程、王二派皆卑视汉唐，故轻史学，北宋史学一发之传，则系于苏，故至南渡，二李、三牟上承范氏，史犹盛于蜀。史称王应麟与汤文清讲西蜀之史学、永嘉之制度是也。女婺之学偏于史，可谓远接苏氏之风乎！吕、叶、二陈皆以文名，固亦规摹苏氏，故朱子有"伯恭爱说史学"，"护苏氏尤力"之说。其先后相承脉络固若此，而后人必以女婺之学系之伊洛一派，然其为学本末，判然与伊洛不牟，彰彰可知。以女婺之学亦有本之伊洛者则可，谓纯出于伊洛则不可。黄潜曰："婺之学，有三家焉，陈氏先事功，唐氏尚经制，吕氏善性理，在温则王道甫尝合于陈氏，而其言无传，陈君举为说皆与唐氏合，叶正则若与吕氏同所出。"袁桷曰："女婺史学之盛，有三家焉：东莱之学，据经以考异同，而书事之法，得之于夫子义例。以褒贬而言者，非夫子旨矣。龙川陈同甫急于当时之利害，召人心，感上意，激顽警媮，深以为世道标准。悦斋唐与政搜辑精要,纲挈领正,俾君臣得以有考,礼乐天人图书之会粹,力返于古。"盖女婺之学,萃洛、蜀、新学三家于一途。吕氏尚性理,则本于程者为多。唐氏尚经制,则本于王者为多。陈氏先事功,则本于苏者为多。既合三而为一,复别一而为三,衡学术流别,斯又未可置而不论也。明时俗学、类书一派,多本之陈君举,故《四库类目》于吕、唐典制之作,悉收入类书;而策论一派,导源苏氏;言纲目义例一派,源于洛闽。末流之弊,可胜言哉!王祎曰:

> 圣人之经,儒者之传,诸子百家之著述,历代太史之记录,以及天文、地理、律历、兵谋、术数、字学、族谱之杂出,皆学者所当读而通之者也。虽然,学问无穷,诚有不能遍观而尽识者。惟圣人之经,则弗可以莫之究也。先王之道,所以立天下之大本,先王之制,所以成天下之大业,皆于是乎在。乃焚于秦,谶纬于汉,愈传而愈失。时异事易,愈变而愈非。宋河南程子、关中张子者出,始克实践精讨。而圣贤明德之要,帝王经世之规,所以垂宪后世者,乃大有所发明。其后朱文公、张宣公、吕成公,一时并兴,即当其时,如永嘉薛氏、郑氏、陈氏、叶氏,闽中林氏,永康陈氏,后先迭出,各以所学自成一家。大抵均以先王之道为己任,以先王之制为必行。

苏天爵言:"南渡之初,一二大贤,既以其学,作新其徒。吕成公在婺，学者亦盛。同时有声者，有薛（季宣）、郑（景望）之深淳，陈（傅良）、蔡（幼学）之富赡，叶正则之好奇，陈同甫之尚气，亦各自名家，以表现于世。其为文也，本诸圣贤之经，考求汉唐之史，凡天文、地理、井田、兵制，郊庙之礼乐，朝廷之官仪，下至族姓方技，莫不稽其沿袭，究其异同。"女婺学派之宗旨，与其人之盛，于此可概见之也。及其流之既远，为金华文献之传，与朱学合而为一，入明犹盛，于别章详之。

六　义理派史学

女婺言史者三家，东莱、二陈为最早，而吕氏所系尤重。宋濂言："东莱以中原文献之传，倡明道学于婺，丽泽之益，迩沾远被。龙川既居同郡，又东莱之从表弟。虽其志在事功，不能挈而使之同，反复磨切之，其议论或至夜分，要不为不至也。止斋留心于古人经制、三代治法，虽出于常州者为多，至于宋之文献相承，所以垂世而立国者，亦东莱亹亹为言之，而学始大备。"是二陈亦有本于吕氏者也。东莱《史说》举列子曰："人之所游，观其所见；我之所游，观其所变。"云："此可取以为观史之法。大抵看史，见治则以为治，见乱则以为乱，见一事则止知一事，何取观史？当如身在其中，见事之利害，时之祸患，必掩卷自思，使我遇此，当作如何。如此观史，学问亦可进，知识亦可高。"东莱作《大事记》，起春秋，迄五代，又作《通释》

及《解题》。王子充言:"东莱躬任斯道之传,而于史学尤长,用古策书遗法作《大事记》,朱文公盖深服之,谓自有史策以来,无如此书之奇者。东莱自谓书法视太史公所录。子长年表,盖古策书遗法。"又谓:"《大事记》者,列其事之目而已。熟乎《通释》之所载,则其统纪可考也。《解题》为始学者设,所载皆当知。非事博杂、治新奇,出于人之所不知也。"《解题》《通释》中,皆引古议论以明事之情状。于六国之灭,引《汉书·地理志》。于诸子引《庄子·天下篇》及司马谈《论六家要旨》。于周亡引《六代论》。于秦始令男子书年,引《中论·民数篇》。于景帝令诸侯王得治国,引《贾谊书》。如《诗序》《书序》《孟子》《太史公自序》、刘向《战国策序》之类皆取之。以观子者观史,而察其世变。其制奇,其识远矣。东莱又作《历代制度详说》,《文献通考》所征东莱之说,悉出此编。彭飞言:

> 世之学者,歧道学政事为两途,紫阳浙东功利之论,永嘉诸子,未免致疵议焉。东莱先生以中原文献之旧,岿然为渡江后大宗。尤潜心于史学,似欲含紫阳、永嘉而一之。所著《制度详说》,于古今沿革之制,世道变通之宜,贯穿折衷,首尾备见。切于民生实用,有不容阙者。使读者穷经以立其本,涉史以观其变,研究事理以观其会通。

《建炎以来朝野杂记》言:

《文鉴》者，吕祖谦编。临安书坊有《圣宋文海》，孝宗得之，（以）去取差谬，命伯恭校正。编类凡六十一门，为百五十卷。书进，有云所载臣僚奏议有诋及祖宗者，不可示后。

许浩《复斋日记》言：

东莱《文鉴》成，有奏《文鉴》多用田野疾苦之事，是借旧以刺今，所载奏疏，多指祖宗过举，尤为非宜。板行之议遂寝。

《书录解题》言：

朱晦庵晚年尝谓学者曰：此书编次，篇篇有意。每卷首必取一大文字。所载奏议，亦系一时政治大节。祖宗二百年规模，与后来中变之意，尽在于此。

叶水心言：

自古类书，未有善于此。上世以道为治，而文出于其中。战国至秦，道统放灭，后世可论惟汉唐，见于文者，往往讹杂乖戾。类次者复不能归一，荡流不反。此书刊落浩穰，百存一二。苟其义无所考，虽甚文不录；或于事有所该，虽稍质不废。巨家鸿笔，以浮浅受黜；稀名短句，以幽远见收。合而论之，大抵欲约一代治体，归之于道，不以区区虚文为主。然则所谓庄周、相如为文章宗者，司马迁、韩愈之过也。

又曰：

> 此书二千五百余篇，纲条大者十数，义类百数，其因文示义，不徒以文，所谓必约而归于正，千余数。盖一代之统纪略具焉。后有欲明吕氏之学者，宜于此求之矣。

斯《文鉴》者，不啻挈纲示义，言北宋一代之良史也。东莱复删撮旧史，始《史记》迄五代，为《十七史详节》二百七十三卷，虽鲜所考论（惟《新唐书》子注精审），然持视温公之书，其为裁繁就简则同；而表志杂传之属，足以横观一代之全面者，温公恒削之，东莱必存之，其视史学之范围，一狭一广，乃大不同，亦足觇北宋、南宋言史学之殊也。若东莱之评《左氏》《史记》，意亦殊于北宋。其言曰："《左氏传》综理微密，后之为史者鲜能及之。"又曰："《左氏》一书，接三代之末流，五经之余波，苟尽心于此，则有不尽之用。"此与中唐以来，取二传而斥《左氏》者殊也。又其言："太史公之书法，岂拘儒曲士所能通其说乎？其旨意之深远，寄兴之悠久，微而显，绝而续，正而变，文见于此而义起于彼，有若鱼龙之变化，不可得而踪迹者也。可不参考互观，以究其大旨之所归乎？"中唐迄于北宋，崇编年，绌马迁，吕氏衡编年纪传互有得失，其论既高于前哲，故此之陈义，亦不能同于旧说也。

　　　　　　　　　　　　上吕祖谦，字伯恭，号东莱

水心同于东莱，称治史而究乎义理之源。然水心于伊洛多微辞，则于东莱究异致。孙子宏序《习学记言》曰：

> 先生之书，能稽合乎孔氏之本统。前世帝王之典籍赖以存，开物成务之伦纪赖以著。《易·象》《象》仲尼亲笔也，《十翼》则讹矣。《诗》《书》义理所聚也，《中庸》《大学》则后矣。以孟轲能嗣孔子，未为过也；舍孔子而宗孟轲，则于本统离矣。

此最足以见水心之旨。是则绝异于伊洛与东莱者也。惟水心于史，恒多独造之言，远乎迂阔之习。《水心别集》之论《周官》曰：

> 先王之治，不见于后世。儒者感愤太息，思有以易之，则皆求之于经，然而犹未能自信者，以其说之未具也。《周礼》六卿之书，言周公之为周，其于建国、设官、井田、兵法、兴利防患，器机工巧之术咸在。凡成康之盛，其本末可言也。于是儒者莫不为欣然自喜，以为可以必行而无疑矣。……孔子之于经也，微见先王之意，而不尽其所以为之之说。其告门人弟子问政事者详矣，若曰修身以应变，酌古以御今，然后其继周者百世可知也。奈何取其说之具者，而徒加之后世哉？又有甚不可者。古之治天下，必辨其内外大小之序，而后施其繁简详略之宜。三代之时，自汉淮以南，皆弃而不有，方天下为五千里。为

王之自治者，千里而已。其外大小之国千余，皆得以自治。其正朔所颁，礼乐征伐，自天子出。朝会贡赋，贤能之士，入于王都，此其大者也。而其生杀废置，犹不能为小者，天子皆不预焉。而天子之治，亦断然如一国，不能如秦汉之数郡。其为地狭，其为民寡，而治之者众。故其米盐靡密，无所不尽。今也包夷貊之外以为域，破天下之诸侯以为郡县。事虽毫发，一自上出，法严令具，不得摇手。臣不能久于其官而遽去，又有苟简诈伪之心焉。乃欲其米盐靡密，无所不尽，以求合于《周礼》之书，而又易其大者，将以复井田封建之旧，其论所以高而难行。夫因今之地，用今之民，以周公为之，其必有以处此矣。

下至马端临氏，亟论《周礼》为封建之制，决不可行于郡县之时，实自水心倡之，亦深达古今之变也。奈何后之人尚疑《周官》为郡县时代之书，其识出叶、马下矣。《水心别集》之论管子曰：

> 王政之坏，非一人之力。及其复也，亦非一人之功。几死之能生也，平日之膏粱，曾不如淖糜药石之为美也。天下之士，理经援古，欲一举而尽复三代之治。其意非不善，其言之也遽，其为之也略，此其久而无成者也。王政之坏久矣，其始出于管仲。管仲非好变先王之法也，其势不得不变。惟其取必于民，

而不取必于身，求详于法，而不求详于道。以利为实，以义为名。凡为管仲之术者，导利之端，启兵之源，而天下之乱益起。至于商鞅，破井田，立概量。李斯废封建，燔《诗》《书》。王政之坏，始于管仲，而成于鞅、斯。使后世廓然大变于三代，岂一人之力也。治变而世变，而俗成，则后世望管仲而不可及矣。若桑弘羊之于汉，直聚敛而已，此管仲、商鞅之所不忍为也。唐之衰，取民之具无不尽，则又弘羊之所不忍为者焉。然则居今之世，理经援古，欲一举而尽复三代之治者，进病者于膏粱，不知其不能食而继之以死也。因今弊政而行之，其继益久，其变益狎，将有待于后。则其复者，固非一人之功也。

此明世之变，而折遽欲返于古者之非。《水心别集》论王通，则陈义益高也。其言曰：

> 言仁义礼乐必归于唐虞三代，儒者之功也。言仁义礼乐至唐虞三代而止，儒者之过也。仁义礼乐者，三才之理也，非一人之所能自为。三才未尝绝于天下，则仁义礼乐何尝一日不行于天下。后世之儒者，以为六经孔氏之私书，仁义礼乐者，唐虞三代所独有。竭终身之力而不能至也，何暇及于当世之治乱乎？徇其名而执其迹，故独治唐虞三代之遗文，以折当世，举当世之不合固矣。将遂尽复于数千载之

上,使无一不如唐虞三代者乎? 抑亦因当世之宜,举而措之而已矣。以道观世,则世无适而非道。后世之自绝于三代也,是未能以道观之者也。举三代而不遗两汉,道上古而不忽方来,仁义礼乐绳绳乎其在天下也。

叶氏直谓措今之世于至治之极,即今世之为唐虞三代,则循名执迹者之不足道也。其议史必欲简,而折迁、固昧述作之义异于吕氏,而为论则精。其言曰:

孔子之时,前世之图籍具在,诸侯史官世职,其记载博矣。观而备考之,《书》起唐虞,《诗》止于周,《春秋》著于衰周之后,尧舜以来变故悉矣。其在上世者,放弃而不录,可谓简矣,不待他书,而古今之世变,已尽见于此矣。且以世求年,以时求月,其间事之当否,人之贤不肖,政之迁革,是何所不有,安得而尽录之。夫其随世而化,则不著见于后世何伤? 盖其治乱兴衰,圣贤更迭,与夫桀纣之恶,不可使之不传,而纤细烦琐,徒以殚天下之竹帛,圣人固不录也。史迁纷然记之以为奇。使迁如圣人,尽见上世之书籍,衍其博而不能穷,将如之何耶? 使后世之士,溺于见闻而不能化,荡于末流而不能反,此述作之所以难,非圣人不得尽其意也。后世病史之难,以为不幸无迁、固之才,是类出迁、固下矣。

水心之衡迁、固，得失未可知，其假迁、固以斥泛然记录者之过，则论亦卓哉！韩淲《涧泉日记》曰："史法便是识治体，不可止以成败是非得失立论。盖上下千百载，见得古人底里明白，然后可载后世所不可载之事，泛然欲备，则不胜其史矣。"又曰："古人之史，非是备遗忘，务多以为美观也。经制之作，二者是大，他琐琐不足记也。"一时之论多如此，足与水心义相发。淲，字仲止，为伯恭妻弟，其言透切如此，有自来也。水心讥迁、固之驳，然其所谓简者，固非狭也。《水心别集》论《左氏》曰：

> 左氏去孔子既远，当战国之初，以其所闻于弟子之论，采国史旧文，次其本末，以示后世。……天下之治也，礼义在于中国。其乱也，礼义在于夷狄。成周之盛，夷狄之人，思与其礼义而不得者，非以为贱而不足治也，笃于治中国者，其道不可以治夷狄耳。故礼义备而中国无隙。及其衰也，舍其国而治夷狄，夫治夷狄者失中国，失中国者失礼义也。故夷狄之人，执礼义之权，以与诸夏抗，而称霸于上国，则周衰极矣。此逆顺之理也，可以知治乱之所从出矣。而《左氏》录之。王道之行，人才无智愚贤不肖，一由于正，及其变也，贤者追思古义，变色太息而言之，道微而不继，则畏慕之心止，而随世之俗成。及其久也，世远风移，而不自知也。盖其变之有渐，而废之有始，而《左氏》录之。古者国必有宗，宗各有族。国祚

之短长,视公族之兴废。士农不变,工商不迁,其为士者,所以成德也,非所以求显也,而《左氏》录之。古者严祀而尊神,重时而从天,口无造言,必称先民,心无造虑,必求之蓍龟。故民资厚而易治,而《左氏》录之。古者审乎性命而定乎吉凶,忠信敬义之目,后世诵说而不能明者。古之人节之于事,皆可以指言而名举也,而《左氏》录之。古者上有常事,下有常役,贵贱相承,而不相袭。民无崛起以干大柄,推其族姓,咸有本始,知其与天地并生,而不知自弃其身,《左氏》录之。古者物有定体,德有常容,忧乐有由,歌哭有所,验其祸福,不差毫发,《左氏》录之。古之人通乎道德之意,管仲相齐,子产相郑,后世贤之。而叔向、晏子不以为能也。所陈三王之上,经纪伦类,广大不穷,可以范世,《左氏》录之。古之用兵,先治胜而后战,奔乱为败,失将为灭,不多杀士,行师有法,故干戈不以斗,而犹无孙、吴之术,《左氏》录之。秦汉浅略,庶几得尧舜三代之遗言,足以自治。于其事最严,于其身最切,其载之者鲜矣,而《左氏》录之。子臧逃曹,季札避吴,其义纯洁,其言不夸,而况泰伯、夷、齐乎?而《左氏》录之。古者以礼致天下之治,春秋乱矣,然而街庭筵几之上,苟得从礼者,犹足以治之,而不至于乱也,《左氏》录之。凡《左氏》之所录,将以翼扶《春秋》,以待后世之择也。盖春秋之祸,大纲已易,而小纪未坏。大纲已易,故夷狄化为中国而不能正。小纪未坏,故三代之诸侯,其存者犹数百年。夫溯其末者,可以反其本,迹其衰者,可以见其兴。

水心之论《左氏》如此,其得失未可知,而言史贵广之意,则可见。故其言曰:"人心有广狭,则其观物有大小。"既病史迁之杂,复崇《左氏》之广,则其所谓简者,又异乎狭也。至其以《诗》观史,则于义尤高。《水心别集》于《诗》曰:

> 夏商远矣,其详不可得而言。详而可言莫如周。言周人之最详者,莫如《诗》。夫周人之治,始于艰难,而成于积累。及其天命既集,极盛而太平,至其始衰而复兴,遂微而不振。与其后世尝更涂炭之民,忧伤悲怨,思蒙其道而不可复得者,皆见其次第,虽远而不能忘者,徒以其《诗》也。四时之递至,声气之感触,动于思虑,接于耳目,无不言也。旁取广喻,比次扬抑,大关于政化,下极于鄙俚,其言无不到也。言语不通,嗜欲不齐,风俗不同,而世之先后亦大异矣。故后世言周之治为最详者,以其《诗》见之。

以《三百篇》言史,则其纤悉物情,明烛世变,斯其胜于《周官》《尚书》者又远。至其衡论诸史得失,亦迥异于文章家之俗论。如谓:"《左氏》错宗万端,精粹研极,不可复加。迁欲出其上,别立新意,尽取诸书而合之,如刻偶人，神明不存。""上世载籍之法，至《太史公记》而绝，班氏《汉书》而下，学者不得不别自为法。世次、日月、地名、年号，本末纤悉，皆为古人所略，而为后世所详。然则后之人材日以沦丧，其势必然。"又谓："陈寿笔高处逼司马迁，方之班固，但少文义缘饰，要终胜固也。"又论《后汉书》谓："东观著记，所载多溢词，胡广、蔡邕父子，竟不能成书，故一代典章，终以放失。范晔类次整比，用律精深，但识见有限，为可恨耳。"其论《宋书》谓："迁、固相踵作志，存上古大意。于汉犹多阙略。后汉便失比次（司马彪《续志》），至约撰《宋书》粗完实。其后遂为会要矣。然备一代之故，其体亦只宜如此。"能以史家之观点衡史籍之失，水心为明。庸俗之论，皆不过袭文学士之唾余，以随声是非而已。叶氏讥世次日月，会要之体宜然。此古所谓记注之法。而叶氏所明者，则撰合之意也。

上叶适，字正则，号水心

七　经制派史学

悦斋唐氏之书，以《帝王经世图谱》为最著。周必大曰：

> 去古逾远，众说日繁，才学未逮于前贤，宜其用力劳而见功微，此图谱所由作也。金华唐仲友，于书无不观，于理无不究。凡天文、地志、礼乐、刑政、阴

阳、度数、兵农、王霸，皆本之经典，兼采传注，类聚群分，旁通午贯。使事时相参，形声相配，或推消长之象，或列休咎之证，而于郊庙、学校、畿疆、井野，尤致详焉。各为说附其后。始终条理，如指诸掌，积百二十有二篇。夫水之东流，惟海是归。今是书折衷于圣人，示适治之路，六经旨趣，百世轨范，皆聚此。

仲友撰述，此为最精。又有《诸史精义》百卷，议论每多卓绝深入，非徒为一时一事言之，而直为天下百世言也。其《汉论》曰：

> 创业之君在无心，中兴之君在有志。天下非一人之天下，乃天下之天下也。地非其有，而欲取之，民非其臣，而欲得之，不视为至公之物，而鳃鳃然有苟得之心，则将行不义、杀不辜，以趋一时之利，其诡谋必不永矣。故创业之君在无心。天下者非后王之天下，乃先王之天下也，基业中债，而欲振之，土地既失，而欲复之。不断为必取之谋，乃恐恐然有狐疑之志，则将怯大敌、忘大耻，而为偷安之计，其成功必不广矣。故中兴之君在有志。昔文王有庇民之德，无君民之心，所以作周也。宣王承厉王之后，内有拨乱之志，所以中兴也。二王之用心，可谓各极其至矣。继周之君，独汉为盛，高祖之创业，其近于无心乎？光武之中兴，其出于有志乎？高祖崛起于逐鹿之时，

独能仗大义,除残贼,以脱生灵涂炭之苦,其无心固明矣。然犹见于属任之际。光武以南阳宗室,切齿于新莽之祸,是故结豪杰,定计谋,以图拨乱反正之功,其有志亦久矣。然尤见于应敌之时。惟无心,故豁达大度,足以得天下而建无穷之基;惟有志,故庙谟雄断,足以继大业而振中微之绪。四百年之传祚,二君之力也。

至若论晋之不复振,由于武帝纪纲之渐弛,非建业之地不足以有为。唐之太平,由于太宗之能立法度,后世犹借以中偾而复兴。为说似邻于腐儒之谈,及详案之,而实深切一代之情势。其《孟子发题》曰:

> 说者讥孟子言汤武,异乎孔子宗周之意。是岂知圣人之时世哉?周衰而欲兴之,本心也,周不能而望鲁,而望齐晋,虽吴楚不绝也。天下乃天下之天下,岂一人之天下。七国而涂炭其民,非有如汤武者,尚有倒载干戈之期耶?孟子不忍斯民之祸而言也。彼迂儒之言,何足病哉?

仲友之义,诚千载发聋振聩之言也。仲友之论荀卿曰:

> 孟轲、荀卿,其立言指事,专以明王道,绌霸功。以吾观之,孟子而用,必为王者之佐。荀卿而用,不过霸者之佐。王霸之道,起于用心诚与不诚,汤、武、

威（桓）、文，由此分也。荀卿之书，若尊王而贱霸矣。卿之言性，曰人性恶，其善者伪也。夫善之可以伪为，则仁义礼智何适而非伪，何适而非霸者之心？或曰卿之书言诚多矣，若曰君子养心莫善于诚，曰子以诚为自外至耶，将在内耶？性者与生俱生，诚者天之道，初非二物也。既以性为恶，则诚当自外入。外入则伪，乌睹所谓诚乎？吾观乎告子，于言义则以为外，荀卿之书，其化性起伪，吾有似乎戕贼杞柳之说。然则卿告子之俦也。

以性善恶为王霸所由分，洞彻于政术之源，力辟义外之论，亦足明其深达理道之本也。又斥言："荀卿之礼，强人者也。孟子之礼，充其性者也。"又谓："圣人因人情而制乐，（卿）独以为恶其乱而制之，则正乐乃矫揉，而淫声乃若其情乎？"论亦精至。明乎此者，庶可与言政术之崇卑，衡史迹之得失欤！其《学论》曰：

三代以德行道艺教民，以《诗》《书》《礼》《乐》造士。夫子教人，或可使南面，可使治赋，可使为宰，可使与宾客言，皆至诚可用之学。厥后学者异于是，精神耗于虚文，礼乐之制，军旅之事，星气、律历、河渠、地理之学，射御、卜筮、术数、技艺之家，日失其业，而天下之治功日不及古。浮伪之士，类以大学自居，实用之才，多以固陋见笑。无惑乎后之学不如古也。

其《道艺论》曰：

> 古之学兼于艺，后之学者耻于艺。礼乐不素省，书数不求精。曰彼有司存焉，德成而上，艺成而下，吾当学德行而已。是知圣人之言，未知其所以为言也。圣人不欲学者为艺之艺，而欲其为道之艺也。道散乎形器之间，无乎不在。故六艺之中，各有道焉。

悦斋于性道极盛之际，以经制实用之学为天下倡，明道散乎形器之间，彻上彻下，显微无间，其说究矣，其义不可加矣。悦斋与晦庵最为冰炭，悦斋道器之说，固亦晦庵之说。然学而曰即洒扫应对，是精义入神则是，曰修正即为治平，则非也。局于一身之间，而曰天下之大用尽于此，将与运水搬柴莫非妙用之说何以异？夏时殷辂之不知，惟就动静语默以言用，道明而天下之务或废。唐宋而后，民族之日即于弱，得谓于学术无关欤？于此益见仲友之不可及，以功利抑之，则过矣。

上唐仲友，字与政，号悦斋

王子充言永嘉之学：

> 薛士龙复自成一家，详于古今之经制，以谓自周季绝学，先王制作之源，晦而复彰。若董仲舒名田，

诸葛亮治军，千余年间，端绪仅或一见。于是发愤覃思，深究体统。兴王远大之利，叔末寡陋之法，礼乐刑政损益同异之际，必审其故实，研索不遗。于经无所不合，于事无不可行。自薛氏一再传为陈君举氏，叶正则氏，戴少望氏（溪），而陈氏尤精密。讨论经史，贯穿百氏，年经月纬，昼验夜索。一事一物，咸稽于极，上下千载，珠贯而丝组之。综理当世之务，于治道可以兴滞而补弊，条画本末粲如也。此所以永嘉经制之学，要在弥纶以通变，操术精而致用远，博大宏密，封植深固，足以自名其家也。

止斋述作，以《建隆编》（亦名《开基事要》）为最著。李心传曰："近岁吕伯恭最为知古，陈君举最为知今。伯恭亲作《大事记》，君举亲作《建隆编》，世号精密。"止斋自序曰：

　　本朝国书，有日历，有实录，有正史，有会要，有敕令，有御集，又有司专行指挥典故之类。三朝以上，又有宝训。而百家小说私史，与士大夫行状志铭之类，不可胜记。自李焘作《续通鉴》，记建隆尽靖康，而一代之书，萃见于此，可谓备矣。今略依司马迁年表、《大事记》、温公《稽古录》与焘《举要》，撮取其要，系以年月。其上谱将相大臣除罢，而记其政事因革于下方。夫学之为王事，非若书生务多而求博。

诚能考大臣之除罢，而识君子小人进退消长之际。考政事之因革，而识取士养民治军理财之方。其后治乱成败，效出于此。斯足以成孝敬、广聪明矣。故今所节略《通鉴》，如群臣奏疏，与其他年行，与一时诰令，苟非关于治道大端，即不抄录。或见于他书，实系治体不可不闻，而《通鉴》偶遗，即据添入。《通鉴》登载有小违误，亦略著其说。若夫列圣深仁厚泽，后人尤当循守者，必为之论。深有冀于省察也。

陈振孙谓是书："盖《长编》太祖一朝节略，随事考订，并及累朝之始末。"止斋精论，备见于此。不幸原书久佚。凡《文献通考》所征东莱之文，皆本之《历代制度详说》。征水心之文，皆本之《水心别集》。征止斋之文，盖皆本之此书。其遗说尚可寻也。止斋复有《西汉史钞》。《中兴艺文志》言："其书指摘精要，裨正阙误。如制度始末因革，则条其大意，遗其烦碎。而一代之治体兴衰，人才纪纲风俗，亦略具矣。"今是书亦佚，其遗文尚多见于《十先生奥论》(《四库珍本丛书》)，及《十七史名贤确论》《古论大观》(二书有明刻本)三书中。惜所撰录考订旧事，已不可知，徒存止斋评议耳。复有《历代兵制》八卷，上溯成周乡遂之法，及春秋以来汉唐兵制之得失，于宋代言之尤详。如亲卫殿禁戍守更迭，京师府畿，内外相维，发兵转饷捕盗之制，皆能撮举大旨。其《总论》谓：

祖宗时，兵虽少而至精。逮咸平后，增至六十万。皇祐初已一百四十一万。谓之兵而不知战，给漕挽，服工役，缮河防，供寝庙，养国马者，皆兵也。疲老而坐食。前世之兵，未有猥多如今日者。总户口岁入之数，而以百万之兵计之，无虑十户而资一厢兵，十万而给一散卒，其兵职卫士之给，又浮费数倍，何得而不大蹙。

凡永嘉言学，要皆究于政术邦典，条目井然，可起而行，非空言也。止斋深赞纪传而退编年，于宋代为独异，衡古之当情与否不必论，若曰自抒胸臆，则义自高。其《左氏国纪序》曰：

> 自荀悦、袁宏以两汉事编年为书，谓之《左氏》体，盖不知《左氏》，于是始矣。昔夫子作《春秋》，博极天下之史，诸不在拨乱世反之正之科，则不录也。左氏独有见于经，故采史记次第之，以发明圣人笔削之旨云耳，非直编年为一书也。古者事言各有史，凡朝廷号令，与其君臣相告语为一书，今《书》是已。被之弦歌，谓之乐章为一书，今《诗》是已。有司藏焉，而官府都鄙邦国习行之，为一书，今《仪礼》若《周官》之六典是已。自天子至大夫士，氏族传序为一书，若所谓《帝系》书是已。而他星卜医祝，皆各为书。至编年则必序事如《春秋》。三代而上，仅可见者《周

谱》。他往往见野史《竹书》《穆天子传》之类。自夫子始以编年作经,其笔削严矣。《左氏》亦始合事言之史,与诸书之体,依经以作传,附著年月下,苟不可以发明笔削之旨,则亦不录也。后作者顾以为一家史体,谓不释经,故曰荀、袁二子为之也。

盖以古之史诚多途,孔惟依编年者以为经,左氏合诸书取足明经者以为传。传为经起,不得为独立一家之书,自不得依《左氏》以为一家史体。其论《左氏》止如此,而并《诗》《书》《周官》《周谱》以言史,则持论已宏矣。止斋之《答贾端老书》曰:

> 读《史记》甚善。获麟以后,孟、荀推尊孔氏,明礼义之统纪,二子死,百氏益乱真。老儒如浮丘伯、伏生之徒,抱经自□,而其力不足以发挥前绪。至汉六七十年间,董大夫始究大业。田何、孔安国、戴圣、戴德、毛苌并出,又未能合群书为一,削其不合以存其合者。太史谈有意矣,然六家之论,犹崇老抑儒。迁卒家学,乃尽□百家之精而断以六艺。盖其融液九流,萃为一编,罢黜杂论。荀卿之后,仅见此书耳。其论云:百家言黄帝,其文不雅驯,非好学深思,心知其意,固难为浅见寡闻者道。则所得多,而自负亦不薄矣。

其《答薛子长书》曰:

《南》《北》二史尽佳，然一代沿革附见表志者，往往不收，未免遗恨。则诸史要不可废。自荀、袁二纪以来，下逮司马《通鉴》，大率欲祖《左氏》。盖《左氏》本依经为传，纵横上下，旁行溢出，无非解剥经义，而非自为书。今乃合太史公纪、世、书、传，系之编年，势必至得此遗彼，类不如正史之悉也。然区区所冀，深探书外之意，且如西都之末，士大夫知有所择，遂成东都之业。及其季年，虽豪杰之士散为吴魏之役，拳拳于汉，独南阳数人，当时必有实以致之，而岂可以书尽哉？

止斋所以推史迁者极至，俦之孟、荀、董生，则其观史之意微矣。訾编年不如正史之悉，斯亦大较言之。而所谓深探书外之意，则非真积力久者，未能言也。西京之末，郡盗揭竿，必奉刘氏。东都之季，诸侯（郡守刺史）据地，而宗室益微。夫必有其必然之故，而后或然之功立。东京之中兴，必然也，光武而成大业，或然也。止斋读书之法至矣。止斋之论《周官》曰：

《周礼》设官分职，大抵朝廷之事，治官掌之。邦畿之事，教官掌之。邦国之事，司马掌之。自朝廷以上，纤悉皆归于太宰。自国中以及近郊远郊，小都大都，皆属教官。而职方、土方、撢人，凡邦国之事，皆属司马。此其大略也。其有截然一定不可易者，若

司寇之属,凡朝廷之狱,大小司寇、士师掌之。六乡
之狱,乡士掌之。六遂之狱,遂士掌之。甸稍县都之
狱,县士掌之。邦国之狱,方士掌之。四方之狱,讶
士掌之。谓其皆刑狱之事,故一皆联络而尽属之司
寇。其他又有不然者。如太史、内史,宜属天官,乃
属之春官。大小行人宜属春官,乃属秋官。……此
其分职有不可晓者。自汉以来,凡礼事皆属太常,兵
事属将军、光禄勋、中尉,刑事皆属廷尉。其分量职
守,皆较然不紊,春秋时杜泄曰:吾子为司徒,实书
名。夫子为司马,与工正书版。孟孙为司空,书勋。
夫诸侯之国,惟三卿耳。一人受赐,三卿皆与,从周
法也。后世礼官专治礼,刑官专治刑,兵官专治兵,
财官专治财。

以明"六官之设,虽各所司,然错综互见,事必相关"。
执后以衡前,深达古今之变与周代内外小大之异制。由
史以观经,其言皆非崎岖章句者流所能道及者也。

上陈傅良,字君举,号止斋

八 事功派史学

有事功者不必有学,而知史者必知世务。龙川以雄
心盛气,侈言兴复,而终不得试,固不免书生夸放之诮。
然隆中之对、平边之策,苟遇际乖时,无验于事,将亦画饼

之谈耶？故衡议古人，当观其立论之适可于世要，固不必贵其有验于将来。龙川《中兴五论》，何其深切一代之情也，而言史乃其绪余耳。其论开诚之道曰：

> 夫任人之道，非必每事疑之，而后非无隐之诚也。心知其不足任，而姑使之以充吾位。使人既久，而姑迁之以慰其心。身尊位大，而大责或不必任，职亲地密，而密议或不得闻。听其言与之以位，而不责其实。责其实，迫之以目前而不待其成。故天下懦庸委琐之人，得以自容而无嫌。而狂斐妄诞之流，得以肆言无忌。中实无能，而外为欺罔，位实非称，而意辄不满。平居则何官不可为，缓急则何人不退缩。是宜当宁而叹天下人才无一之可用，而谓书生诚不足以有为，天下之士有以致之耳。虽然，何世不生才，何才不资世。天下雄伟英豪之士，未尝不延颈待用，而每视人主之心为何如。夫天下之可以爵禄诱者，皆非所谓雄伟英豪之士也。以其可以爵禄诱，奴使而婢呼之。天下固有英豪之士，惧诚心之不至而未来也。

夫孝宗固慨然以恢复为己任，卒之功无所就，宋日以微。非世之乏才，而君之无志，国之不足，而民之无勇，殆所以取才而制政者或差耳。同甫之言，曲尽一世之情，深切当时之弊。明之庄烈，清之文宗，皆是道也。虽曰为千数百载间之人言之可也。同甫每以中兴之功可跂足而须。其论宋金形势曰：

今东西弥亘绵数千里，如长蛇之横道。地形适等，无所参错。朝廷鉴守江之弊，大城两淮，虑非不深也，能保吾城之卒守乎？进取之道，必先东举齐，西举秦，则大河之南，长淮之北，固吾腹中物。齐秦诚天下之两臂也，奈虏能以为天设之险而固守之乎？故必有批亢捣虚、形格势禁之道。窃观天下大势，襄汉者，敌人之所缓，今日之所当有事也。控引京洛，侧睨淮蔡，包括荆楚，襟带吴蜀。沃野千里，可耕可守。诚命一重臣，镇抚荆襄，进城险要，大建屯田。襄阳既为重镇，而均、随、信阳及光、黄，一切用艺祖委任边将之法，给以州兵，而更使自募，与以州赋，而纵其自用。列城相援，伺机而发。一旦狂虏玩常，来犯江淮，则荆襄之师，率诸军进讨，袭有唐邓诸州，见兵于颍蔡之间，示必截其后。因命诸州转城进筑，并桐柏山以为固，为久住之基。敌来则婴城固守，出奇制变；敌去则列城相应，首尾如一。诸军进屯光、黄、安、随、襄、郢之间，前为诸州之援，后依屯田之利。虏知吾意在京洛，则京洛、陈、许、汝、郑之备增，而东西之势分矣。东西之势分，则齐秦之间可乘矣。四川大军以待凤翔之虏，别将出祁山以截陇右，由子午以窥长安，金、房、开、达之师入武关以镇三辅，则秦地可谋矣。命山东之归正者往为内应，舟师由海道以捣其脊。彼方支吾奔走，而大军并进以揕其胸，则齐地可谋矣。吾示形于唐、邓、上蔡，而不再进。坐为东西形援，势如猿臂。彼将京洛之备愈专，而吾必得志于齐秦矣，抚定齐秦，则京洛将安往哉？就使吾未为东西之举，彼必不敢离京洛而轻犯江淮。使其合力以压唐、蔡，则淮西之师起而禁其东，金、房、开、达之师起而禁其西，变化形敌，而权始在我也。

同甫盖于当世之务知之明，故论之易矣。同甫与晦庵论王霸，主于功到成处，便是有德；事到济处，便是有理。不虚慕三代，不卑视汉唐，义尤明快，以与理义一派，反唇相诮。其往复之书曰：

自孟、荀论义利王霸，汉唐诸儒未能深明其说。伊洛诸公辨析天理人欲，而王霸义利之说于是大明。然谓三代以道治天下，汉唐以智力把持天下。而近世诸儒遂谓三代专以天理行，汉唐专以人欲行。信斯言也，千五百年之间，天地亦是架漏过时，而人心亦是牵补度日。万物何以阜蕃，而道何以常存乎？故亮以为汉唐之君，本领非不宏大开廓，故能以其国与天地并立。惟其时有转移，故其间不无渗漏。谓之杂霸者，其道故本于王也。……老庄氏思天下之乱无有已时，而归其罪于三王，而尧舜仅免耳，使若三皇五帝相与共安于无事，则安得有是纷纷乎？其思非不审,而孔子独以为不然。三皇之化不可复行,而祖述止于尧舜。而三王之礼,古今之不可易,艾夷史籍之烦辞,而后三代之文灿然大明,三王之心迹皎然不可诬矣。亮深恐儒者之视唐汉,不免如老庄之视三代,汉唐之心迹未明,故亮常有区区之意焉,而非其任耳。……高祖、太宗,本君子之射也,故其一出一入,而终归于禁暴戢乱、爱人利物而不可掩者,其本领宏大开廓故也。三章之约,非萧、曹之所能教。而定天下之乱,又岂刘文靖之所能发哉?此儒者之所谓见赤子入井之心也。其本领开廓,故其发处便可震动一世,天下大物也,不是本领宏大,如何担当开廓得去?惟是事变万状,而真易以汩没。到得失枝落叶处,其皎然者终不可诬。高祖、太宗及皇家太祖,盖天地赖以常运而不息,人纪赖以接续而不坠。而谓道之存亡,非人之所能预,则过矣。

所谓"使二千年之英雄豪杰,得近圣人之光"者,固同甫至伟至快之论也。同甫最敌视晦庵,其《送王仲德序》曰:"二十年之间,道德性命之说一兴,后生小子,读书未成句读者,已能拾其遗说,高自誉道,非议前辈。"其《送吴允成序》曰:"道德性命之说一兴,而寻常烂熟无所能解之人,自托于其间,以端悫静深为体,以徐行缓语为用,为士者耻言文章行义,而曰尽心知性;居官者耻言政事书判,而曰学道爱人。相蒙相欺,以尽废天下之实,终于百事不理而已。"可见其为学之旨也。同甫于史有《三国纪年》，其序曰：

> 书契之兴，代有注记，自当时之诸侯，国各有史，故四方之志，外史掌之。天子之言动，天下之几也。诸侯之言动，一国之几也。合诸侯之言动，亦足以观天下之变焉。有源有流，不可遗也。昔孔子适周观礼，晚而有述焉。上古之初，不可详已，著其变之大者，《易》所载十三卦圣人是也。于《书》断自唐虞，定其深切著明者为百篇。盖尝欲备三代损益之礼，之杞之宋，而典礼无复存者，于是始定《周礼》。又删取周家之《诗》，以具其兴亡，而列国之风化系焉。周室东迁而霸道兴，孔子伤其变之不可为也，举其意而寓之《春秋》，百王于是取则焉。汉兴，司马迁定论述之体为《史记》，其所存高矣，出意任情，不可法也。史氏之失其源流，自迁始矣。故自麟趾以来，千五六百年，其变何可胜道。文足以发其君子小人疑似之情，治乱兴衰之迹，使来者有稽焉，愈于无史矣。岂可谓史法具于此哉？先主君臣，惓惓汉事之心，庸可没乎？魏氏之代汉也，得其几而不以其道，变之大者也。孙氏倔强江左，自为一时之雄，于是乎魏不足以正天下矣。陈寿之《志》何取焉？汉实有《纪》，其体如传，条章不为书也，诏疏不为志也，志曰《汉略》，悲其君臣之志也。魏实代汉，吾以法纪之，魏之条章法

度,晋承之以有天下。于是乎有书其诏若疏也,有志其臣若子也。吴与汉同,彼是不嫌同体也,志曰《吴略》,著其自立也。合汉、魏、吴而附之,天不可无正也。魏终不足以正天下,于是为《三国纪年》终焉。

龙川是书似未成,但有序赞,读之诚如东莱所谓"大纲体制,有未晓处"。长沙桓王一赞,取葛亮称:"刘繇、王朗,各据州郡,论安言计,动引圣人,群疑满腹,众难塞胸,今岁不战,明岁不征,使孙策坐大,遂并江东。"以谓"汉末愚儒守文之弊,所以启桓王之翱翔",寄兴诚深远也。龙川之文,以《酌古论》《四上皇帝书》为最著。于典章兴革,鲜所论列。而《中兴论》言:

> 今宜清中书之务以立大计,重六卿之权以总大纲。减进士以列选能之料,革任子以崇荐举之实。简法重令以证其源,崇礼立制以齐其俗。立纲目以节浮费,示先务以斥虚文。严政条以核名实,惩吏奸以明赏罚。时简外郡之卒,以充禁旅之数。调度总司之赢,以佐军旅之储。置大帅以总边陲,委之专而边陲之利自兴。任文武以分边郡,付之久而边郡之守自固。来敢言以作天子之气,据形势以动中原之心。

皆切中一代弊政。则龙川之于制度得失,要为究极精详也。

上陈亮,字同甫,号龙川

黄溍言："王道甫尝合于陈氏，而其言无传。"水心并志同甫、道甫之墓，亦谓："今同甫书具，有芒彩，则既传而信矣。道甫乃独无有，是信而不传也。"知道甫之文，不传久矣。乃《魏鹤山集》（卷七十六）有《宋故藉田令王公（自中）墓志铭》，具载道甫《上孝宗皇帝》二书，其一论兵制曰：

> 唐初，国无供军之费，而军足以待事。百三十年之间，战胜攻取。自其法废改，天下大乱，二百余年。太祖有意更革，而当时议者未能远谋。故为今计，莫若取唐之议，推而行之。唐初，民田皆从官给，今两淮、荆襄、西蜀三边之地，田之在官者往往散为民田，朝廷务宽边民，终不敢诘。曰营田，曰力田，曰官庄，曰荒田，曰逃绝户田，此边田之在官者也。曰元请佃田，曰承佃田，曰买佃田，曰自陈赎佃田，此边田之在民者也。曰义勇，曰神劲军，曰弓弩手，曰山水砦，此边军之在民者也。州曰厢禁军，县曰弓手，镇砦曰土军，其重地皆有戍军，此边军之在官者也。有官军，有民军，有戍军之地，又皆有城池，若可以为固矣。然有城而不能守，不如无城，今戍军往来，仅同逆旅，人之多寡，不与城称。号为义勇者，又无生生之具，一旦有警，则民必先逃，而军亦不能守矣。宜以并边州郡分缓急为三等，各以精卒配之。然后以田之在

民者，家出一夫为卒，得免其田税六七十亩。取其强力武艺堪充军者，而精其选。其民之田多者，听以田募客为卒。卒五人，以其主户为伍长，而免田税二百亩。十人则为什长。田愈多者，军愈众、税愈轻，而阶级又愈进。入则有主客之恩，出则有部曲之分。祖课悉循其初，官无所与。而新募流民者，官更量给之。如此，则主户乐出其田募民而为卒矣。于是因民田之近于州者，三十里内皆使家于州。近于县者，二十里内皆使家于县。夫如是则军民合一。下至镇砦，亦莫不然。去州县镇砦远，则聚而居之，为之府如唐法。立都尉将校之官，为保障战守之具。相度经营，名其军曰卫府，此民田也。官田则官募军或民分屯之，悉从府卫之法，名其军曰屯府，此官田也。如此则并边之地，无一夫非卒。积以数年，屯卫军益强，官军缺者勿补，军益强，费益省。又先选天下忠良勤干之贤，不问文武，为之守令将帅，授以方略，责以事功，贤焉则久其任。于是练沿江之屯，以壮边军之心。练三卫之军，以为顺动之备。练内地州县军，以待不时之须。文武并用，军民杂居。化民为卒，化卒为民。使其声势足以相接，疏密足以相维。虏若猖狂来寇，六飞亲督侍卫之兵出临江上。气势既合，号令明信。则北方豪杰，舍二百年父母之国，将安之乎？

其三论守令曰:

> 自昔兴王之世,必有道同志合之士。此不可多得,得四三人,或一二人足矣。陛下必已有所属,臣不得而知也。臣徒怪所在州县,或连数城,以守令问之,民鲜不非笑。是使元元安所倚赖,风俗奚由美,奸盗奚由戢。或重用之,又将何以胜任。

自北宋中叶,国已困于养兵,而兵卒不可用。道甫欲渐复府兵之意,以纾财用,以简雄劲,亦救时之一术也。至若百郡之守、千城之令,民鲜不非笑。噫,是岂小故,而尚可以国乎? 则何言之痛矣。道甫著书,有《历代年纪》《王政纪原》,皆佚。从《鹤山集》略取二疏于此,以备一家。

上王自中,字道甫,号厚轩

原载 1943 年华西协和大学文学院主编《华文月刊》第二卷第二、三期合刊,第四、五期合刊

北宋变法论稿

历史记载之互异，不仅存于宋代，然以宋代为最甚。北宋有变法派之史料，有反对派之史料，是非同异至为难定。南宋有主战派之史料，有主和派之史料，其相互矛盾亦如北宋。然论史要在能观全体，究其始终，若自后来之实效求之，而得失是非之故亦未尝不可明也。南宋初年，兵将之能战与否，毁誉纷纭，说亦难定，然自战地之移动考之，初年之战场日移而南，金强而宋弱，是可以知也。建炎四年以后，战场日移而北，则不能再责宋之不能战矣。自数千年历史观之，必先能战然后能和，若非襄淮苦战、蜀口死守，金兵且席卷大江以南，尚何和议之可言。以金、宋战端初启数年考之，和使未尝绝，和议无一成。此不能战即不能和之验也。秦桧和议，非桧之功，正韩、岳能战之故。南宋立国，实诸将百战之功，当时纷纷毁誉之说，一概弃之可也。北宋书言荆公变法之善者有之，言不善者亦有之，即如《宋史纪事本末》，专言变法之短，此何足以难荆公。至清蔡上翔，以荆公乡人，为荆公作年谱，专收称颂荆公之空文以为书，又何足以为益。新会梁氏以主张变法，于是略取蔡氏之书作荆公评传，赞扬变法不已。然从未求其实效，综其始终，书行四十年，似已成定论。蒙少年时读其书，信其说者十数年，年将四十，以所见史料核之多不合，于是始疑之。盖新法重在理财，熙宁、元丰之间行之十余年，其收支数目大略可考，总合宋开国以来收入数字，与靖康祸发时收入数字，一一相比，再以新法施行之措施求之诸《会计录》及各朝《会要》，事实显然，罕有不同，是其影响于国计民生者皆一一能验。《神宗实录》经再修三修，若无定说，而《会要》《会计》诸录虽亦官书，从无不同。朱、墨本及新、旧之史，其异同之处，《续资治通鉴长编》及《长编纪事本末》二书皆比而载之，即数字之异，亦备记出，只不过一二好恶之辞、爱憎之口，于事实罕有出入。盖毁誉予夺纵不同，而事实具在者，谁能改之。梁氏诋《宋史》不足信则诚然，而谓朱、墨本无可考见，则未必然也。今悉弃爱憎之辞，而一究其施行之措施及其实效与结果，此亦犹南宋考战场移动之意，以不可移易之实事，衡反复好恶之虚辞，重其同者而略其不同者，此诚空言不如行实、事实胜于雄辩者也。乃知宋之法不可以不变，而荆公之变尚未为得，温公、苏轼、韩、吕之流亦莫不主于变，乃计议之无当与荆公等，未可遽为优劣也。元祐罢新法，未尝不取新法之所长，绍圣复行新法,未尝不除新法之所短,故《通考》言:"绍圣聚敛之意反不如熙宁之甚。"则荆公新法之无济于宋可知。谓后来行之变质者,亦未必然也。新法之行,无人谓其有善效,荆公所用之人,无人谓之为善人,孤立王荆公于整个新法之外,而称之不已,治史当不宜如是也。

一　北宋一代人民负担与熙丰变法

甲　王朝岁入缗钱

《玉海》与《建炎以来朝野杂记》言:"混一之初(太宗太平兴国四年,公元九七九年),天下岁入缗钱千六(淳熙诏书六作二)百余万,天禧之末(公元一○二一年,真宗朝)所入至二千六百五十余万,嘉祐间(公元一○五六—一○六三年,仁宗朝)又增至三千六百八十余万,熙丰间(公元一○六八—一○八五年,神宗朝)合苗、役、(市)易税等钱,乃至六千余万,元祐(公元一○八六—一○九四年,哲宗朝)之初,除其苛急,岁入尚四千八百余万。"此数数字盖据淳熙十五年(公元一一八八年)诏书。宋王朝之岁入有加无已,且于仁宗时已言国用不足矣。赋税岁入增加,而此时期之税率并未改变,是仁宗以前岁入之增加,当因户口、垦田增加之故。中国土地广大,而古代人口不多,唐天宝时定垦田为五千二百余万顷,每户耕田百亩,可容五千二百万户。宋至徽宗时始达二千万户,则当时土地颇有剩余,若社会安定,人民自有田可垦,财富自会日益增加。中国古代史上只清乾隆末年达五千万户,宋仁宗、英宗时不过一千二百万户,土地有余,人口日众,国家收入自然逐渐增多。既言哲宗时"除其苛急(指新法),岁入四千八百余万",此应为当时正常收入数字,而熙丰间所多出之一千二三百万,显即为新法所增收也。

《玉海》百八十六卷《宋朝岁赋》条所载数字,与《朝野杂记》完全符合,仅《玉海》略去尾数。然蔡襄《强兵说》:"真宗与北虏通和以后近六十年,约一岁总计天下之入不过缗钱六千余万。"陈襄《论冗兵》亦言:"治平二年(公元一〇六五年,英宗朝),天下所入财用大数都约缗钱六千余万。"此两数字较《玉海》《杂记》所载天禧数字多出许多,然此非有矛盾。《景德会计录》丁谓言:景德三年(公元一〇〇六年,真宗朝)赋入之数六千三百七十三万一千二百二十九贯石匹斤,较咸平六年(公元一〇〇三年,真宗朝)计增三百四十六万五千二百九,此显为真宗时合贯石匹斤为六千余万,《玉海》只举缗钱便止二千余万。又如包拯《论冗官》言:"景德中,天下财赋等岁入匹贯石两与在京岁入匹贯石两合六千五百六十万三千匹贯石两。"与林特《祥符会计录》亦颇符合。是知蔡襄所言六千余万,原是合贯石匹斤,只其文字省略仅说钱而止。所言"近六十年",亦为约略之说,绝非六十年之后犹停滞于原初数字。至于陈襄所言治平二年岁入数字,亦当同样为言钱而省略石与匹两。《宋史·食货志》田赋言:"景德中赋入之数,总四千九百一十六万九千九百,皇祐中(公元一〇四九——一〇五四年,仁宗朝)增四百四十一万八千六百六十五,治平中又增一千四百一十七万九千三百六十四。"以皇祐所增数加景德数字,知皇祐田赋岁入当为五千三百五十八万八千五百六十五。又以治平所增数相加,知治平田赋岁入为六千七百七十六万七千九百二十九。陈襄所言治平二年天下所入都约缗钱六千余万,系指二税,此仅为田赋。此六千余万亦不仅为钱而包括贯、石、匹、斤,且包括丝线之两、茶之斤、蒭茭稻蕖之围、薪之束、炭之秤在内。陈襄仅言钱,亦为省略之辞。蔡襄、陈襄所言六千余万,皆与《玉海》所言熙丰新法所入六千余万之内容不同。《玉海》所言全为京师所入缗钱一项之数,两者显然有别。因近人常将此数项数字混而不分,以致错用史料,故附论于此。

仁宗朝为北宋前期收入最高之时,不过三千六百万贯,当时民户为一千二百四十万户,每户平均负担略为三千文左右。熙丰时收入达六千余万,当时民户为一千七百余万,每户平均负担略为三千六百文左右。自货币视之,人民负担仅增百分之二十,如折为实物计算,则所增多矣。熙丰新法期间岁入既六千余万，以元丰时米价每石五百文计，则自民间剥削一亿二千万石米，当时民户一千七百余万，每户平均负担达七石米。仁宗嘉祐间岁入三千六百余万贯，当时米价每石八百到一千，每年自民间剥削三千六百余万石至四千五百余万石米，以其时主客户一千二百四十六万计之，每户平均负担为三石到三石七斗。而神宗时每户平均负担高达七石，则是增加一倍左右。负担增加一倍，人民财力势必下降，则无疑也。

宋代米价于后用之颇多，故附论于此。文献所载当时米价材料颇多，然多为丰年或凶年价格，或为特别事故如战争时价格，皆不足以概一般，须取通常较平稳者乃可。范仲淹言："皇朝之初，时物至贱。"司马光言："太宗平河东时（公元九七九年），米斗十余钱。"此或为宋初米价最贱之时。《续资治通鉴长编》言："真宗祥符间（公元一〇〇八—一〇一六年），襄、许、荆、南、夔、归、峡等州米斛钱三百。"此略为宋初平稳时价格。仁宗时米价上涨，《宋会要》载："天圣四年（公元一〇二六年），荆、湖、江、淮四路米价，每斗七八十文，有至百文足者。"范仲淹亦言："今江浙之米，石不下六七百文足至一贯文者。"此当为仁宗时之平稳价。宣和四年（公元一一二二年，徽宗朝）榷货务言："熙丰以前，每硕米价不过六七百，今米价硕二贯五至三贯。"此材料乃就一般价格而言，非仅某一区域之价格。其言熙丰前价格与范仲淹所言相合;所言徽宗时价格,当亦一般情况。司马光元祐元年言:"平时一斗值四五十钱,更急则二三十也。"此当亦元丰至元祐时之一般价格,此时正值钱荒而物贱也。宋人言此时钱荒者颇多,是此时米价最高五百一石。神宗一代米斗五十最早见于熙宁八年之苏州,是至元丰时已为一般价格。熙宁、元丰斗米五十从另方面亦可证明。宋代之酒以米酿造,酒价应与米价有关联。王荆公诗:"百钱可得酒斗许。"苏东坡诗:"百钱一斗浓无声。"此皆当为熙丰间诗。此时酒价为百文一斗。《东京梦华录》所记为徽宗时事,书中言:"酒梢桶如长水桶,每桶三斗许,一贯五百文。"是每斗价五百文,较熙丰时上涨五倍。熙丰时米石五百文,徽宗宣和时米二贯五百文或三贯,亦略涨五倍。熙宁添酒钱每升一文,徽宗崇宁时添酒钱每升五文,是亦五倍。是司马光言当时米斗四五十钱的为可信,为一般通常价格。苏东坡言黄州米斗二十,亦可证司马光所言二三十钱一斗亦为可信。

若以《玉海》与《朝野杂记》所载为基础,结合其他材料,尚可探究其他问题。《宋史·虞策传》言:皇祐时(公元一〇四九——一〇五四年,仁宗朝)岁入三千九百余万,较之嘉祐时(公元一〇五六——一〇六三年,仁宗朝)岁入三千六百余万稍多，此为庆历（公元一〇四一——一〇四八年，仁宗朝）西夏用兵，社会凋弊之故，收入下降，是为必然。《虞策传》又言：治平时岁入四千四百余万，较嘉祐三千六百余万，五六年间，人户止增四十五万，而岁入竟增八百余万缗，此当为战火已息、社会经济逐渐恢复之故。元祐之初，除其苛急，岁入四千八百余万，此为除新法所增之经常收入。此时户数比治平增加四百三十余万，二十年间岁入止增四百万，较之治平，是或经济又入于凋弊也。（《虞策传》言熙宁年间岁入五千六十余万，应为合新法所增收入之数字。）

　　《通考》载淳熙十年（公元一一八三年，孝宗朝）诏："考昔验今，至道中（公元九九五——九九七年，太宗朝）岁入一千二百余万，天禧末岁入二千六百余万，嘉祐岁入三千六百八十余万，熙宁岁入五千六十余万。"《宋史·虞策传》奏疏徽宗请均节财用言："尝以祖宗故实考之，皇祐所入总三千九百万，治平四千四百万，熙宁五千六十万。"此项数字与《朝野杂记》《玉海》大致相符。苏子由《元祐会计录》言："今者一岁之入钱以千计者四千八百四十八万，而其出之多者一百八十二万。"是元祐一岁支出需五千三十万。虞策言："熙宁岁入五千六十万，而费尽之。"是此时间一岁支出数字前后大略相当。合苗、役、（市）易税共六千余万，知新法所增略为一千二三百万上下（此当就役钱一项计算，苗、易当对收入无补益，说见后）。此即当时每岁所能储存者。熙宁时岁铸钱五百万或六百万贯,社会所增流通钱币不过此数,然一岁封桩即达一千二三百万贯,社会流通货币即应减少七八百万贯。北宋初年岁铸钱不过八十万贯,后岁至百三四十万贯,仅庆历时岁铸三百万,知宋初以来十年所铸之钱,仅足熙丰间一年封桩,十年封桩即将百年所铸紧缩殆尽。二十年不断封桩,是为熙丰间造成天下钱荒之主要原因,亦即物贱之主要原因。仁宗、英宗两代岁入三千六百万或四千四百万贯,是钱贱物贵时之收入数字。神宗时钱贵物贱,旧时四千四百万缗只合四千四百万石米至五千五百万石米。神宗元丰时,即按旧额收入,实际已是八千八百万石米。是货币收入不变,却因钱荒而人民负担即加重一倍。再加苗、役、易税一千余万,社会经济更形凋弊矣。神宗前岁入三四千万中,商、酒、杂利之比重较大;至神宗时二税之入未变,杂利又锐减,则岁所入六千余万中,新法收入应占有相当大部分,或不止一千余万。神宗前,宋王朝岁耗钱四千四百万或多至五千五百万石米。神宗时即令岁出钱币依旧,而折合实物则已耗费达八千八百万石米。熙宁间支出增至五千六十万贯,值米一亿余石,人民负担增加甚多,政府依旧耗费殆尽,而储蓄反少,岂非有害于民、无益于国。庆历铸当十大钱,造成物价上升,而熙丰铸大钱,则既不能调济物价使之下降,反而不免于钱荒。苏子由言:"常平、役钱山积,钱积于官,无宣泄之道,民无现钱,百物日贱。"赵君锡言："诸路钱货在官者大抵数千万贯，民间钱货，无从而得，所以艰难匮乏，反甚于前。"王岩叟论免役坊场钱云："聚敛之吏，倚法以削，天下缗钱出私室归公室者，盖十分而九，故物日以轻，民日以困，钱入于公，无复流通于外。"苏东坡亦言："当时掊敛民财、钱聚于上，而下有钱荒之患。"黄裳《演山集》言：当时"钱贵物贱，在谷帛也伤农，在器械也伤工，唯工与农，独受其弊"。工农并困，则生产凋弊必然也。

或有人以为，宋代收入为贯石匹两，缗钱增多，是否因为别项减少。但这种交互变动最可能为绢帛，尤以征自农村之二税为然。考宋代二税收入至道时绢布二百一十八万匹，天禧二百五万四千匹，嘉祐二百七十六万三千匹，熙宁二百六十七万二千匹，见八十年间绢数无甚出入。至道时岁入钱四百六十五万六千贯，天禧时七百三十六万四千贯，嘉祐时四百九十三万二千贯，熙宁时五百五十八万五千贯，亦无多大出入。是钱币收入增多非因以钱代替谷帛。嘉祐收入谷一千八百七万石，熙宁收入谷一千七百八十八万石，亦无多大出入。钱币收入增多，当来自各项杂利。张方平言："景德以前，天下财利所入茶、盐、酒岁课一千五百余万缗，庆历以后财利之入乃三倍于前朝。"《玉海》《朝野杂记》所载数字只为京师一岁所入钱币，至于京师一岁所入贯石匹两数字，显当

较大。至于天下内外所入贯石匹两，无疑更大，天禧
时已达一亿以上，因此种数字，另只皇祐、治平二数，
又缺熙宁数，很不完全，不便比较，故未引用。

叶水心《财总论》言："熙宁、元丰以后，随处之封桩，
役钱之宽剩，青苗之结息，比治平以前数倍。"又言："王安
石大掣柄，封桩之钱，所在充满。"毕仲游言："今诸路常
平、免役、坊场、河渡、户绝庄产之钱粟积于州县者，无虑
数十巨万，可供二十年之用。"熙丰变法不过十五六年，随
即元祐更化，新法大改。十五六年间之储蓄即可供二十
年之用，是人民在一年中显将提供两年多应提供之常年
贡赋。熙丰时人民每年供给京师五千万缗支出，每户平
均提供六石米价值之财物，再加"供二十年之用"之征收，
每户每年平均就应提供十二石米，则略为庆历时每年每
户负担三石七斗之三倍多，人民焉得不困。如以熙宁岁
费五千六十万缗、元祐岁费五千三十万缗作为一般支出
计，是两年即须支出一亿缗，二十年费岁须存蓄十亿缗，
真难相信当时能有偌大储积。如以熙丰间岁费五千万、
封桩一千万计之，必将百年封桩始足二十年之用。李常
言："现今常平、坊场、免役、积剩钱共五千余万贯散在州
县。"此与毕仲游所言相差太大。案，蔡京尝谓其蓄藏赢
五千万，已自感非常满意，可证李常之言不诬。然五千万
绝不能足二十年之用。但二人所言绝非诬诳，应皆有据。
苏轼元祐七年尝言："方今民荷宽政，但为积欠所压，如负

千钧而行。"又言："市易、盐钱、酒税、和买绢四事,钱物虽多,皆是虚数,必难催理。"再审傅尧俞、苏子由所言,知常平、免役亦多有逋负,是积剩之数实少,不过如李常所说;而逋欠之数则甚多,或实如毕仲游所说。故神宗亦言"督索艰难",人民自必"如负千钧而行"也。是毕仲游所言乃虚数,合逋欠在内,李常所说始为实数。倘以十亿缗折合二十亿石米,是为散在民间之官本债务,以当时一千七百万户分摊,则每户当负担一百二十石米。即以二三分息计,则付息即需三四十石米,若五分取息,则年息达六十石米。在如此重担下,社会焉得不穷困而人民将难以遂其生也。

《宋志》："凡岁赋:谷以石计,钱以缗计,帛以匹计,金银丝绵以两计,藁秸薪蒸以围计,他物各以其数计。至道末,总七千八十九万三千,天禧五年视至道之数有增有减,总六千四百五十三万,其折变及移输比壤者,则视当时所须焉。"(《通考》前列至道数字及天禧末增减数字,当即此数,而不甚符合,盖两计、围计不悉数耳。)又云:"景德中赋入之数,总四千九百一十六万九千九百,至皇祐中增四百四十一万八千六百六十四,治平中又增一千四百一十七万九千三百六十四。"所载皇祐、治平增数全与《通考》文同,知《通考》夲景德数。《宋志》于至道、天禧皆计总数,而《通考》于至道、天禧皆详列细数,故不同。

熙宁七年，中书奏事，神宗与冯京论及市易，神宗言："天下之民，所纳二税至有十七八种，吾民安得泰然也。"是宋代杂税种类至多。韩琦当时亦尝言："今天下田税已重，更有农具、牛皮、盐钱、曲钱、鞋钱之类，凡十余件，谓之杂钱。每夏秋起纳。官中更以䌷绢斛斗低估价值，令民以此杂钱折纳。"张方平亦言："且举应天府为例，内县共主客六万七千余户，夏秋米麦十五万二千有零石，绢四万七百有零匹，此乃田亩桑功之自出，是谓正税。外有沿纳诸色名目杂钱十一万三千有零贯，然虽有钱数实不纳钱，并系折纳谷帛。惟屋税五千余贯，旧纳本色见钱。……岁纳役钱七万五千三百有零贯，青苗息钱一万六千六百有零贯。"总计此数，正税一十九万二千七百石匹；杂税一十一万八千贯，苗、役八万一千九百贯，已超过正税。仅杂税已超过正税一半。陈止斋言："其他杂敛，皆起熙宁，则以常平宽剩、禁军阙额之类，令封桩迄今为额，至于元丰则以坊场、盐、酒、香、矾、铜、锡、斛、秤、披剃之类凡十数色，合而为无额上供。"是皆熙丰新法行后，人民负担所以大增也。

《文献通考》载：宋初收入，至道末总八千九十一万三千贯石匹斤。《续资治通鉴长编》载，咸平六年总六千二十六万六千，咸平比至道减二千万贯石匹斤。此宋初沿五代苛敛，故收入多。宋朝不断减轻人民负担，故尔后岁入反少。《玉海》载：混一之初，天下岁入缗钱千六百余万。淳熙十年诏书言：至道末岁入千二百余万。是较混一之初减四分之一。"混一之初"应指太平兴国年间。在屡次减少之后，而王朝收入又不断上升。至道末岁收谷三千一百七十万七千余石，嘉祐以来止收二千余万石，或一千七八百万石，是知所减轻者为农民负担。而商税、酒税自至道至庆历则不断上升（并未变更税率），是劳动人民经济渐丰而购买力提高也。熙宁新法行后，农民负担加重，商、酒税遂不断下降，是劳动人民生活贫困而购买力下降也。

乙　商税、酒课、盐课

宋初至仁宗时，社会生产当有所提高，经济当有所发展，事至显然。唐之租庸调与两税皆缴纳实物，宋之盐、茶、商、酒各税皆缴纳货币。货币使用量扩大，乃经济提高、交换发展之需要与反映。然宋代二税五分之一为货币，五分之四为实物，是都市已大量使用货币而乡村仍限于五分之一，故又不能过高估计宋代货币使用程度。《元丰九域志》较《太平寰宇记》所记各县之场镇增加一倍以上，是乡间市场亦增一倍以上。前此地理书无记载乡镇市场者，有之，则始于宋。宋代各县乡镇皆设有商税务、酒税务，置专人司之。是民间贸易发展，农民购买力提高，民间手工品供应扩大，皆于此可见也。市场增加数目，各县及农村市场商、酒税收入数字，《宋会要》皆有记录可以考见,此祖国丰富史料中之至可宝贵者。《朝野杂记》言:"景祐中,天下商税四百五十余万缗,酒课三百五十五万余缗,盐课三百五十五万余缗。庆历中,商税一千九百七十五万余缗,酒课一千七百一十余万缗,盐课七百一十五万余缗。"(《玉海》同)是此时期商税增长三倍以上,亦即商品贸易增长三倍以上。盐税增长较少,盖人户虽较前富有,而盐则不能多吃。惟此言"景祐中"疑有误。盖自景祐至庆历不过十年左右,商税能否猛增三倍多?且人口绝不能增加一倍,而盐课竟增长一倍,亦于理不合。又案,《宋史·食货志》载:至道中岁入商税四百万贯,天禧末增八百四万贯。按,景祐在天禧后,不应反低于天禧。至道至天禧二十余年,自四百万增至一千二百万,天禧至庆历亦二十余年,张方平《论国计》言,庆历中商税一千九百七十五万,龚鼎臣《东原录》言,庆历中商税二千二百万(张方平言为庆历五年,则龚言当为八年),所增大致相当。张方平言景德中商税四百五十万贯,是《朝野杂记》之"景祐"当为"景德"之误,《玉海》正作"景德",是也。至道、景德户四百余万,盐课三百余万,庆历户一千数十余万,盐课七百余万,户增一倍多,盐课亦增加一倍,则正相合。或谓商税以海上珠宝商为主,然《玉海》言:"海船岁入皇祐中五十三万,治平中增十万。"较商税岁入数百、千万、二千万者相去甚远。是商税主要当来自各州县及其乡镇场务。考《宋会要》所载,酒税收入增加较多,殊觉可异。酒乃消费品,必当生活优裕、生产剩余之家,始能享受此项消费。当时两广及福建、四川部分地区无酒禁,亦无酒榷,当因其地民贫酒少之故。张方平言"景德中酒课四百二十八万,庆历五年一千七百一十万",若合此无榷地区而并课之,则仁宗时之酒课当略在两千万贯左右,则每年酒之消费可谓巨矣。造酒皆用谷类,是当时粮食生产剩余较多亦可想见。苟其时粮食不足,官府必将禁酒,由酒课增长之巨视之,是北宋于仁宗以前社会生产颇有提高而非贫窘之境,明矣。

宋代商税,太宗至道时岁入四百万贯,天禧五年一千二百万贯,庆历时达二千二百万贯。庆历八年主客户一千七十二万余,平均每户负担商税二千文以上,仁宋时米价每石八百至一千文,商税二千文略当米二石或二石五斗。至皇祐商税岁入仅七百八十六万余贯,英宗治平时亦仅岁入八百四十六万余贯,下降几达三分之二,亦颇可骇异。此显为用兵西夏影响当时社会生产有关。唐李翰尝言,用兵十万,七十万家不得操作。仁宗"庆历之籍总一百二十五万,而禁军马步八十二万六千",而乡军、藩军不与焉。是当时略有六百万家不得生产也。故范仲淹、包拯、欧阳修、韩琦等皆极言征发病民之苦。是用兵以后必致社会凋敝也。张方平所论极明:"七年之间,民力大困,耕夫织妇,莫能给其衣食。"到神宗时,《宋会要》言:熙宁十年前商税一千一百万,熙宁十年后八百五十四万。

姑以熙宁十年后为元丰六年,时主客共一千七百二十一万余户,其时米价每石四五百文,更有低至二三百文者。姑以每石五百文计,每户平均负担商税不过五百,合米约为一石。较仁宗盛时人民每户平均可负担商税合米二石或二石五斗者相去远矣。是人民此时购买力降低一半有多。其时西师之累不得过于庆历,是显由新法行后人民负担加重之故。苏轼尝言:"商贾贩卖,例无现钱,若用现钱,则无利息。须今年索去年所卖,明年索今年所赊,然后计算得行,彼此通济。今富户先已残破,中民又有积欠,谁敢赊卖货物,则商贾自然不行,此酒税、课利(商税)所以日亏,城市房廊所以日空也。"于此可见宋代商业惯例,部分商家尚非现金交易,而为大部赊欠,赊欠不行,交易自然停滞,交易停滞自然影响商税。郑侠《奏议跋》云:"诸门及本务税钱亏折,乃为市易拘拦商旅入务官买,以致商旅不行,税乃大亏。"是新法之市易法亦为导致商税亏短之重要原因。

陈止斋言:"天圣七年,福建运司奏:福州商税有当增收钱者八,当减钱者五,当不收钱者十,当创收钱者十二。有旨创收、增收更不行,余依奏。及王安石更改旧制,增减税额。熙宁三年九月,中书札子:自来场务课利增亏,并自本州保明三司,立定新额,始令本处趁办,往复动经年岁,莫若令本州自此立定祖额比较,有旨从之。而本州比较从此始。商税轻重,皆出官吏之意,有增而无减矣。"

仁宗于天圣时诏商税有减无增,然自龚鼎臣《东原录》按之,庆历中商税已增至二千二百余万。后虽下降至七八百万,乃因西夏战事之故,而非降旨减征。治平至熙宁初,又渐上升。《宋会要》言,熙宁十年前又复上升至一千一百余万。《宋会要》此处所言"熙宁十年前",应为治平以后。因治平间商税八百余万,见《食货志》。此"十年前"又应为熙宁四年前,因《宋会要》于旧额中有智州、南仪州等,而此数州于熙宁四年皆已废弃。故所说"十年前"应为治平至熙宁四年之间。熙宁三年后,商税之课税品种,有增无减。然十年之后竟自一千一百余万下降至八百余万,此一变化略为十一与八之比。宋代商税法:"行者赍货,谓之过税,千钱算二十;居者市鬻,谓之住税,每千钱算三十。"(见《通考》及《食货志》)若税法(率)不变,课税品种增加,而税额反减少,自当为商品量减少之故。但自物价核之,又未必然。熙宁初,每石米七百文,元丰米价每石为五百文,亦略为十一比八,是此时商税总额之下降,盖物价使然,未必商品量减少也。然自民户之增减视之,元丰比熙宁初年,由一千二百余万户增至一千七百余万,民户增加四分之一有多,而商品数量仅仅相等,则是每户之商品平均消费量必降低四分之一。是生产萎缩而购买力下降也。若以庆历之民户、物价、商税数字相较,则其下降更甚矣。

再就盐税考之:景德中盐税三百五十五万,民户为四百余万,庆历中盐税七百一十余万,民户为一千万余,此一比例大致合理。景德至庆历,商税、酒税自四百余万贯增长至一千九百万或一千七百万,此为生产发展、社会富裕,故增长较多。盐则不然,不能因经济生活之丰裕而多吃,只能依人口增长之比例而增加。但就《梦溪笔谈》所载,其事殊可惊骇。沈括言:元丰间岁收盐税达二千二百三十余万。此时民户仅千七百余万,自人口比例计之,最高不能过千二百万,然实际竟高达二千二百余万,此显因盐为政府专卖提高盐价之故。《通考》言:"熙宁新法,增长盐价。福建路祖额卖盐收到二十七万三百余贯,自推行盐法,元丰三年收六十余万贯。"扣除人口增长因素,是元丰盐价较庆历提高百分之八十三。夫盐为无论贫富皆不可或缺之日用必需品,用提高盐价以达到增加税收之目的,虽封建社会亦将以其最为苛政,不幸而此举竟出于熙宁新法之中,良可叹也。至徽宗宣和元年,盐税又增至二千五百余万(《山堂考索》),按崇宁时(公元一一〇二——一〇六年,徽宗朝)民户已增至二千万,扣除人口增长因素,宣和盐价较庆历提高百分之七十八。是蔡京当政时所提盐价尚略低于王安石当政之熙丰时也。而后世之论史者,皆相与非蔡京时盐政,而于王安石之大提盐价则不置一辞,是尚得谓公允之见乎?

商税增减,与人民生活日用必需品流通量之增减及商品生产量之增减密切相关,亦即与人民生活及社会生产密切相关。酒课则不同，酒乃高级消费品，经济不充裕者，可以不饮。宋代酒税，景德时为四百万，庆历时升至一千七百万，此应为农业发展社会富裕现象。商税较酒税为多，亦为正常现象。庆历以后，社会生产受西夏用兵影响，商税、酒税皆下降，然商税下降比率大，由二千二百万下降至皇祐时七百万、治平时八百万。而酒则下降比率较低，由千七百万下降至皇祐千五百万、治平时千三百万(并见《食货志》及《通考》)。《通考》言："初，酒场岁课不登，州县多责衙前或五保输以充其数，嘉祐、治平中数戒止之。"是或皇祐、治平酒税下降甚少之原因乎？熙丰间又出现此等现象，商税自一千一百万贯降至八百余万，而酒税则仍高踞一千三百余万，此又奇事。盖中国原本农业国，粮食生产丰富，果腹而外，惟可用以造酒，故日用商品交换虽萎缩，而农业生产则未必随之萎缩，而酿酒自亦不必随之下降。宋之酒税为酒曲税，曲由政府专卖，民间煮酒，虽为自饮，不作商品出售，而税则仍不能免。酒税较多反映农产品剩余多，商税较少则为生活日用品生产萎缩。盖农村经济因剥削太甚，农业生产虽能继续维持，而日用手工业品生产则不能不衰退。然商税低于酒税究非正常现象。庆历以后显因西夏用兵、经济破坏之故，而元丰时则自为受新法之影响也。苟以酒税多寡作为农产品剩余多寡之标尺，庆历时酒税一千七百余万，民户一千万余，每户负担酒税一千七百，此时米价八百至一千文一石，则每户酒税略当二石米，熙宁十年前（即四年前）酒税一千五百三十八万八千贯，民户千二百万，每户负担酒税一千三百文，米价每石七百文，每户酒税略当一石九斗米。陈止斋言："熙宁五年正月，令官务每升添一文。"时酒价斗百钱，是每升十钱，升添一文，是税增十分之一也。熙宁十年后，酒税共一千三百八万，其中加税一百三十万，除去加税则略为一千一百七十八万贯，时民户一千七百余万，每户负担酒税至多七百文，米价每石五百文，则每户负担酒税略当米一石四斗。由此观之，是元丰较庆历时每户用于造酒之农产品减少四分之一，即较熙宁初年亦略少。是元丰时不仅商品交换萎缩，农业生产亦有萎缩也。又苏东坡论青苗事尝言："官吏无状，于给散之际，必令酒务设鼓乐倡优，或关扑卖酒牌，农民至有徒手而归者，但每散青苗，即酒课暴增。"是熙丰酒税下降少，此亦一因也。

自宋初至道三年至天禧五年，共二十五年，民户由四百一十三万增至八百六十七万，政府岁入数字亦同时增加较多，其为社会经济上升也至明。自天禧五年至庆历八年共二十七年，此时期民户止增至一千七十余万，岁入所增亦较少，此显为受西夏用兵之影响。庆历八年至嘉祐八年十五年间，民户增至一千二百四十六万，与前二十七年所增略等，同为二百万户左右，而商税则下降特甚，盖战争停止则人口增加较快，社会经济受到破坏而恢复发展则较慢也。商税恢复较慢显然以此。嘉祐五年至治平三年，不过六年，时间既短，民户当不能增加很多，然政府岁入却增加颇多，此显为社会经济已开始恢复发展之反映。自治平三年至熙宁初（应为四年前），商税由八百余万增至一千一百余万，酒税由千二百万增至千五百万，此显为社会经济既已恢复发展，而税收亦随之上升也。治平至元丰六年，共十七年，主客户所增较多，已达一千七百二十一万，然至元祐初年，共二十年，主客户当已增至一千八百万左右，而政府岁入所增则少，仅由四千四百万增至四千八百万，且商、酒税反有下降，显与正常趋势不合。此岂非新法行后，人民负担增加一倍，购买力下降一半，工农业生产皆衰退之明效乎？北宋一代社会经济之升降，不难于政府岁入增长之速度及商税、酒税之升降概见之也。且新法既行，"青苗、免役皆责出钱，是以百物皆贱，唯钱独贵，欲民之无贫，不可得也"（苏辙语），"熙宁以来，行青苗、免役之法，民日益贫，盗日益炽，谷帛日益轻"（苏轼语）。于是出现钱贵物贱之"钱荒"现象。而官府复将所搜刮之钱，大量封桩储存以备后日之用。及至用时，钱币大量流出，则又形成钱贱物贵局势。熙丰收进时，米价最高时每石五百，官府收钱三贯，人民实际出米六石。徽宗时大量消费，物价不断上升，宣和四年，米每石二贯五至三贯，岂非人民纳六石米之实，而官府仅获一石米之用，似此有损于民无益于国之举措，其可谓善于谋国者乎？熙丰君臣何思之不及此也。

丙　北宋疲弊之由与王安石、司马光之议论

宋太祖尝言："国家财赋，再倍汉唐。"叶水心于南宋亦言：宋之收入"十倍汉唐"。宋之财入既丰，然犹常称"财用不足"者，何也？马端临《文献通考》言："宋大概其所以疲弊者，曰养兵也，宗俸也，冗官也，郊赉也。"此言切中宋代弊政要害，是宋政治之首当改革者。曾巩《议经费》言："景德官一万余员，皇祐二万余员，治平并幕职州县官三千三百有余，其总二万四千员。景德郊费六百万，皇祐一千二百万，治平一千三百万。"《朝野杂记》言："祖宗时，中都吏禄兵廪之费，全岁不过百五十万缗，元丰间月支三十六万缗。"是全岁应为四百三十二万缗。《太平治迹统类》载王拱辰言："太祖时兵十三万，太宗时十八万。"《通考》言："真宗时内外兵九十一万，仁宗时兵百二十五万。"此皆宋廷首当解决之问题。冗官既已如此，熙宁间裁定京官，蒲宗孟言：京官岁损者常百余员，十年亦不过千余员，但时新增吏禄，京师岁增四十一万三千四百余缗，监司诸州六十八万九千八百余缗。元丰兵籍六十一万，是已减少一半，然又用之于保甲民兵七百八十余万。熙宁元年，执政以河朔旱伤，乞南郊勿赐金帛，王安石言："常衮辞堂馔，时以为当辞职不当辞禄，以此责西府。"是郊赉亦不能省。元祐时，范祖禹已言国用不足之

根源即在于此。如以马端临所见的当，是王安石所变之法皆未能对症下药。王船山尝言：汉唐之富以其无，宋之贫以其有。宋代社会经济之发展高于汉唐，宋代政府收入多于汉唐，然自仁宗时已感财用不足，此显非收入之不足而浪费太多故也。熙宁元年议南郊赐金帛，执政以国用不足，乞勿赐。诏学士议，司马光言："救灾节用，当自贵近始。"王安石曰："国用不足，未善理财故也。善理财者，不加赋而国用足。"司马光曰："安有此理？财货百物不在于民，则在官，设法夺民，害乃甚于加赋。"是时安石尚未执政，而二人政见之矛盾已显露矣。盖司马光主于省用节流，而王安石主于理财开源。是时京师岁入五千余万，数倍于宋初，而犹言财用不足，究当减少浮费、节约开支，抑当虐取于民以供浪费？其是非得失，本自显明。故神宗于此次争论赞同司马所言，然竟亦未能蠲省此次郊赉。且于翌年任安石为宰相，而陆续开展其以理财为核心之变法改革。司马光之反对新法，其核心亦即坚持省用节流方针而反对理财开源以资浪费也。

丁　上供

叶水心《财总论》言："熙宁、元丰以后，随处之封桩，役钱之宽剩，青苗之结息，比治平以前数倍。"又言："熙宁新政，重司农之任，更常平之法，排兼并，专敛散，兴利之臣，四出候望，市肆之会，关津之要，微至于小商贱隶什佰之获,皆有以征之。盖财无乏于嘉祐、治平,而言利无甚于熙宁、元丰。"此言新法赋敛之多及积蓄之富。《通考》言:"哲宗元祐元年,议者谓熙宁以前,上供无额外之求,州县无非法之敛,自后献利之臣惟务刻削,事有所减,如禁军阙额,与差出衣粮,清汴水脚,外江纲船之类,例皆赍转运司封桩上供。即用度有增,又令自办,上供名额,岁益加多,有司财用,日惟不足,必至多方以取于民,非法之征,其原于此。因请罢熙宁以来旧上供所创封桩钱物。"此言内外封桩皆额外上供。陈傅良《开基事要》言:"祖宗时内藏库止是收籴给费之余,或坊场课利,不以多寡,初无定额。熙宁二年,始命三司户部判官张讽核实。讽取自嘉祐、治平十年以来输送之数,而十年之间所入殊不等,乃诏今后并令纳左藏库,逐年于左藏库拨金三百两、银五十万入内藏,遂为永额。然讽元奏治平以前诸路所进坑冶、山泽、河渡、课利悉在其中,既合为元额矣,在后中书再取旨,以诸路提点银铜坑冶司所辖金银场冶课利,并依久例尽数上供入内库,则坑冶之入不仅为左藏库年额之数,自是条例益严密,皆王安石之为也。"又言:"上供增额,起于熙宁,虽非旧贯,尤未为甚。崇宁三年三月,始立上供钱物新格,于是益重。"又言:"元丰五年,又以上供年额外,凡琐细钱,定为无额上供(自注云:谓坊场税钱、增添盐酒钱、卖香矾钱、卖秤斗钱、卖铜锡钱、披剃钱、封赠钱、淘寻野料钱、额外铸到钱、铜铅水脚钱、竹木税钱、误支请受钱、代支失陷赏钱、赃罚钱、户绝物帛钱）。盖自系省而后有应在司，而后有封桩，而后有起发。"是元额之外有增额，又有额外，是为无额上供。内外封桩，本自如此，是南宋之经制钱、总制钱、月桩钱、板帐钱等，其弊皆导源于此。叶水心言："王安石大掣利柄，封桩之钱，所在充满。"此皆所谓"上供额外之求，州县非法之敛"。此封桩钱所以积累盈满也。宇文粹中言："祖宗之时，有额上供四百万，无额上供二百万，京师商税、店务、抵当所诸处杂收钱一百余万，三司以七百万之入，供一年之费而储其余。"是上供原额，仅于此数。陈止斋备载宣和元年户部尚书唐恪稽考诸路上供钱物之数，比之宇文粹中所言祖宗时上供钱数增加颇多。唐恪系分列各路数字，其中无河东路，当为残佚。又如江南东西两路共五百余万贯，淮南不分东西仅一百一十万贯，想必为淮南西路之数，淮南东路之数应较大，当亦残佚也。即据此不完全之数字，全部已是一千五百余万贯，较祖宗时六百万贯增加一倍半。此正陈止斋所谓熙宁新法增旧额一倍；崇宁率一路之增至十数倍也。毕仲游言："今诸路常平、免役、坊场、河渡、户绝庄产之钱粟，积于州县者，无虑数十百巨万，可供二十年之用。"则与叶水心《财总论》所言完全一致。此类非法额外之征甚多，元丰五年诏："京东、淮、浙、江、湖、福建十一路，发常平钱八百万缗输元丰库、左藏库、内藏库外，又复有元丰库杂储诸司羡余钱。至熙宁行役法……时则有坊场钱,至元丰初,法行既久,储积赢羡,司农请岁发坊场钱百万缗输中都元丰库贮之,几百楹。凡钱帛之隶诸司,非度支所主,输之数益广,欲以待非常之用。"皆足明当时储积之多,亦即搜刮之巨。

宋代皇祐时,岁入三千九百万缗,嘉祐岁入三千六百万缗(当因西夏军事而收入下降),治平岁入四千四百万缗,熙宁为五千六十万,元祐岁入四千八百万。宋代田赋收入前后差数不大,差额大者为商、酒等杂利。治平、熙宁、元祐比之皇祐,正杂利下降之时,然岁入却由三千九百余万上升至四千四百万、四千八百万,所增收入从何而来? 当应研究。人口增加,身丁钱当亦增,是为其中部分,然为数不多。其主要者应为上供钱。陈止斋言:"嘉祐至治平十年之间,所入殊不等。"此时数字不明。宇文粹中既谓"祖宗之时,有额上供四百万,无额上供二百万"。陈止斋又言:"诸路上供岁额,熙宁新法增额一倍。"可知治平时上供略为三百万至四百万,即四千四百万之部分来源。熙宁时略为六百万。熙宁九年又诏:"坊场不给役人,岁上之司农。"则亦计入官府岁入缗钱之数矣。元丰七年,坊场钱六百余万,熙宁时或不及此数。故熙宁岁入止五千六十万。至于元祐四千八百余万,据苏辙于元祐初言:"今坊场钱一岁四百二十余万。"此数显较元丰为少。上供之封桩钱,元祐元年诏:"三路(河北、河东、陕西)、岭南(广南东、西)被边,勿封桩,仗帅臣以占募,余路封桩仍旧。”是上供所取亦较少，故岁入略为三千九百余万至四千八百余万。

前此上供数字虽无可详考，然自陈止斋论上供钱言："开国以来，迄于至和，天下财物皆藏州郡，祖宗之深仁厚泽于此见矣。"又言："熙宁二年，始命张诚核实，取自嘉祐至治平十年以来输送之数，而十年之间所入殊不等。"显见至和以前财物藏于州郡，上供者少。张诚惟取嘉祐、治平间十年之数，当即上供钱系自嘉祐以后始渐增多。陈止斋又言："宋初天下留州钱物，非尽取之。自建隆至景德四十五年，应在金银、钱帛、粮草、杂物以七千一百四十八万计，在州郡不会，可谓富藏天下矣。"《通考》言："治平二年，内外入一亿一千六百一十三万，出一亿二千三十四万，非常出者又一千一百五十二万，是岁诸路积一亿六千二十九万。"内外超支既多，州郡又有大量积蓄，则上供钱之增加当属可能。

戊　人民债累

元祐七年，苏轼上言："方今民荷宽政，无他疾苦，但为积欠所压，如负千钧而行。"元祐五年傅尧俞亦言："逐处监司以今岁蚕麦并熟，催督积年逋负，百姓必不能用一熟之力了积年之欠，徒费鞭扑，长公人贪暴乞取之弊。"元祐元年，苏辙亦言："乞将民间官本债负、出限役钱及酒坊元额罚钱，见今资产耗竭实不能出者，令州县监司保明除放。"是役钱、官本封桩,民间所欠为数不少。元祐放免诏书即包括坊场钱。苏轼上书又言:"臣所论市易、盐钱、酒税、和绢四事,钱物虽多,皆是虚数,必难催理。"是所谓"所在充满",实多虚数,实数究有多少,则至难言。况其皆"额外之求、非法之敛"乎?熙宁十年,神宗尝问沈括:"公私钱币皆虚,钱之所耗安在?"张方平亦言:"比年以来,公私上下并苦乏钱。"是所积现钱并不多。荆公新法主要为取息,青苗、市易、和买、免役,皆归于取息。然神宗已言:"常平(青苗)钱谷,倚阁殆半。"是人民拖欠不能偿还者太多。议行青苗法时,温公尝言:"提举官欲以多散为功,州县官恐以逋欠为负,必令贫富相兼,共为保甲,仍以富者为之魁首,贫者得钱,随手皆尽。小有不登,二税且不能输,况于息钱?吏督之急,则散而之四方,富者不去,则独偿数家所负,力竭不逮,则官必为之倚阁,春债未偿,秋债复来。或值凶年,则流转死亡。幸而丰稔,则吏并催积年之债,是使百姓无有丰凶,长无苏息之期,贫者既尽,富者亦贫。若不幸有边隅之警,凡粟帛军需之费,将谁从取之。"此司马光自当时社会情况逆料将来必然产生之恶果。自神宗"倚阁殆半"之语及元祐七年苏轼所言观之,温公所料一一如见,且更有出温公所言之外者。以后验前,是温公所言不虚,新法已行之后,其弊固有为始料之所不及者,苏轼上书所言甚悉,兹再摘述如下:

　　今二圣临御,八年于兹,而帑廪日困、农民益贫,商贾不行，臣窃痛之。所至访问耆老，阴求其所以，皆曰：方今民荷宽政，无他疾苦，但为积欠所压，如负千钧而行，免于僵仆则幸矣，何暇营求于一饱之外哉？今大姓富家昔日号为无比户者，皆为市易所破，十无一二。其余自小民以上，大率皆有积欠。监司吏卒，文符日至其门，鞭笞日加其身，虽有白圭、猗顿，亦化为筚门圭窦。祖宗以来，每有赦令，特以民既乏竭，无以为生，虽加鞭挞，终无所得。自二圣临御，随事指挝，皆从宽厚，而官吏刻薄，大率县有监催千百家，则胥徒举欣欣然日有所得。其间贫困扫地，无可蚕食者，则县胥教令通指平人。或云衷私擅买，抵当物业，或云买不当价，蔓延追扰，自甲及乙，自乙及丙，无有穷已。每限皆空身到官，或三五限得一二百钱，谓之破限，官之所得至微，而胥徒所取盖无虚日，俗谓此等为县胥食邑户。……诸路连年水旱，所以逐县例皆拖欠两税，人户既未纳足，则追扰常在。臣顷知杭州，又知颍州，今知扬州，亲见两浙、京西、淮南三路之民，皆为积欠所压，日就穷蹙，死亡过半，而欠籍不除，以致亏欠两税，走陷课利，农末皆病，公私并困。以此推之，天下大率皆然矣。臣自颍移扬州，舟过濠、寿、楚、泗等州，所在麻麦如云，访问父老，皆有忧色。云：丰年不如凶年，天灾流行，民虽乏食，缩衣节口，犹可以生；若丰年，举催积欠，胥徒在

门，枷棒在身，求死不得。又所主城邑，多有流民，官
吏皆云：以夏麦既熟，举催积欠，故流民不敢归乡。
孔子曰："苛政猛于虎。"以今观之，水旱杀人百倍于
虎，而人畏催欠，乃甚于水旱。臣窃度之，每州催欠
吏卒不止五百人，以天下言之，是有二十余万虎狼散
在民间，百姓何由安生，仁政何由得成乎？

自东坡所言，可见积欠为害之甚。新法之主要目的在
取息，为造成积欠之重要原因。自神宗之言，可见积欠为数
之大，自东坡所陈，可见积欠为祸之烈，人民生计焉得不困。

己　钱荒

宋代农村钱少，于二税过半征实物可见也。都市用
钱虽多，亦非全用钱，于酒税等仍少数征实物亦可见也。
张方平言："下户细民平日何尝识一钱。"是当时社会实况
如此。孙升言："为国者不取民之力而取民以钱，则货殖
百物无以售，而民至于困极也。今东南民间所用无完钱，
皆乌旧缺边，而乡村所出谷帛，贱无人售。城郭户人比十
五年前，破家者十七八，皆困纳钱免役之患。"苏子由言：
"自熙丰以来，民间出钱免役，又出常平息钱，搜索殆尽，
市井所用多私铸小钱，有无不交，田夫蚕妇力作而无所
售，常平、役钱小积而无救于饥馑，积钱于官，无宣泄之
道，民无现钱，百物日贱。"此言钱币大量积于官府手中，
民间行使，多为劣钱。王岩叟论免役坊场钱亦云："聚敛

之吏,倚法以削天下,缗钱出私室而归公府者,十分而九,故物日以轻,民日益以困。钱入于公无复流通于外,而群众相生养之道必待乎此,则势将何如?”赵君锡言:“诸路钱货在官者,大抵数千万贯(依李常言,共五千余万贯在州县),民间钱货无从而得,所以艰难匮乏反甚于前。”吕陶言:“今泉币绝乏,货法不通,商旅农夫,最受其弊。”现钱大半入官,市井少有流通。司马光亦言:“免役及赋敛多责现钱,迫于期限,不得半价,此农民所以重困,钱皆聚于官中,民间乏钱,货重物轻。”皆说明钱聚于官,引起钱贵物贱,而民生困苦,是熙丰新法虽能积蓄钱货又何善足颂?且官家之钱,多为虚数,泰半皆为民间逋欠。既搜刮民钱以充官府储蓄,何以神宗又谓“公私钱币皆虚”?此正沈括所言:“有钱十万,聚于一人之家,虽百岁故十万也。贸而迁之,使十万之利遍于十室,则利百万矣。”迁而不已,则钱不可胜计。然钱不在下,则在于上,今所以上下俱乏者,正以钱被冻结之故。钱不流通,则失其作用,虽多何益?更何况钱聚官中,民间乏钱,而致货重物轻、农夫重困乎?

二　熙丰新法之施行及其实效

甲　免役法

宋初役法之弊,言者最多,所以诏书屡降。皇祐间韩琦言：

> 每乡被差疏密，与赀力高下不均，假有一县，甲乙二乡，甲乡第一等户十五户，计赀为钱三百万；乙乡第一等户五户，计赀为钱五十万。番休递役，即甲乡十五年一周，乙乡五年一周，富者休息有余，贫者败亡相继。请罢里正、衙前，命运司以州军见役人数为额，令佐视五等簿，通一县计之，籍皆在第一等，选赀最高者一户为乡户衙前，后差人仿此，即甲县户少而役蕃，听差乙县户多而役简者。

下其议京畿、河北、河东、陕西、京东西转运司度利害，皆以为便。蔡襄、韩绛又极论福建、江南里正、衙前之弊。绛请行乡户五则之法，襄请以产钱多少定役重轻，遂命与三司参定。遣吴机复趋江东，蔡禀趋江西，与长吏转运司议可否。因请行五则法：凡差乡户衙前，视赀产多寡置籍，分为五则，又第其役轻重放此。假有第一等重役十，当役十人，列第一等户百；第二等重役五，当役五人，列第二等五十，以备十番役。遂更著淮南、江南、两浙、荆湖、福建之法，下三等颁焉。于此可见南北之法不同。然以赀之高下定任役之轻重则同。至于两种法之不同：盖韩琦以一定富力分五等户，以第一等户任重役，又通数县计之，役简则应役之次远，役蕃则应役之次密，一等户概任一等役，使重役不及于贫民；韩绛之法，盖以役之轻重为定额，依轻重役所需人户之多少，以定一县一等户二等户之多少，则重役始终不及于贫户，而应役者皆限于富民。殆以北方民贫而役多，南方民富而役少；北方役重民贫，故其要在分户等之高下，使重役只及于富户，而役之疏数不必计；南方役轻而民富，邻乡邻县应此乡此县之役似无此必要，而徒增烦扰，民力既能负担，故不重在分户等之高下，而重在定役之疏密。南北社会经济情况不同，而立法固各有其宜也。

免役法之不善，以各路役钱多少之不均为甚。曾布言："天下户口多少，徭役疏数，所在各异。如两浙路户一百四十余万，率钱七十万缗而已；畿内户十六万，而率钱亦十六万缗。是两浙所输，盖半于畿内。"负担如此不公，何能使人民悦服？杨绘言："凡等第升降，盖视人家产高下，本县凭户长里正，自下而上，乃得其实。今乃自司农寺先画数，令本县依数定簿（五等簿），岂得民无争诉？司农寺不依诸县元定户等，却以现管户等第均定助役钱数付诸县各令管认，升降户等，别造簿籍。"是依各路元有役数敷钱，各地徭役疏数不同，因之各地役钱亦轻重不同，此陕西一路所以始终反对"免役法"也。考陕西户口，依毕仲衍说，为九十六万余户，熙宁九年，陕西各路役钱计一百三十六万七千余贯，陕西各路平均每户千四百文，较畿内平均每户负担一千文已重，与两浙路每户平均五百相较，则为尤重。

《三朝名臣言行录》引《邵氏闻见录》一节,颇有理致,其言曰:

> 役法新旧差募二议俱有弊,吴蜀之民以雇役为便,秦晋之民以差役为便。荆公与温公皆早贵,少历州县,不能周知四方风俗,故荆公主雇役,温公主差役,苏(轼)、范(纯仁)温公门下士,复以差役为未便。章子厚(惇)荆公门下士,复以雇役为未尽。三人皆聪明晓吏治,兼知南北风俗,其所论甚公。

此言二法皆未善,差役宜于北而不宜于南,雇役则宜于南而不宜于北,此理亦易明了。叶水心言:南宋土地虽失其半,然天下财赋仍十分之七在宋。宋代社会经济南富北贫,相去本远。自役钱多少考之,北方元本役重,南方则役轻。开封及京东西为中央政府所在地,禁军大部驻于此地,自然役重;河北、河东接近契丹,当亦役重;陕西仁宗时西夏战起,役事骤增。熙丰诸路将兵,总天下九十二将,西北四十二将,京西、河北三十七将,两淮以东南只十三将,北重南轻,更为明显。南方人富而役轻,役轻则出钱少,人富又出钱易。辛稼轩言:"北方之人,养生之具,不求于人,是以无甚贫甚富之家;南方多末作以病农,而兼并之患兴,贫富不侔矣。""多末作"言手工业、商业发达,工农分二、贫富分化已显。因南富而北贫,故皇祐改里正衙前为乡户衙前。时韩琦之法行于京东西、河东北、陕西各路,蔡襄之法行于两淮、两江、两浙、荆湖、福建各路,是南北役法已自不同。自《太平寰宇记》《元丰九域志》按之,客户数字,南方远多于北方,此见大地主上户多在南方,上户所出较多,则中小户所出即轻。北方适与相反,役重人贫大地主上户少,而所出又多;上户既少,于是升三四等户为二三等户,户等既升,负担必加,此北方各路之所以反对免役法也。

新法以青苗、免役、市易为主,免役法为近来论者以为最善之法,因官户亦出助役钱也。元祐时,司马光罢各种新法,王安石在金陵,夷然不以为意,及闻罢免役法,愕然失声曰:"亦罢及此乎?"是荆公亦以此法为最善。宋人言:民不苦重赋而苦重役。役为国史上之一大事,明以后始不见重役之害,而只见重赋之害。乡户衙前、里正衙前,原为宋代重役,充此役户往往有破产者。免役法系由人民出免役钱,由官府雇人服役,故又称雇役。且"官户""寺观户""单丁""女户"原不服役者亦出"助役钱"。"凡敷钱:先视州若县应用雇直多少,随户等第均取雇直,既已用足,又增取二分,为免役宽剩钱。"从此,人民可免充役之苦。自条例视之,固无足以病民者,然施行之效则否。利州路岁用役钱九万六千六百余缗,而转运使李瑜率取三十三万有奇,时皆以为太重。然自熙宁九年诸路上司农寺岁收免役钱为一千四十一万四千五百五十三贯观之,其中各路所收细数,利州路已达四十二万九百七十五贯,较九万六千增长三倍多。元丰七年岁收免役钱为一千八百七十二万九千三百,比熙宁九年所增近一倍。如广西一路民出役钱二十九万缗,募役实用钱止十四万缗,不及所征数之一半。政和中臣僚言:"巩州,元丰年中岁敷役钱止四百贯,今敷至二万九千余贯。"此见免役钱为害之甚。元丰八年史载:"自来宽剩各不过二分,今来申到帐内有及三四分以上。"是并未按雇直多少随户等第均取,宽剩钱亦颇过规定之二分。熙宁九年收役钱一千四十万余,支役钱才六百四十八万七千六百八十八贯,剩余高达百分之四十。元丰七年收一千八百七十二万九千三百贯,则应剩余一千二百二十四万一千六百一十二贯。刘安世言:"元丰之后,新定役人止放四十二万九千余人,比之旧法减十万七千之数。"役人有减无增,役钱有增无减,役钱所剩太多,则非用免役以减轻人民负担,而为用免役之名以加重人民负担也。陈止斋言:"熙宁四年八月行免役,耆长于第一第二等户轮充,一年一替,与免户下本年役钱一十五贯文。壮丁于第四第五等户轮充,半年一替,并不出纳役钱。户长于第四等召募有人丁物力者充,一岁一替,盘缠钱五贯文。"是免役法行,重役为上户轮充,仍为差而非雇;只免应役者本年应出之役钱一十五贯,是此即一年之雇值。户长为募下户充当,一年雇值五贯。可见五十三万六千余人之雇值为六百四十八万七千六百八十八贯,最多者不过一人年十五贯。然时以军校主公物，月给食钱三千，是一人年三十六贯，是乡户雇值不及军校之半。周尹尝言："宽剩数已倍多，而募值太轻，仓法又重，役人多不愿就募。"雇值既轻，当然不愿应募。熙宁四年初行役法时，即已有人预见及此，故名为雇役，而实为差役。至熙宁七八年，耆壮之役归于保甲之正长，户长之役归于催税之甲头，已变而为保役，已是差而非雇矣。然曾布于讨论役法之初即言："今投名衙前半天下。"此为事实。以川峡四路而言，原皆长名衙前，本是雇而非差。此何以能雇？苏辙于元祐初尝言："今天下坊场钱一岁四百二十余万，而衙前支费及非泛纲运，一岁不过一百五十余万缗。则是坊场之值自可了办衙前百费。"按熙宁以前即用扑买坊场钱酬奖衙前重难分数，此即长名衙前之雇值。至熙宁九年，诏买扑坊场钱更不以给役人，岁上之司农，又许人添划见卖坊场。元丰七年，府界诸路实已岁收六百九十八万六千缗，谷帛九十七万六千石匹，此款皆收归政府，当系改前此之雇法为差法，故能有此大笔余款。元祐又再以坊场钱充衙前雇役之用，以下诸役轮差，尽免六色钱，显又改衙前为雇役矣。

雇役法行后，对人民生活发生极大影响。杨绘言："民难得钱，钱非出于田者也；民宁出力而惮出钱，钱所无也。"司马光言："农民出钱，难于出力，官中以免役及诸色督之，则谷愈贱矣。"范镇亦言："免役之弊，百物不用，必收现钱，布帛米粟，贱货速售，失利倍蓰。"此皆因民间少钱,民有米物而官不用米物,民有力而官不用力,民无钱而官必使之出钱,物轻钱重,势之必然,而农困矣。苏子由言:"青苗、免役、保甲三者之弊,百姓贱卖田宅,非一家也。"司马光言:"青苗免役钱为害尤甚,自行新法之时,民间之钱已少矣,其贫者亦有未尝识钱者矣。今有司惟钱是求,农民贱粜以输官,比常岁之价,或三分减二,于斗斛之数,或十分加二以求售,今货重物轻,年虽饥,谷不甚贵而民益困。"此言免役法行后,劳动人民负担最重而所遭灾难巨大也。

免役法既行,自然皆为雇役。然后役亦不雇,代之以"保正""甲头",实际已变为保役。《续通鉴长编》熙宁七年载:"神宗曰:今已令出钱免役,又却令保丁催税,失信于民。又保正只合令习兵,不可贰事。安石曰:催税不过二十余家,于人情无所苦;保丁只令习兵,不可贰事,不知余事令谁勾当?"同书元丰八年又载:"耆壮、户长,法之始行,皆出于雇,及其既久,耆壮之役则归于保甲之正长,户长之役则归于催税甲头,一切封桩(役钱全存库),是何异于出钱免役而又使之执役。"此亦明言役既不雇而以保甲任差役。自徽宗至南宋皆是如此。胡舜陟言:"章惇、蔡京述安石之弊,行之东南,故民当正副(保长)必破其家。大小保长,日被追呼,废其农业,民遭差役者,如驱之就死地。"如此,则保长、甲头之苦,有若前日之乡户衙前、里正衙前。此种情况,熙宁时即已出现。按之《宋会要》,言保役之苦者不下二十处，其害有更甚于里正衙前者。此论免役法者所当合而观之者也。

陈止斋言：

> 罢募户长而取其钱（熙宁五年罢，十年以其雇钱别桩管），罢募壮丁而取其钱（熙宁七年罢，十年以其雇钱别桩管），罢募耆长而取其钱（熙宁八年罢，十年以其雇钱别桩管）。役法者，五等簿是也；保甲法者，鱼鳞簿是也。五等簿者，以通县计之，自第一至第五，以其户强弱，各自为簿；鱼鳞簿者，比屋计之，自第一都至第几都，不以其户强弱并为一簿。方行保甲时，但以讥察盗贼而已，与免役初不相关。熙宁七年，始以保丁充甲头催税，而耆、户长、壮丁之属以次罢募，利其雇钱，而封桩之法起矣。元丰遂著为令，以甲头同大保长催科，今之困民力诚非一事，而役害最大，中人之家，破荡相继，推究其所自来，要不以保甲法乱役法，实大惠矣。

《玉海》亦言："熙宁五年六月一日，以产税钱均定免役钱，并罢五等户簿，州县版簿，皆保长簿也（鱼鳞簿）。自以保籍催科，而民始困。"此言变雇役为保役之经过甚为明悉。雇役法于熙宁四年甫颁布推行，五年即罢五等簿，同时亦罢募户长。七年罢募壮丁，八年罢募耆长。熙宁七年已行保役，显然仍为差役，何得以雇役名之。《通考》言:"熙宁征免役钱,非专为供乡户募人充役之用而已,官府之需用,吏胥之廪给,皆出于此。及其久也,则官吏可以破用而役人未尝支给。是假免役之名以取之,而复他作名色以役之也。为法之弊一至此哉!"于以见所收役钱究作何用场! 然熙宁九年又言支役钱六百四十八万七千余贯,似又与陈说不同。谢方叔言:"豪强兼并之患,至今日而亟,百姓膏腴,皆归贵势之家,小民百亩之田,频年充保役,官吏诛求百端,不得已而献其产于巨室,以规免役,小民田日减而保役不休,大官田日增而保役不及。"熙宁七年始以保丁充甲头催税,绍圣二年二月详定所又言:"保丁充甲头,皆最下户,人既不服,事率难集,宜罢甲头,于是催科悉用大保长矣。"此则章惇所行,又稍与王安石不同。南宋一代皆行保役,实皆为差而非雇。南宋后期,又部分改行义役。熙宁四年始行雇役法,五年即已变化,七年而保役法确立,熙宁以来何得有雇役之实? 而助役钱、免役钱则长期收取。宋代职役,原以里正充衙前,后觉其太苦,皇祐中始改为乡户衙前,不使兼役,然仍有破家荡产者;故南方始有投名衙前,或名长名衙前,已类似雇役。熙宁变法,用雇役为名以收免役、助役钱,而实际所行仍为保役,以保长兼役,实同里正衙前。免役法虽名为新法,然不转瞬间复又归于皇祐以前之旧法矣。

新法行后,役钱负担多者,既非"官品形势户",亦非"物力高强户",仍以劳动人民中下户为主要负担者。新法于"官户""寺观户"役钱减半,虽神宗亦疑"官户"取役钱少,然王安石曰:"官户、坊郭取役钱诚不多,然止可如此。不然,则在官者须着意坏法,坊郭等第户须纠合众人打鼓截驾、遮执政。"坊郭户即含大商人。"神宗以民供税敛已重,坊郭及官户不须减,税户升等第更与少裁之,无害。安石言:今取于税户,固已不使过多,以臣所见,今税敛不为重,但兼并侵牟多耳。神宗言:此兼并所以宜摧。安石言:摧兼并惟古大有为之君能之。"是安石以官户、坊郭户为有势力之人,惟可退让,不可碰撞。是免役新法并未能予官僚及商人以打击也明矣。且免役钱下及本不服役之五等户亦未能免,则显为优便上户也。刘安世言:"今使上户止纳数千,下户自来无役者,例使加赋,损九分之贫民,益一分之上户。"时广西曾请中下户不必出免役钱,使尽归上户,神宗未许,谓中下户多、上户少。司马光亦言:"免役于下户困苦,于上户优便。"皆明免役法未尝打击"高强户"。章惇驳司马光所言亦甚明:"光称臣民封事,言民间疾苦,所降出者约数千章,无有不言免役之害。臣(惇)看详臣民封事降出者,言免役不便者固多,然其间言免役之法为便者亦自不少,非人人皆言免役为害,事理分明。然臣所见,凡言便者,多上三等人户,言不便者,多下等人户。"章惇为执行新法之主要人物,所言出臣民封事,当最为可信,所说是新法为优便上户、有损下户之有力确证。盖因行差役法时,上户充重役,数年一次,往往有破家者,今行免役,但每年纳钱数千而已,所以为优便,故称免役之法善。行差役法时,下户应轻役,至有无役者,且数年一次,又无大害,今行免役,概使每年纳钱,而钱为下户所匮乏者,所以贫困,故言免役之法不善。绍兴四年,高宗谕李元瀹所论,且曰:"役法推行,浸失本意,致富者益富,贫者益贫,民力重困,此宜讲究。"赵鼎言:"差役本是良法,王安石但见衙前一事,州县奉行失当,尽变旧法,民始不胜其扰。"上(高宗)曰:"安石行法,大抵学商鞅耳。自安石变法,天下纷然,但免役之法行之既久,不可骤变耳。"南宋统治者言北宋事,自无北宋时之各执偏见,虽南宋仍行"免役法",然皆言免役法并非良法。浙东史学家亦大都如此。胡舜陟言:"熙宁间王安石当国,创立新法,元祐间司马光秉政,一切罢去,民复苏息,盗亦销弭。"《太平治迹统类》言:"元祐初,温公当国,天下之刑减往时少半。"《续通鉴长编》载:神宗问:新法行后,天下盗贼多。王安石并不辩说,但言:"不知陛下推行得如何政事,便欲百姓皆不为盗贼也。"新法行后,王朝岁入自三千余万缗增至六千余万缗,人民负担加重,生活困苦,自然要反抗。新法罢去,岁入自六千余万缗减至四千余万,人民负担减轻,盗贼自然销弭也。

乙　青苗法

青苗法与常平仓相较,二者于人民之利害,前世论之已详。今仅就青苗法施行之事实言之。此法初行于河北、京东、淮南，然后推行于各路。王广廉在河北，第一等户给十五贯，第二等十贯，第三等五贯，第四等一贯五百，第五等一贯。是富民本不须钱，却得多借，贫者须钱，反限以少借。即与诏书所谓"给散青苗钱本为惠恤贫乏"之意大不符。韩琦当时即已指出：当时行法，于三等以上户更许增数，坊郭户有物业抵当者，依青苗例支借。又言："乡村三等（户）并坊郭有物业户，乃从来兼并之家，今皆多得借钱，与初折兼并、济困乏之意绝相违戾。"《三朝名臣言行录》引琦《家传》载琦再奏言："今放青苗钱，凡春贷十千，半年之内，便令纳利二千，秋再放十千，至年终又令纳利二千，则是贷万钱者，岁令出息四千也。"此岂荆公所谓二分取息？又如王广渊在京东，乞留本道钱五十万贷之贫民，言："岁可获息二十五万。"亦显逾二分之息也。欧阳修于当时亦言："夏料钱于春中俵散，犹是青黄不接之时，尚有可说；若秋料钱于五月俵散，正是蚕麦成熟、人户不乏之时，何名济阙，直是放债取利耳。"此为的当之论。至陈舜俞言："正月放夏料，五月放秋料，而所敛亦在当月。"此则尤为不成道理。《通考》言："青苗钱所以为民害者三：曰征钱也（时民间少钱），取息也，抑配也。初时只说愿给者听之，然官吏以多散为功，致有抑配。"至元丰六年户部准朝旨："诸路敛散常平钱物至今，酌三年之中数，取一年立为额，岁终比较增亏，今以钱银谷帛贯石疋两定年额,散一千一百三万七千七百七十二。"至此,抑配且有定额矣。而年有丰凶,凶年固须济阙,丰年又岂须济阙？当时亦颇有此种议论。至元丰八年(哲宗已即位),诏"给散青苗,不许抑配。仍不立定额"。是前此既有定额,则必至强制抑配,所以为病民也。至于征钱之害,又过于取息,刘安世言:"今弃其易出之力,而责其难致之钱。"司马光亦言:"民有米而官不用米,民无钱而官必使之出钱。"是民借钱以买米时,米贵则得米少;民收米以偿钱时,米贱则卖米必多。即熙宁二年行坐仓之法,王安石言:"今立价自一千至六百。"姑定米价平时八百,贵则一千,贱则六百。民间须粮,自是米贵之时,民借千钱买仅得一石,至秋收时米贱,卖米以偿千钱,则须卖米二石始得一千二百钱,仅足还本付息,是借一石而实还二石,苟若以四分计息,则贫民损失更重。民须买谷时,卖者自为富豪;民须卖谷时,买者自亦为富豪。朱熹言:"青苗立法之本意未为不善,但其给之也以金而不以谷,其职之也以官吏而不以士君子。"是官家出钱而富豪操谷米之奇赢。李常亦言:"现今常平、坊场、免役积剩钱共五千余万贯,散在州县,本民作业,常若币重,方夏蚕功毕,秋稼初敛,丝帛米粟,充满廛市,而坐贾蓄家,贱价取之,农夫红女,贱易谷帛,而未免饥寒。"豪家蓄贾,贱买贵卖,坐收倍称之息,而曰将以抑兼并之家,岂非南辕而北辙乎！旧日常平仓法:谷贱时,如价八百,官家增为千钱买进,谷贵时价千二百,官家减为千钱卖出,官家手握谷米,而富家不能乘时侔利。且不取息,公私皆便,此所以为善法,行之二千余年不弃。苏子由言:"小民闻官中支散青苗,竞欲请领,及至纳官,贱卖米粟,浸及田宅,以致破家。"司马光言:"青苗散予人户,令出息二分,农夫粜谷,十不得四五之价。"上官均言:"自行(青苗)法以来,民用日困。……及其敛也,迫于期会,贱卖谷帛,而苟免刑责。"又曰:"民恃青苗之散,不图难偿之患,迫于期会,贱卖谷帛,破产失业,固非一二。"自粮价涨跌之规律审之,因青苗钱而致丧家破产,此必然之势也。

青苗法颁,反对议论极多,咸料其实施必将有害。此等空言,姑置勿论。既行之后,熙宁九年,神宗谓:"常平钱谷,十常八九,散在民间,连岁灾伤,倚阁殆半,止务多给,计息为功,不计督索艰难,岂惟亏失官物,兼百姓被鞭挞必众。诏自今两经倚阁人户,更不得支借。"是借而不能还者近半,数目当不在少数。果不出韩琦、苏辙、陈舜俞、司马光等所逆料,将来必难催纳,必有行刑督索者,能洞察社会情况,故能有预见之明也。且"两经倚阁人户",自是更贫困者,依王广廉法,"贫者少借",自此诏后,更贫者竟不能再借,而多数借与富户矣,则贫困何所惠恤? 司马光尝言:"常平仓钱谷,一旦尽作青苗钱散之,若有丰年,将以何钱平籴? 若有凶年,将有何谷赒赡? 散青苗之害犹小,坏常平之害尤大。"至熙宁七年,帝以诸路灾伤,常平司未能赒济。是司马温公之言不幸而再中。温公亦早有抑配之言，后来诏书亦屡禁抑配，所以屡诏者，禁而不止也。《宣和遗事》出自民间，此书开卷未几，即诋王安石，反对青苗法，此当可视为民间意见。《遗事》谓："青苗十分供一分为息。"此系哲宗、徽宗时事。自绍圣以后，青苗始改一分取息。王安石在神宗时原为二分，或有至三四分者，此前后之变，固非民间作者所及知。彼见徽宗时为一分，遂以神宗时亦为一分，此正民间作者本色，一分已遭强烈反对，二分以上则更无论矣。

宋世高利贷，据苏辙等所言，皆为倍称之息，借钱一千，一年之息钱亦一千，为十分之十。青苗息钱不过十分之二，为何宋人极力反对青苗法，极言其病民，极言民间颇以为苦，究系何故？韩琦论青苗法疏言："大凡兼并所放息钱，虽取利稍厚，缘有逋欠，官中不许受理，往往旧债未偿其半，早已续得贷钱。兼并者既有资本，故能使相因岁月，渐而取之。"原因即在于此，私家之债官不受理，故言不甚病民。青苗为官府放债，欠负则行刑督索，病民即在于此。私家之债，未偿其半，又续得贷钱，使欠债者可以继续生产，冀其最终能偿清债务，此所谓"以债养债"者也，民尚不致破家。因官不受理，故司马光言"借债不易"，见当时放债不多。青苗钱则易于支给，然人民财力有限，还债维艰耳。神宗既言"倚阁殆半"，则行刑督索者必众。给青苗钱须十家为保，坊郭户愿请钱者亦五家为保,督索之时则"勒干系书手典押耆户长同保人等均赔"。是一人欠债则累及五家十家。青苗之所以病民,正在行刑督索。宋代民间借债,官不受理,至元朝则官为商人收债偿债矣。既言"倚阁殆半",则半数借青苗钱者,其中必有部分系由五家十家代为赔备者;明于此,则青苗之病民不难见矣。

行青苗法时,颇多矛盾现象,至为可笑。神宗于熙宁七年已言"常平钱谷倚阁殆半",是人户支借中有半数不能偿还。然熙宁二年初行青苗法时,天下常平钱谷见在一千四百万贯石,是为青苗本金。至元丰六年,户部言:"准朝旨,敛散常平可自行法至今,酌三年敛散之中数,取一年为格,今定年额散一千一百三万七千余,敛一千三百九十六万五千余,比元丰三年散增二百余万(贯),敛增一百余万,比元丰四年散增三百余万,敛亏一百余万。"先后散敛数字大致相符,为何神宗言"倚阁殆半"?哲宗绍圣二年,郑仅言:"青苗之法,其济甚博,然而行法之吏,有贪多务速之扰,转新还旧之弊,非法之过也。青苗义仓最便民,愿诏有司以行之。"于此见神宗言"倚阁殆半"的是事实。是人民不能偿时,则转旧债为新债,似是旧债已清,现又借出新债,实则全为弄虚作假,只转换账簿而已。此种欺骗手法,谅神宗原本知道。是元丰敛散数字,原本全为假帐,故神宗所言似矛盾而实不矛盾。又如青苗钱,若是民间愿借,为何熙丰间要抑配?若是民间不愿借,为何宣和间诏书又言："常平钱谷多是形势户（官吏）请求，及胥吏诈冒支请。"前后相反如此，岂不又是矛盾？其实，此间道理亦易明了，熙丰间物价日日下降，借钱买物不利，故不愿借；崇观间物价日日上涨，借钱买物，到期卖物还钱，则有大利可图，故虽官吏亦愿支借。是物价升降异势则不矛盾矣。自韩琦所言及宣和诏书观之，是青苗钱始终皆不免为兼并之家、形势之户所利用也。

丙　市易法

熙丰新法自青苗、免役而外，以市易免行最为苛扰。其为民患，不亚于苗、役。当时立法之意何尝不善，然甫行二年，弊害已见，神宗始有疑矣。熙宁五年诏书言："天下商旅物货至京，多为兼并之家所困，往往折阅失业，至于行铺裨贩，亦为较固取利，致多穷窘，宜出内藏库钱帛，选官于京师置市易务，商旅货物，滞于民而不售者，官为收买，随抵当物力多少，均分赊请，立限纳钱出息。"嗣王安石欲令市易新法普遍推行，吴充恐远近人情不同，以为不可。神宗言："官为出钱市之，复令坐贾量出息以赊价入官，蕃商既得早售，坐贾亦无所费，官又收息，此事所以为便。"魏继宗亦言："京师百货所居，市无常价，贵贱相倾，或倍本数，富人大姓，皆得乘伺缓急，取数倍之息，宜置常平市易司，使审知市物之价，贱则稍增价取之，令不至于害商；贵则稍损出之，令不至于害民，则取余息以给公上。"于是中书奏请在"京置市易务，以地产为抵，官贷之钱，货之滞于民用者，为平价以取之，一年出息二分"。市易法于是遂行。

熙宁七年，神宗手诏曾布曰："市易收买货物，颇害小民之业，众言喧哗。"魏继宗亦言："市易多收息以干赏，凡商旅所有，必卖于市易，或市肆所无，必买于市易，而本务率皆贱以买、贵以卖，广收赢余。"显然行法之弊已见。《宋会要》言："当时市易司榷籴糯米，以贷酒户收息，商人以官籴贱，不至。又值岁俭，京师糯米益高，本息钱厚，故诏酒户贷市易司糯米，去年中限末限息钱减半。"是贱价取之商贾，又贵价售之酒户，乃病民之实例。神宗亦言："市易之设，本欲为平准之法以便民，今正尔相反，使中下之民如此失业。"其病遂致中下之民失业矣。冯京言："开封祥符县给散民钱，出息抵当银绢米麦如此七八种，小民见官中给钱，无不愿请，续累数多，实艰送纳。"是其病多在不能偿纳。甚至有如《宋会要》所载："百姓郭怀信请市易司盐钞，既偿纳本息，犹以纳不如期，罚钱千五百余缗，已纳百七十余缗讫，市易司又使增纳百三十余缗。"其为民害则更大矣。熙宁九年，诏市易市不得赊请钱货与皇亲及官员公人。元丰二年，诏罢立保赊钱法。同年八月，都市易司又言："诸路民以田宅抵市易钱，久不能偿，公钱滞而不行，欠户有禁锢之患，依赊当在官，于法当卖房廊田土，重估实值，未输钱（期）间，官收租课，不惟少宽欠户禁锢,而公家亦享实利,在京市易务准此。"于是始官收欠户房廊田土租课矣。元丰三年又诏内外市易司:"民欠见屋业等抵当出限尚欠,即估卖抵当,监掠保人填纳。"于是始卖欠户田土屋业矣。《通考》言:

> 贪人及无赖子弟多取官货不能偿,积息罚愈滋,囚系督责,徒存虚数,实不可得。于是都提举市易王居卿言:市易之法有三:结保赊请,一也;契书金银抵当,二也;贸迁货物,三也。三法之中,惟赊保之法,行之积年,逋负益众,去岁有旨,先罢结保见钱,惟赊请物货,旧法未革,尚恐久远未便,旧欠之户,多以出限规避不输,既费催督,再赊物货之人,势亦如此。宿贷新赉,岁增月累,不能备偿者十有四五,则与赊取见钱,同归于弊。乞自今以后,听旧户赊请以济接在京行铺之家,期以五年,收息已逾元数,然后或行或止。其非旧请人户,则惟用抵当、贸迁二法,可以敛滞货、通余财矣。其诸路市易钱,各以四分为率,留一分接济旧户,亦不行赊借之法,虽取息稍薄,而所收皆实利,庶使法行无弊。

王居卿为力行新法之人,亦言"不能备偿者十有四五",可见当时欠户之多,则估卖抵当田宅、刑罚禁锢、保人填纳者必不少。政府收入为虚数,人民所受是实祸。故王居卿在元丰元年主张止用抵当、贸迁二法。元丰五年市易司言:"赊贷人户所欠至多,诏内外市易务钱,展三年均作月限纳,限内罚息并除之。"神宗亦言:"市易法本要平准百货,官失其职,一切赊贷,公私颇不便之。虽云有收息之数,名存实亡,今已改用金银钞帛抵货,最为善法。"收息全为虚数,名存实亡,于公于私,皆颇不便,徒为扰民而已,神宗已知之也。

市易法既行二年,熙宁七年,已见官吏作弊之事。九年,又见皇亲官员公人贷款之风。王居卿乃言:只赊请钱物之法有弊,抵当、贸迁二法无弊。原抵当田宅之弊,早在元丰二年之前已显。而贸迁之法,据时人所言亦未必无弊。元丰七年,尚书省言:"市易当令所在官司量度州县遇贱则买、遇贵则卖,元诏半年出息一分,一年以上出息二分,然所在物价增减难以定期,而一州一县价所增减,相去亦必不甚远,则货或积而难售,所在州县物价不同,又不能遍知。今若每旬令一路州军估定物价报提举司,提举司报辖下州,州下所属,榜募人出抵当或见钱以市,收息自一分至二分,令商人自卖,则官已收二分之息,而又余利以资贩者,则商贾流通,货无滞。"是贸迁之法,仍归抵当,二分取息,仍不免失陷官物,累及保人,是于公于私仍无好处。是则三法皆未能无弊。元丰二年,邢州曾请:"权住散本州市易司绢钱,以宽民力。诏市易司按民户逋负数多,州县毋得给钱。"知当时需宽民力之州县尚多,王居卿言"十之四五",当为可信。元丰四年,曾置局拘催,然不过徒扰民户,终于无效。故元祐元年诏:"内外市易,尚欠官本钱,而家业荡尽,及无抵保,或正身并保人孤寡者,权住催理。"元丰二年尝定:"请物毋得过其家产物力之半。"而今已至于"家业荡尽"矣。崇宁二年户部言:"人户旧欠市易官本钱米,系熙宁、元丰年所逋欠钱物,元符元年敕展限三年,分季送纳未足,后不许除放,请再与展作二年。诏依元降催科。外路依此。"虽拘催禁锢、官收租课,又估卖田宅,勒保人填纳,而熙宁、元丰间之欠户,有拖累至崇宁时犹尚催科者,是人民受其累、政府未获其利也明矣。

《文献通考》论市易言:"熙宁五年,赐内藏库及京东路钱为市易本,共百八十七万缗。至九年,中书言:市易息钱并市例钱,仅总收百三十三万二千缗有奇。呜呼!以县官而行黠商豪家之事,且贸迁图利,且放债取息,至使物价腾踊,抑买贵卖,商贾怨詈,而孳孳五年之间,所得子本盖未尝相称也。然则是岂得为善言利者乎?桑、刘有知,宁不笑人地下!"曾布为力行新法者,亦言:"今市易之为虐,骎骎乎间架除陌之事矣。不独唐虞三代所无,历观秦汉以来,衰乱之世,恐未之有也。"神宗既言:"市易司市物,颇害小民之业。"又言:"使中小之家失业。"且于统治者亦无好处,故神宗又言"公私皆不便之"。依《通考》所载,五年之间,政府毕竟收回百三十三万。《宋会要》亦载:熙宁十年,太府寺市易本息市例,岁收缗钱七百三十九万七千有奇。本五百八十七万八千余贯,息百四十三万余贯,市例九万七千九百九十二贯余。此皆亦为收入数字。然为何神宗认为"虽有取息之数,名存实亡"? 当时人及《通考》亦皆以为是"虚数"。谓之虚数,究有何说? 案,苏子由于元祐间言:"市易本钱,前后诸处拨到共计一千二百二十六万贯余,中间拨还内藏库等处共计五百三十万贯余,朝廷支使过三百八十四万贯余,即今诸场务见在共计三百五十三万贯余。"是拨还、支使、见在三项合计为一千二百六十七万贯,仅与前后诸处拨到数略等,何息钱之可言!《宋会要》载:元祐元年,御史孙升言:"市易之法,意在使商贾流通货财、平准物价,吕嘉问实领其事,县官所得虚名,官吏皆冒实赏。自元丰四年置局拘催,取责内外,所欠九百二十一万五千九百余贯,今近五年,除放免支拨外,纳未及其半,其间失陷固多,自京师以及四方之人,破家丧身者不可胜数,害及公私。"时御史韩川亦言:"市易之设,今所收不补所费。"此九百多万欠数即虚数也。苏子由论市易欠户又言:"访闻京师欠户贫乏之家,从初多作诡名,请新还旧,无缘通计。"此事甚巧,青苗有"转新还旧之弊",市易亦有"请新还旧"之事,非仅行法之吏其欺骗手法相同,而小民遭"破家丧身之祸"更亦相同。《通考》言"五年之间,子本未尝相称",诚所谓有害于民无益于国,"桑、刘有知,宁不笑人于地下"者也。

苏轼言:"商贾之事,委典难行,其买也,先期而与钱,其卖也，后期而取值。多方相济，委曲相通，倍称之息，由此而得。"又言："商贾贩卖，例无现钱，若用现钱，则无利息，须今年索去年所卖，明年索今年所赊，然后计算得行，彼此通济。今富户先已残破，中民又有积欠，谁敢赊卖货物？则商贾自然不行，此酒税课利所以日亏，城市房廊所以日空也。"先期予钱、后期取直之惯例，大有利于手工业生产，熙宁九年手诏禁止赊法，元丰二年又诏市易司罢立保赊钱法，是即禁止商贾"先期予钱、后期取直"，而用现钱交易。用现钱交易，与宋代经济水平、贸易习惯皆不相容，显然破坏当时生产，亦必影响贸易，当时商税下降，此亦为其重要原因之一。苏轼上书又言："臣所论市易、盐钱、酒税、和买绢四事，钱物虽多，皆是虚数，必难催理。"据孙升所言，欠项高达九百万余贯，既无益于官，又深为民累。

市易法行后，同时又有免行钱。案，郑介夫《奏议跋》所言，市易司之免行钱，实亦病民者也。介夫言："官中每所需索，或非民间用物，或虽民间用物，间或少缺，率皆数倍其价，收买供官。今立法每年计官中合用之物，令行人众出钱，官为预收买，准备急时之用，如岁终不用即出卖，不过收二分之息，特与免行，所贵于行人不至于急时枉用数倍之价。此法固善，若要深合民心，上等行人多出，中等助之，下等贫乏特与免，官中只取足用，无冀其余，则善矣。泊至立法，更不辨上中下之等，一例出钱，富者之幸，贫者之不幸，其不愿者固多，而愿者少矣。才立法随有指挥，元不系行之人，不得在街中市卖，纳免行钱方得在市卖易。此指挥行，京师街如提瓶者必投充茶行，负水担粥以至麻鞋头发之属，无敢不投行者。"熙宁新法多是不能令富者多出、而贫者不出，所以病民。况又贱市贵鬻、横裒赢余，如神宗言："市易科细，市梳朴则梳朴贵，市脂麻则脂麻贵"，非特不能"权贵贱以平物价"，且更致物价腾踊矣。

丁　和买

熙宁三年程颢言："京东漕司王广廉和买绸绢，增数抑配，率钱千课绢一疋。其后和买并税绢皆输钱一千五百。"原折帛和买，宋初有之，大中祥符七年，内帑发下三司预市绸绢时，青、齐间绢疋值八百，绸六百，官给钱率增二百，民甚便之，后稍行之四方。至熙宁新法，给钱千文，令输千五百。此马端临所谓"假和买绸绢之名，配以钱，而取其五分之息"者也。时陈瓘亦言："预买之息，重于常平（青苗）数倍，人皆以为苦，何谓愿请？"至熙宁五年，户部上其数，凡八百十六万一千七百八十四两，三百四十六万二千缗有奇。《通考》谓："介甫秉政，专以取息为富国之务，然青苗则春散秋敛，是以有赊贷之息；市易则买贱卖贵，是以有贸易之息；至于和买，则官以钱买民之绸绢而已，息钱恶出？"程颢当时言之，神宗诏条析以闻。王安石祖庇王广廉，程颢之言不行。则千五百之法自是行之各路，至南宋时愈益加重，最为残酷剥削。

戊 保甲、保马

荆公欲变募兵为民兵,于是制为保甲之法。熙宁三年诏:"民十家为一保,五十家为一大保,十大保为一都保,各置保长、大保长、都保长,又以一人为副,主客户两丁以上选一人为保丁。"初但以捕盗贼相保任,四年始诏畿内保丁肄武事,定其赏罚。五年更令分番隶巡检司、尉司,于是月给口粮、薪菜钱,分番巡警。尉司上番保丁如巡检司之法。因而兵籍虽自治平初之一百一十六万二千(禁军马步六十六万三千)减至六十一万,而又需养义勇保甲民兵七百一十八万。初意"保甲之费才养兵十之一二",然元丰二年计开封府界、河北、河南、陕西岁省旧费一百六十六万,而"保甲岁费三十一万,而团教之赏一百万有奇不与焉",已大出始料之外,而保丁上番、教阅,保正长弄权,则更大为民苦,益非始料所及矣。元丰八年,司马光上疏缕陈保甲之害,略言:

> 无问四时,每五日一教,一丁教阅,一丁供送,虽云五日,而保正长以泥堋除草为名,日聚教场,得赂则纵,不则留之,是耕耘收获稼穑之业,几尽废也。……事既草创,调发无法,比户骚然,不遗一家。又巡检指使按行乡村,往来如织,保正保长依倚弄权,坐索供给,多责赂遗,小不副意,妄加鞭挞,蚕食行伍,不知纪极,中下之民,罄家所有,侵肌削骨,无

以供亿，愁苦困弊，靡所投诉，流移四方，襁负盈路。又朝廷时遣使者遍行按阅，所至犒设，赏赉糜费金帛以巨万计。此皆鞭挞平民铢两丈尺而敛之，一日用之如粪土，而乡村之民但劳苦役，不感恩泽，于农民之劳既如彼，国家之费又如此，终何所用哉！

王岩叟亦极言其为民间所苦，此不赘引。

保马，盖将军马变官养为民养，熙宁五年所行为户马，元丰七年募民养马，每都保养马五匹，是为保马。户马蠲其科赋，保马则蠲其征役。《通考》言："法之初行，民皆乐从，初非官府抑逼。……盖民本非乐为官养马也，当时科赋、征役必是繁重，故苟有一役于官而得以自免，则亦不暇详虑却顾而靡然从之。……及其久也，马之毙者，赔偿不訾，且奉行之吏务为苛峻，于是数少者增之，期之宽者促之，始重为民困矣。"保甲、保马，虽不以聚敛扰民，而其扰民则一也。正以其扰民之甚，故虽力行新法之章惇亦不能不承认："保甲、保马一日不罢则有一日害。"宜乎元祐诸臣之论更化而首罢此也。而梁任公竟言保甲法为"民所已安者"，未审其何所据也？

己　方田、均税

宋代变法，势之必然，且亦不始王安石。窃以宋代变法以庆历时范仲淹所变者为善。即以理财言之，司马光主张省费节用，即与范仲淹如出一辙。宋代理财，最当以清理垦田、户口为要务,盖垦田、户口乃安定民生、整理赋税之基础。元丰六年,天下主客户一千七百二十一万一千余,口二千四百九十六万九千余,每户平均不及二人,岂非怪事。《朝野杂记》言:"西汉户口至盛之时,率以十户四十八口有奇,东汉户口率以十户为五十二口。唐人户口至盛之时,率以十户为五十八口有奇。元丰至绍兴率以十户为二十一口。以一家止于两口,则无是理,盖诡名子户漏口者众也。"元丰间,天下户一千七百二十一万余,天下垦田四百六十一万六千五百五十六顷,每户只二十余亩,此亦奇事。《玉海》:"天禧二年,天下垦田五百二十四万余顷。"经熙丰新法农田水利之讲求后,翻较真宗天禧时减少许多。钱彦远言:"唐开元户八百九十余万,而定垦田一千四百三十余万顷。今(仁宗)国家户七百三十余万,而定垦田二百一十五万余顷。"英宗治平中垦田为四百四十余万顷,治平户一千二百余万。元丰时户较治平多五百余万,口翻较治平少五百余万,此皆行新法时之紊乱现象。用元丰户比开元户、元丰田比开元田,则相去更远。《治平会计序》言:"此计其赋租以知顷亩之数,而赋所不加者十居其七,率而计之,则天下垦田无虑三千余万顷。"是宋代户口、垦田之隐漏殊可骇异,为前此各代所罕见。刘后村言:"阡陌相望而多无税之田。"《通考》言:"按《食货志》言:天下荒田未垦者多,京、襄、唐、邓尤甚,至治平、熙宁间相继开垦。然凡百亩之内起税止四亩,欲增至二十亩,则言者以为赋重,再至转徙,遂不增。以是观之,则田之无赋税者又不止于十之七而已。盖田数之在官者虽劣于前代,而遗利之在民多矣。"然拥有此项遗利者,非豪富莫属,故朱熹力主正经界:"卖者无业而有税,则私家有输纳欠负追呼监系之苦;富者有业而无税,则公家有隐瞒失陷岁计不足之患。"《宋史·孙子秀传》言:"懋(州)多势家,有田连阡陌而无赋税。"《朝野杂记》言:"汀州豪民漏税,常赋十失五六。"垦田户口之隐漏,主要为官僚富豪之家,此为官府租税漏失之大宗。熙丰新法以理财为主,则固当以清理垦田、户口之漏失为首务。然熙丰君臣虑不及此,所定方田之法虽为整理田赋,然意在均税而不在清理漏失,故熙宁五年重修方田法诏以均税条约并式颁之,其法中一则曰:"以为地符均税之法,县各以租额税数为限。"再则曰:"不得均摊增展致溢旧额,凡越额增数皆禁之。"是只在旧日税额基础上而均之之意甚明。且此均税之法亦仅试行于部分地区,尚未及全面推行,于元丰八年,"帝知官吏奉行多致骚扰(富豪),诏罢方田"。仅此稍可调整有税无业之贫民利益之均税法亦只半途而废。而学者辄谓熙丰新法将以抑兼并、恤贫弱,愚于此知其必不然也。

庚　农田水利

荆公新法中惟农田水利一项,确有推进生产之作用。

熙丰时酒课高于商税,是粮食生产尚多余粮,然当时米价太低,谷贱伤农,颇影响农民兴修水利之兴趣。然自熙宁三年至九年,总计所兴水利仍达一万余处、田三十六万余顷(载《宋会要》与《宋史·食货志》),是平均每处得田不过三十余顷,其规模皆不大。且宋世垦田据《治平会计录》言"无虑三千余万顷",则此三十六万顷不过百分之一略强,其作用显然不大,所增赋税当亦不多。更何况此三十六万之数未必确实。据载,此三十六万顷中,广南西路兴水利田为一千顷,然《通考》载毕仲衍所述元丰四京十八路垦田数,广南西路仅一百二十四顷,与千顷之数迥不相侔,是此三十六万之数未必可信也。且与此同时,王朝开二股河,河决曹村,淹没四十余州县,坏田三十万顷,宋初周二十里之梁山泊遂扩至周八百里。此言坏田三十万顷,至明时梁山泊水害除,得良田百万余顷,是熙宁兴水利之所得,远不及河决为患之所失,故熙宁兴水利之作用实不足道也。

三　元祐更化、绍述之论与"党争"

甲　元祐更化

元祐初,温公为相,于熙丰所创新法,一切罢去。于旧法为熙丰所改者,如差役法,温公固未尝复用旧法,实采新法并用之。孙升言:"元祐罢去出钱免役,令下之日,四方民庶莫不鼓舞。然自去年九月中旬以来，复议城郭五等以上出钱，今年(元祐二年)正月以后，又使乡村三百贯以上，减半免役。一年之间，诏令三易。"此即《通考》所言"差雇二者，杂然并行"。温公入相言："自行免役法以来，富者差得自宽，而穷者困穷日甚。臣以为莫若敕天下免役钱一切并罢，其诸役人并依熙宁以前旧法差之。若正身自愿充役者，即令入役，不愿充者任便，选雇有行止人自代，其雇钱多少，私下商量，若犹以衙前为力难独任，即乞依旧法于官户、僧道寺观、单丁、女户有屋业，每月掠钱及十五贯，庄田中年所收及百石以上者，随贫富等第出助役钱，不及此数者，与免放其助役钱，约本州衙前重难分数，即行支给。"元祐元年九月，"诏诸路坊郭五等以上，及单丁、女户、寺观、官户三等以上，旧输免役钱者减五分，余户下此悉免之"。是六色助役钱并未尽罢，衙前仍可雇役。《通考》又谓："以坊场充雇役之用，承符以下诸役，仍复轮差民户，元祐之法也。然元祐复差役之初，弓手许募曾充有劳效者，则雇役不特衙前而已。"是元祐罢新法，实未悉举熙宁以前之法而尽复之，而为差雇并行。

温公又言："衙前一役，号为重难，近来(熙丰)条贯，颇为优假，诸公库设厨酒库茶酒司，并差将校勾当。诸上京纲运，召得替官员，或差使臣殿侍军将管押，其杂色及畸零之物，差将校或郎级管押，衙前若无差遣，不闻更有破产之人，若今日差充衙前，料民间陪备亦少于向日。"知新法于减轻衙前负担,温公实踵行之,六色免役钱仍收之,只免下数等户之负担。元丰八年(哲宗已立)"诏旧以保正代耆长催税,甲头代户长、承帖人代壮丁,并罢。如元充保正、户长、保丁,愿不妨本保应募者听"。此上官公颖所谓"使民出钱免役,而又使之执役",此诚新法之弊政,温公于新法盖罢其非者,而仍其是者耳。

乙 绍述之论

王安石所行之法,其效果影响于民生者如何?此为评判新法之重要问题。或谓安石立法之意皆善,而其所用之人不善,故其效果不佳。此种言论,系将安石与整个变法活动分开,此似未必妥当。或谓安石之法因受地主官僚反对,未能彻底施行,故未能收到预期效果。然当时官僚中之反对派无出富弼、韩琦、文彦博、司马光之右者,此辈先后皆逐一罢免,曾不能阻止新法之施行,更何人能阻止新法之实行?新法实已尽皆施行。又或谓元祐更化破坏新法,故效果不大。实则熙丰新法行之十八年,岂能无有效果!元祐罢新法不过八年,绍圣又复新法,直至靖康,计三十余年,不得谓新法复行之时间不长。又或谓绍圣以后,新法变质。苟诚如是,则应指出其如何变质,何所变质,然曾无人尝言及此。自法制观之,绍圣以后之复行新法,亦犹元祐之复行旧法:元祐于熙丰新法有所变,亦有所不变,而非尽复熙丰以前之法;绍圣复行新法,于元祐议论长处亦有所取,而非尽复熙丰之旧。绍圣至元符年间皆章惇为相,惇于元祐时尝言:"保甲、保马一日不罢,则有一日之害。如役法,熙宁初以雇代差,行之太速,故有今日之病,今复以差代雇,当详议熟讲,庶几可行,而限止五日,其弊将益甚矣。"马端临谓惇言"不惟切中元祐之病,亦且深知熙宁之非"。是章惇为能知熙丰变法之是非者,故其复行新法宜乎与熙丰不同也。绍圣元年诏复行免役法:"悉用元丰八年见制,所输免役钱,自今年始,耆、户长、壮丁召雇,不得以保正、保长、保丁代充,其他役色应雇放此。所敷宽剩钱不过一分,昔常过数,今应减下者,先自下五等人户始。"又同年右承议郎董遵言:"青苗之制,乞岁收一分之息,给散本钱,不限多寡,各从人愿,仍毋推赏。其出息至寡,则可以抑兼并之家;赏既不行,则可以绝邀功之吏。诏并送详定重修敕令。"又绍圣四年,复置市易务,唯以钱交市,收息勿过二分,勿令贷请。是章惇为能改熙宁之非者。故《通考》言:"至绍圣国论一变,于绍述故事宜不遗余力。然考其施行之条画,则青苗取息止于一分,且不立定额,抑配人户,助役钱宽剩亦不得过一分,而蠲减先于下五等户,则聚敛之意,反不如熙宁之甚矣。"及观崇宁元年尚书省言:"民户既输钱免役,复令大保长催税而不给雇值,是为差役,非免役也。"诏以元输雇钱均给。政和八年御笔:"常平敛散必时,违者以不大恭论。"是蔡京作相,亦能略革熙丰之弊,或后优于前。是变质之说非确论也。

章惇于绍圣时复行新法,既多采元祐议论,自当较荆公所行为善。然绍圣以后之效果如何? 请试论之。熙丰新法为聚敛之法,如青苗取息二分,范镇、韩琦皆说为三四分,绍圣只取息一分,民力当纾。然司马光于神宗时尝言:"先帝(英宗)尝出内藏库钱一百万缗助天下常平仓作籴本,前日天下常平仓钱谷共约一千余万贯石。"是常平集而不散,久久钱谷亦大聚于官而民必受困。叶水心于《财总论》中言:

> 财无乏于嘉祐、治平,言利无甚于熙宁、元丰,兴利之臣四出,候望市肆、关津之要,微至于小商贱隶什百之获,皆有征之。崇、观以来,蔡京专国柄,托以其策出于王安石、曾布、吕惠卿之所未工,故变钞法、走商贾,穷地之宝,以供上用,自谓其蓄藏至五千万,百侈并斗,竭力相奉。……加以平方腊则加敛于东南,取燕山则重困于北方,而西师凡二十年,关陕尤病,然后靖康之难作矣。……尝以祖宗盛时所入之财,比于汉唐一再倍;熙宁、元丰以后,随处之封桩,役钱之宽剩,青苗之结息,比治平以前数倍;而蔡京变钞法以后,比熙宁又再倍矣。

是蔡京、徽宗以来,腐败浪费更甚于前,其搜刮民财亦更厉于前,人民因以更困于前,北宋亦因之遂亡矣。北宋自开国以至于亡，就其财政数字视之，一代高于一代，人民焉得不困，国家焉得不亡。

丙 "党争"

北宋庆历之时为一大转变，在此之前，政治上主于安静，而失之疲弱不振。《邵氏闻见录》言："国初赵中令（普）于听事坐屏风后置二大瓮，凡人有投利害文字，皆置瓮中，满则焚于通衢。李文靖（沆）为相，凡建议务更张、喜矫激者，一切不用，日用此以报国耳。"《谈苑》："太宗谓宰相曰：'治国之道，在宽猛得中。'吕蒙正对曰：'治大国若烹小鲜。近日内外皆来上封求更制度者甚众，望陛下渐行清净之化。'"《麈史》言："宋元宪（庠）既登庸，尤务清净，无所作为。"概略言之，庆历以前，政治风气一直委靡不振，文法细密。叶水心所谓"举世为弛缓之行，相与奉繁密之法，其志专以矫弊防乱，而不务求长治久安之道"。《涑水记闻》言："吕相在中书，令宋绶编例曰：自吾有此例，使一庸人执之，皆可为相矣。"此正叶水心所言者。废人而用法，废官而用吏，此种政治实无能已极。《刘元城语录》言："祖宗以忠厚仁慈治天下，至于嘉祐末年，天下之事，似乎舒缓，委靡不振，当时士大夫亦自厌之，多有文字论列。"事穷则变，至仁宗时实应大变，亦不变不止之时也。此前之学术思想、文学、史学，皆墨守唐以来之传统，庆历而后，传统文化皆一扫而空，政治风气于是亦丕变矣。

宋代新旧派之分,应结合思想学术、文章、风气考察。旧为注疏之学,新为义理之学;旧者为四六之文,新者为散文;旧者务为宽宏安静,新者每峻急好言更革。《邵氏闻见后录》言:"庆历中富郑公(弼)、韩魏公(琦)俱少年执政,颇务兴作。"《韩忠献(琦)家传》言:"庆历中,公与杜衍、富弼、范仲淹同心辅政,更革弊事,援引正人。"此所谓"庆历改革",比之吕夷简辈,此皆新派。范仲淹、欧阳修以改革为事,韩、富诸人亦主改革,司马光、王安石亦皆主改革。英宗时司马光言:"置乡户衙前以来,民益困乏,不敢营生,富者反不如贫,贫者不敢求富,安有圣帝在上,四方无事,而立法使民不敢为久生之计乎?臣以为农民租税之外,宜无所预,衙前当募人为之,以优重相补,不足以坊郭上户为之。"废差役、行募役,温公盖先荆公言之,再结合元祐更化温公亦主差募并行视之,谓温公反对荆公变法,岂其然乎? 即三苏父子,亦主改革,叶氏《避暑录话》言:"苏明允本好言兵,是元昊叛,西方用事久无功,天下有当改作,因挟其所著书来京师,一时推其文章。王荆公为知制诰,方谈经术,独不喜之,屡诋于众。"《朱子语类》言:"东坡初年若得用,未必其患不甚于荆公。但后来见得荆公狼狈,所以都自改了。初年论甚生财,后来便不言生财,初年论甚用兵,后来更不复言用兵。……以前进说许多如均户口、较赋役、教战守、定军制、倡勇敢之类,是煞要出来整理弊坏处。"是于新派思想学术风气下,几无人不主变法。朱子又言："熙宁更法，亦是势当如此。自荆公以改法致天下之乱，人遂以因循为当然。天下之弊，所以未知所终。"又言："元祐诸贤议论，盖矫熙丰更张之失，而不知其堕于因循。"案，宋承五季余风，其法显当更革。范仲淹所变之法，颇合实际，自法之废弛以建法，自财之浪费以节财，与当时官僚集团利益冲突，故遭反对而失败，而法亦旋废。王安石有鉴于庆历之败，故不主节用而主生财，加重人民负担以解决财政困难而事以愈非。元祐时司马光诸公实无所作为，失之因循；绍圣以后，似将有所作为，然循熙丰新法，则确难以为治。北宋士风专重道德文章，故皆难以为政。南宋之学深究历代制度，故其论北宋弊政，颇能切中实际。自切中实际言之，虽范仲淹亦不济于事，王安石、司马光则更无论矣。自北宋之学术言之，于北宋法制之变革实恐无人能胜任也。

与庆历改革同时而起者，为喜逞意气之争，各不相下，当时人谓之"党争"，其事与近世之党争邈不相涉，彼此间虽有异同离合，然俱非重大政见之分歧，而多为无谓之争，此种斗争迄于北宋之亡犹未能已，下至南宋犹尚喋喋纷纭。叶水心《习学记言》云：

> 国初宰相权重，台谏侍从莫敢议。至韩琦、范仲淹始空贤者而争之。天下议论，相因而起，朝廷不能主令而势始轻。虽贤否邪正不同，要为以下攻上为名节地可也，而未知为国家计也。然韩、范既以此取

胜，及其得用，台谏侍从方袭其迹。朝廷每立一事，则是非蜂起，哗然不安。盖韩、范之所以攻人者，卒其所以受攻而无以处此，是以虽有志而无成也。至如欧阳修，先为谏官，后为侍从，尤好立论，士之有言者皆依以为重，遂以成俗。及濮园议起，未知是非所在而倾国之人回戈向之，平日盛美，一朝堕损，善人君子，化为雠敌。然则欧阳之所以攻人者，亦其所以受攻而不自知也。

朱子亦言："秀才好立虚论事，朝廷才做一事，哄哄地哄过了事又只休。"又言："议论盛亦自仁庙后而蔓衍于熙丰，若是太祖时，虽有议论亦不过说当时欲行之事耳，无许多闲言语也。"又言："自汉唐来，惟本朝臣下最难做事，故议论盛而功名少。"皆仁宗以前上重而下轻，以后则下重而上轻，上轻则执政不能有所作为，下重则浮论多而朋党立。此古今之所同，惟宋代更甚耳。王铚《默记》言：

张安道尝言：自真宗以前，朝廷尊严，天下私说不行，好奇喜事之人不敢以事操撼朝廷，故天下之士知为诗赋以取科第，不知其它。……仁宗初年，王沂公（曾）、吕许公（夷简）犹持此论。自设六科以来，士之翘俊者皆争论国政长短。二公既罢，轻锐之士，稍稍得进，渐为奇论以撼朝廷，朝廷往往为之动摇。庙堂之浅深既可得而知，而好名喜事之人盛矣。其始也范讽、孔道辅、范仲淹三人以才能为之称首，其晏元献（殊）为政，富郑公参知政事，乞多置谏官，以广主听，上方向之，而晏公保为之助，乃用欧阳修、余靖、蔡襄、孙沔等并为谏官，谏官之势自此日横。郑公尤倾身下士以求誉，相帅成风，上以谦虚为贤，下以傲诞为高，于是私说遂盛而朝廷轻矣。

宋代风气之转变，张方平之言可谓切中肯綮。王铚引张方平之言而非之，叶水心之言，罗氏《鹤林玉露》亦非之。其实，言各有当，权奸居位而上重，其政尚何足言！应据当时实际而论，不可执一以衡百也。宋代政治之弊，叶水心、朱元晦、张安道皆言之切当。濮议只为君子与君子为敌，熙宁变法，王安石与司马光为敌，后之吕惠卿亦与王安石不相容，元祐时洛党、朔党、蜀党又不相容，崇宁时人指元祐诸人为党，郑居中、张商英、王黼诸人皆自相水火，互指为党。逞意气之争是实，目为党争则误解也；后来为权利势位之争，目为政见之争亦误也。

唐自中叶以还，经济文化皆起大变，新思想、新学术于以萌芽，又皆欲以新学术运动为新政治运动，故有二王八司马及牛李党争。至于宋初，朝廷皆为旧派，庆历以后，朝野皆为新派，而莫不主变法，是变法固为一世之风尚，自当时之学术议论可以证之者也，是当时之斗争实皆新派之自相争斗耳。

四 王安石其人其友

甲 荆公自知其变法之不尽善

荆公于仁宗嘉祐三年使还,上书万言,反复所说尽为人才、教育之事,其道及理财者不过百余言,且皆空洞无物。其奏略曰:

> 陛下虽欲改易更革天下之事,合于先王之意,其势必不能,以方今天下之人才不足故也。臣观在位之人,未有乏于此时者,臣之求于闾巷草野之间,而亦未见其多焉。以臣使事之所及,以一路数千里之间,能推行朝廷之法令、知其所缓急者甚少,而不才苟简贪鄙之人,至不可胜数。其能讲先王之意,以合当时之变者,闾郡之间,往往而绝。夫人才不足,则虽欲改易更革天下之事以合先王之意,大臣虽有能当陛下意而欲领此者,九州之大,四海之远,孰能称旨以一二推行而人人蒙其施者乎?

荆公所言当否姑不必问,然其意在先造就人才而后始能改革,则无疑也。然神宗时人才之不足,同于仁宗也,及其登于相位,未见其先培养人才,而遽行其政治改革,且其政治改革之首要任务即其"固未尝学"之财利之事,何其一背初衷竟如是也,其意诚不可解。荆公所长为文学、哲学,皆有深造,其主张则教育为首,言亦成理。其所制新法处处皆据《周官》为说，宜乎其于《周官》制度深有研究，然其所著《周官新义》仅以《字说》为主，重在训诂，而于经义鲜所发明，以其行事论之，似《周官》仅有泉府一官、仅放高利贷一职者然。读其书，实令人不敢相信其真有变法本领。重人治而忽法治，本北宋通病，固非荆公一人为然。其卑视汉唐以为不足法，甚至废史学，弃封建社会之历史经验以为不足究，置历代制度之得失于不顾，而遽欲以变更一代之法度为己任，且曰我将以救天下，岂不难哉！北宋一代士夫皆疏于制度，欧阳修作《五代史记》，不能作"志"，司马公作《通鉴》，亦略于制度，讲史学者，尚不免此，废弃史学之王荆公将更不能行其所学、展布其志也。然荆公固君子人也，故其言谈常多诚实不欺之语，亦足贵也。熙宁五年，神宗问新法行后盗贼多，荆公未予否认，但言："不知陛下推行得如何政事，便要百姓皆不为盗贼也。"是荆公自知其法之未尽善也。《元城语录》载："老先生（温公）尝谓金陵曰：'介甫行新法，乃引用一副当小人，或在清要，或在监司，何也？'介甫曰：'方法行之初，旧时人不肯向前，因用一切有才力者，候法行已成，即逐之，用老成者守之。'老先生曰：'介甫误矣。君子难进而易退，小人反是。若小人得路，岂可去也？若欲去，必成雠敌，他日将悔之。'介甫默然。"此荆公自知其用人之未善也。熙宁五年荆公上札子言："求其法最大、其效最晚者五事曰：和戎之策效矣，青苗之令行矣，惟免役、保甲、市易三者有大利益焉,得其人而行之则为大利,非其人而行之则为大害,缓而图之则为大利,急而成之则为大害。"是荆公自言其法未必善也。必得其人乃可以行之,而于人则荆公已知其未可。此三法又遽于熙宁三五年间行之,是当不能谓为"缓而图之"也。然近数十年之间,称道荆公者、相信荆公之法者,似较荆公更为自信,岂足以知荆公耶?荆公上仁宗书本止于人才及教育,《丛谈》云:"荆公改科举,暮年乃觉其失,曰:本欲变学究为秀才,不谓变秀才为学究。"是其养人才之说及改教育之事,亦自知其非耶!

乙　吕惠卿与章惇

王安石所用之人,自来皆谓其非尽为善人君子,王安石所交之友其情谊亦多不终。近世梁任公为荆公辩诬,谓所用之人贤士泰半,其交谊之恶皆为国事,必欲谓其尽皆善士而后已。今请先言与荆公交恶"皆缘国事"之吕惠卿。陈瓘《尊尧集》略言:"熙宁之末,论安石之罪,中其肺腑之隐者,惠卿一人而已。惠卿之言曰:安石尽弃旧学而隆尚纵横之才,欲以此为奇术以至潜慝胁持,蔽贤党奸,移怒行很,方命矫令,罔上要君。……平日闻望,一旦扫地,不知安石何苦而为此也。谋身如此,以之谋国,必无远图,而陛下以为不可少而安之,臣固未易言之也。……陛下平日以何如人遇安石,安石平日以何等人自任,不意窘急，乃至如此。……臣之所论，皆中其肺腑之隐。”似此等人身攻击之言语，岂“皆缘国事”乎？《清波别志》言：“荆公居钟山，公弟和甫执政，吕(惠卿)意惮之，以启讲和。自言：内省凉薄，尚无细故之嫌；仰揆高明，夫何旧恶之念。……冰炭之息，豁然傥示于至恩；桑榆之收，继此请图于改事。”和甫执政在元丰五年，是惠卿本趋炎附势、反复不常之徒，如何能附于善士？吕惠卿前段文字为熙宁九年知陈州任内上书自诉，且讼邓绾、王安石，前后数十纸，原文颇长，亦见于《长编》，又有：“匿其忮心，托请小事，以脱误诏令之出，此皆奸贼之臣得以擅命作威于暗世者也。”似此等谗慝之辞，岂能出于善士之口！

章惇亦荆公门下士，其为人则远非吕惠卿可比。惇为相时，虽仍行安石新法，然好而能知其恶，并非盲从。《通考》言：绍圣绍述之事，章惇实为宗主，“青苗取息止于一分，且不立定额抑配人户。役钱宽剩亦不过一分，而蠲减先于下五等人户。则聚敛之意反不如熙宁之甚矣。元祐时尝言：保甲、保马，一日不罢则有一日害。如役法，熙宁初以雇代差，行之太速，故有今弊；今复以差代雇，当详议熟讲，庶几可行，而限以五日，其弊将益甚矣。”马端临称其：“不惟切中元祐之病，亦且深知熙宁之非。”可谓中肯之论。知惇固非阿私荆公者流。更有进者，哲宗崩，而太后与大臣议立新君。惇提立简王，太后不允，再提申王，又不允，太后提立端王，惇曰：“端王轻佻，不可以君天下。"言未毕,曾布叱曰:"章惇听太后处分!"遂立端王,是为徽宗。轻佻一语不载《惇传》,见《徽宗本纪赞》中。在封建专制制度下,章惇敢于犯颜直争,敢于指出端王轻佻,非有忘身为国不顾后祸之胆识者不能出此。惇言不幸而中,北宋竟亡于端王之手。然《宋史》以惇与吕惠卿并入《奸臣传》,诚所谓老子与韩非同传者耶!且于传中删去轻佻一语,实深文周内弗可加矣。虽章惇之斥贬元祐诸臣实为已甚,然要不得为大奸也。是荆公之友中固亦有忠心王室不顾其身者。然总言之,荆公所用之人固多非善士,荆公固已自言之也。

均输之法,熙宁二年曾以薛向领之,"然均输后迄不能成"。此见熙丰士人之无能。均输汉唐桑弘羊、刘晏皆行甚有效,故《史记》《唐书》皆称道之,后来言利者莫能及,而薛向则终无所成。元丰二年,神宗因论薛向语侍臣曰:"新近之人,轻议更法,其后见法不可行,犹遂非惮改。均输之法,如齐之管仲、汉之桑弘羊、唐之刘晏,其智仅能推行,况其下者乎?然于国计甚便,姑静以待之。"宋代之无能,于此可见。马端临言:"桑弘羊、刘晏二子,其才亦有过人者,阴笼商贩之利,潜制轻重之权,磨以岁月,国富而民不知。介甫志于兴利,慕前史均输之名,张官置吏,废财劳人而卒无所成,桑、刘有知,宁不笑人地下。"考熙宁所改之法,及其未能成就之法,知北宋人才实不足以言变法。彼辈侈谈不屑学汉唐,实不了解历代制度,其所知者惟高利贷耳。是荆公所用之人不特多非善士,亦多为庸才也。

丙 王安石与司马光

《玉海》卷二十言,乾德元年(公元九六三年,太祖朝)十二月,初置形势税簿。熙宁四年四月,曾孝宽奏罢之。宋代官户称形势户,太祖乾德时置形势税簿,规定做官者之禁条及较平户提早半月纳税。熙宁时罢形势税簿,即取消此种种规定。神宗嫌官户、坊郭户出助役钱一半太少,王荆公说只能如此。神宗言兼并之家所当裁抑,荆公说非大有为之君不能。坊郭户与官户显然为熙丰新法中得其优便者。《建炎以来系年要录》载绍兴四年,王居正上书言:"杀人者死,百王不易之法,主殴佃客至死,初无减等之例。至元丰始减一等,配邻州,而杀人者不复死也。及绍兴又减一等,止配本州,由是人命寖轻,富人敢于专杀。"此为中国史上所罕见之反动法律之一,不幸而始见于熙丰变法之际。黄潜《半山报宁寺碑记》言:"荆公居江宁,大治居第,(后)施为僧寺。寺基为八十亩,环其旁田园陂池为亩二百。其在句容、乌江两县者为庄五,太平青山庄之田出于荆公长子雱之妇萧氏者,为亩一千。"荆公有田数千亩,盖可推知之也。章惇在昆山强买民田;吕惠卿在华亭县强买民田,而命华亭知县张若济强贷部民朱庠钱四千余贯以付买价。此辈变法巨擘显皆大官僚、大地主,其举措究代表谁家利益可知也。温公元祐时罢免或修改熙丰新法,未见其复行形势税簿,王居正亦未言元祐时废止主殴佃客至死减等之法,是荆公、温公虽有不同,而其本质则一也。且温公虽主节费,而元祐更化时于冗官、冗兵、冗费等弊政,仍无所触动。是二人之政治才能实伯仲之间耳。大抵北宋士夫皆相差无几,既看不出症结,也抓不住要害,更提不出办法,倒是南宋人如叶水心、陈止斋、吕东莱、李焘、李心传、马端临等于北宋一切弊政尚能看得清楚、说得透澈,然已不能拯宋室于倾亡矣。

五 北宋变法之史料问题

甲 实录、国史、会计录、会要

宋代史料主要为实录,而实录则颇有争论。《太祖实录》经太宗亲予笔削,真宗尚谓其"多所漏略",又予重修,增添诸臣传一百四人。《神宗实录》争论更大。元祐六年,吕大防诸人撰进一本二百卷,绍圣时曾布、蔡卞重行修订,晁公武言:"其书以旧录为本,用墨书,添入者用朱书,删去者用黄抹。宣和中或得其本于禁中,遂传于民间,号《朱墨史》。"先后两部不同之《神宗实录》,显为司马温公、王荆公两派政见不同之作品。至南渡后,又有《神宗实录考异》二百卷,赵鼎、范冲撰进。陈振孙言:"建炎之初，有诏重修，绍兴六年书成。《考异》者，备朱、墨、黄三书，而明著其去取之意。初，蔡卞既败，旧录每一卷成，纳之禁中，将泯其迹而使新录独行，所谓朱墨者不可得而见也。及梁师成用事，自谓苏氏遗体，颇招致元祐诸家子孙，若范温、秦堪之流，师成在禁中见其书，为诸家人道之，诸人幸其书之出，因曰，此不可不录也，师成如其言。及败，没人（入），有得其书者，携以渡江，遂传于世。"此《神宗实录》之各本也。《哲宗实录》为蔡京撰，绍兴四年，高宗言："神宗、哲宗两朝史，录事多失实，非所以传信后世，当重别修定。"因有《重修哲宗实录》。至于《徽宗实录》，为程俱撰。乾道五年秘书少监李焘言："此书疏舛特甚，请重修。"淳熙四年成，共二百卷，又《考异》百五十卷。但徽、哲两朝争论不大。

宋代第二种史料为正史。景德时，诏王旦、杨亿撰《太祖太宗两朝史》。至天圣五年，又诏吕夷简加入《真宗朝史》，八年，书成。晁公武云："计七百余传，比之《二朝实录》增者太半，事核文赡，褒贬得宜。"是为第一部，称《三朝国史》，计一百五十卷，内《纪》十卷，《志》六十卷，《列传》八十卷。第二部称《两朝国史》，一百二十卷，记仁宗、英宗两朝政事，王珪撰，元丰五年修成，《纪》五卷，《志》四十五卷，《列传》七十卷。晁公武谓此书"比之《实录》，事迹颇多"。第三部为《四朝国史》共二百五十卷。绍兴二十八年置修国史院修《三朝国史》，至三十一年陈康伯奏《纪》成,淳熙七年王希吕奏《志》成,十三年洪迈奏《列传》成。《中兴艺文志》言:"后又进《钦宗本纪》,诏通为《四朝国史》,乃修诸《志》,未进而焘去国。淳熙初《志》成,焘之力为多,召修《列传》,垂成而焘卒,命洪迈专典之。"是明李焘为《志》及《列传》之主要修撰者。《容斋随笔》:"神、哲各自为一史,绍兴初以其是非褒贬皆失实,废而不用。淳熙乙巳,迈承乏修史,尝奏云:若夫制作之事,已经先正名臣之手,是非褒贬皆有据依,不容妄加笔削,乞下史院无或辄将成书擅行删改。上曰:如有未稳处,改削无害。"是高宗、孝宗皆不满《四朝实录》及《正史》,始有重修之事。晁公武将朱胜非《哲宗实录》附录高宗与昭慈皇后对话记于《读书志》中:昭慈言:因奸臣快其私愤,肆加诬谤,史录所载,未经删改,岂足传信。朱胜非亦以神宗、哲宗二史议论不公,《两朝史》修改之由即在此。

苏子由《元祐会计录序》言:"唐李吉甫始簿录国计,并包巨细,无所不具。国朝三司使丁谓等因之,为景德(真宗)、皇祐(仁宗)、治平(英宗)、熙宁(神宗)四书,网罗一时出纳之计,首尾八十余年,本末相授。"此明宋王朝各代皆有会计录。《通考》有《景德会计录》六卷,丁谓撰。《玉海》引此《录》言:"赋入之数总六千三百七十三万一千二百二十九贯石匹斤。"此数与《续通鉴长编》相符。又言:"增咸平六年二百四十六万。"《长编》言:"咸平岁入六千二十六万六千二十。"两者亦相符。《玉海》又言:《祥符会计录》，林特上，凡三十卷，计入两税钱帛粮斛二千二百七十六万四千一百三十三，绵丝鞋草二千二百八十三万六千六百三十六，茶盐酒税榷利金银二千八百万二千，《长编》亦符此数，是真宗时有二录。《玉海》又有《庆历会计录》二卷，不言岁入。《包拯奏议》言：庆历八年（《会计录》为三年），天下财赋等岁入一万三百五十九万六千四百匹贯石两，在京岁入一千八百九十九万六千五百匹贯石两。此当据《庆历会计录》。《通考》有《皇祐会计录》六卷，田况撰。《玉海》载此《录》言：皇祐元年入一亿二千六百二十五万一千九百六十四，而所出无余，《长编》亦符此数。《玉海》又有《治平会计录》六卷，韩绛撰，内外岁入一亿一千余万，出一亿二千余万，诸路积一亿万，而京师不与焉。《宋史·食货志》与《通考》皆言一亿一千六百一十三万八千四百五。是北宋一代会计录颇为完整，故宋人言财计数字皆明白异常，显然皆有根据。

欲知一代政治得失，典章制度为最客观、最科学之根据。因一定之政治措施必有一定之社会实效，法度之条文及其实际效果，皆非史官所可任意改变者，此"会要"之所以最为重要也。宋代首部会要为《三朝会要》，王洙、章得象等所修，庆历四年成书，故又名《庆历国朝会要》，见《玉海》，盖就王朝典章制度故事因革编次为书。第二部为《六朝会要》，神宗因前书止于庆历，命王珪续编，起于建隆初年，终于熙宁十年，通旧书增损作成。后徽宗又诏王觌、蔡攸等编元丰至元符段,后又改为起治平四年至崇宁五年。政和间所编《帝系》《后妃》《吉礼》三类,系据章得象、王珪书增熙丰以后事。然三次皆未成书。至南渡后,绍兴九年诏馆职续编,乾道六年书成,称《续会要》,又称《乾道续四朝会要》,此为第三部,起元丰元年,至靖康末年。李焘《序》略言:"阙简破牍,掇拾匪易。"又言:"今兹缀集于零落散亡之余,十仅得其六七,诚不足允符神旨。"是此书亦出于李焘之手。《容斋随笔》云:"《会要》自元丰三百卷之后,至崇宁、政和间复置局修纂。宣和中,王黼秉政,罢修书所,时《会要》已进一百十卷,余四百卷亦成,但未及上,官吏既散,文书皆为弃物。建炎三年,张渊道为太常博士,时京师未陷,公言宜遣官往访故府,取现存图籍而来,以备掌故,宰相不能用。其后刘豫窃据,鞠为煨烬。"是《会要》不如《实录》《正史》所存较完。然陈振孙言,程俱请就知桂州许中家中抄《政和会要》,则亦尚有传本,且亦同为李焘所编定,是当皆有根据。是宋历代制度可于《会要》见其情实。《李心传传》载心传尝修《十三朝会要》,端平三年成书。《传》又称《嘉定国朝会要》五百八十八卷,盖合三书为一。

《朱墨史》原委及宋修《三朝国史》原委,前已并详。凡参与修书诸人,皆与理学家无关。《朱墨史》南宋犹存,并未毁灭。纵有部分毁佚,亦当为温公一派史料,无损于荆公也。且《朱墨史》之异同,于《续资治通鉴长编》及杨仲良《长编纪事本末》中一一可考,非不可见也。朱、墨之不同,多皆好恶之辞,至于一代朝章大事,尤其制度方面,二派皆不能变乱。宋代前后《会要》皆官书,修书人亦与理学家无关,岂不为更为客观之史料。究与元修《宋史》有何不同? 元修书于北宋一段系根据《九朝国史》,事亦显然。此即宋人所称之正史,不仅宋人著作中常有征引,今所传北宋人文集之类前端常有整篇列传,用与《宋史》对校亦无大异。近世人惟知说《朱墨史》,而不知《九朝国史》与元修《宋史》之关系更为重要,斯可叹也。蔡上翔于《朱墨史》与新、旧史尚不知其区别,曾布、蔡卞之《朱史》对范冲之新史则又称旧史。元是朱笔添、黄笔抹,近人竟有谓"以朱笔抹之"者,是于朱、墨、黄亦未明其所指。又于程俱之论正史,不知所论为"国史"而误以所论为"实录",则尤为笑谈。而犹纷纷然侈论《宋史》所据之数据如何如何,实可哂也。

北宋各朝《会计录》,更为研究宋代经济最客观之资料,宋人著作及奏疏中所用各项数字,当皆依据此种官书。《会计录》犹近世之国民经济统计,各项数字并皆有据,不能加入任何党派主观私见。修书人亦皆与理学无关。清人常谓《宋史》以表彰道学为宗,随声附和者更以元修《宋史》全据道学家言。元修宋、辽、金三史,为时不及三年,迫促如此,何能多参考私家著作,自必取资于宋代官书。北宋神、哲、徽、钦《四朝国史》皆成于南渡高宗、孝宗两代,不仅修书者与理学无关,即宋代之史论家如浙东叶水心、陈止斋等人,以及《文献通考》所引大批著作,亦皆无出理学家者。且南宋初年,荆公父子皆从祀孔庙,秦桧、王淮执政,皆排道学而推重荆公。淳熙时始黜王雱,至理宗时始罢荆公从祀,而亦此时始以周、张、二程从祀孔庙,度宗时司马光、邵雍又始从祀。是高、孝两朝皆尊王禁程,秦桧崇信王氏明见于《宋会要》。述论北宋神、哲各朝史事之官私诸书,皆成于高、孝两朝,何得谓此时诸书内有道学家之成见羼入?一时修书诸人皆与元祐无关,只范冲乃范祖禹之子,召其重修《神宗哲宗实录》时,即表示推辞,谓:"两书出蔡京、蔡卞之意,重修不能无删改,恐其党未能厌服。"其意甚为慎重,故作《考异》"明示去取之意"。此宋人所以鲜短之者也。

乙 道学家对熙丰、元祐两派之评论

道学家对熙丰、元祐两派之评论,与《宋史》之是非好恶显有不同,此颇有可考见者。朱晦庵为理学大家,可以为代表人物,其议论甚多,亦颇鲜明,兹选录若干以见一斑。晦庵言:"自来立法建事不肯光明正大,只是委屈回护,其弊至于今日,略欲触动一事,则议者纷然以为坏祖宗法,故神宗愤然欲一新之,要改者便改。"又言:"熙宁更法,亦是势当如此。自荆公以改法致天下之乱,人遂以因循为当然,天下之弊所以未知所终耳。"又言:"熙宁变法亦是当苟且废弛之余欲振而起之,但变之不得其中耳。"
又言:"仁宗朝是甚次第时节,国势却如此缓弱,事多不理。英宗已自要改作,但以多病,不久晏驾。神宗继之,性气越紧,便是天下事难得恰好,却又撞着介甫出来承当,所以做坏得如此。"又言:"元祐诸贤议论,大率凡事有据见定底意思,盖矫熙丰更张之失,而不知其堕于因循。"又言:"元祐诸贤多是闭着门说道理底,后来见诸行事如赵元镇意思,是其源流大略可睹矣。"又言:"介甫变法固有以召乱,后来又却不别整理,一向放倒,亦无缘治安。"又对弃地西夏事言:"诸公所见恨不得纳诸其怀,其意待西夏倔强时只欲卑巽请和耳。"皆可见朱晦庵对熙宁、元祐两派之评论并无偏袒,其认识相当深刻,其持论甚为公允,何尝与《宋史》相同。朱子作《名臣言行录》,所取私家著作颇多,对北宋一代是非得失看得非常透彻,所表现之宋代面貌全与《宋史》不同,对诸人之评骘亦显与《宋史》迥别。是岂非朱晦庵与《宋史》好恶不同之明据。《语类》一书对熙丰、元祐诸人之评论亦明白非常,如言:"温公忠直而于事不甚通晓,如争役法,七八年间直是争此一事,他只说不合令民出钱,其实不知民自便之。"(朱是南人,邵伯温言免役法宜于南而不宜于北。)又言:"温公亦只见荆公不是,便倒一边。"是对温公并不全认为好。又言:"神宗真不世出之主,王介甫亦是不世出之资,只缘学术不正当,遂误天下。"又言:"东坡德行那里得似荆公,东坡初年若得用，未必其患不甚于荆公，但后来见得荆公狼狈，所以都自改了。"又言："老苏《辨奸》，初间只是私意如此，后来荆公做不着，遂中他说。老苏之出，当时甚敬崇之，惟荆公不以为然，故其父子皆切齿之。然老苏诗云：'老态尽从愁里过，壮心偏傍醉中来。'如此无所守，岂不为他荆公所笑。如上韩公书求官职，如此所为，又岂不为他荆公所薄。至如坡公，从其游者皆一时轻薄辈，无少行检。但用之不久，故许多败坏之事未出，故觉得他个好。"是明称荆公之善，而于苏氏父子则皆薄之。此与《宋史》之好恶相出更远。朱氏又言："张安道（方平）过失更多，但以东坡父子怀其汲引之恩，文字中十分说他好，今人好看苏文，所以例皆称之。介甫文字中有说他不好处，人既不看，看又不信。"宋人原有"苏文生，吃菜根，苏文熟，吃羊肉"之谚，一时苏文盛行，受其议论影响者众，然未必尽情实也。朱子又言："张安道为人不好，托人买妾，不偿其值，其所为皆此类，是个秦不收、魏不管底人，为正人所恶。介甫是个修饬廉隅孝谨之人，他甚样资质，这几个如何及得他。"《宋史》于此颇近苏氏，显离朱氏太远。《老学庵笔记》言："张文定（方平）甚恶石徂徕，诋之甚力，目为狂士。东坡《议学校贡举》云：使孙复、石介尚在，则迂阔矫诞士也，可施之于政事间乎？其言亦有自来。"然《宋史》于此与东坡颇又不同。东坡极力诋毁伊洛，晦庵甚恶东坡，皆与《宋史》不同。是南宋初之范冲、李焘、洪迈等人自有一种见解,与"洛党""蜀党"之好恶皆不同。《龟山语录》言:"苏明允《权书》《衡论》,观其著书之名已非,岂有山林逸民立言垂世,乃汲汲于用兵,如此所见,安得不为荆公所薄。"《元城语录》言:"金陵(荆公)亦非常人,其操行与老先生(温公)略同,但学有邪正。"此辈理学家之议论皆与朱晦庵一致。类此者尚多,皆与《宋史》不同。叶氏《避暑录话》之论三苏及张方平、王荆公,其意旨皆与朱子一般,且言:"后学至今莫不党元祐而薄王氏,宁不可笑。"叶本蔡京门客,议论显党王氏,而晦庵所说正与叶同,是岂程氏门人造为已甚之辞以厚诬荆公者耶?

吾友双江刘鉴泉先生深于宋史,尝据宋人笔记小说作《北宋政变考》(载《推十书》之《右书》卷五),颇见北宋政风治术演变之迹,启迪良殷,余此论道学家对熙丰、元祐之评论,取材于该文者颇多,而旨意则不尽相同,幸读者参阅。

此稿系据先君手稿整理。手稿略作于1954年至1958年间,先后断续写成,原题《北宋变法批判七件》,故原稿前后颇不相属,各目之间亦详略不等,又偶有重复处。1957年春,曾以《北宋财经和熙丰变法》为题在四川大学历史系毕业班作专题讲授。当时由吴天墀先生据手稿整理—《报告大纲》,与部分手稿一并油印散发。先君在审阅《大纲》草稿时,曾亲笔添入论保甲、保马及农田水利数百余言,此二问

题为手稿所未曾论及者,幸于此得有所补充。此次
整理系参考《大纲》另拟纲目,然后将手稿有关段落
整理于相关纲目下,故本整理稿之编排组织与手稿
颇有不同,文字上亦略有修改补充,并改题为"北宋
变法论稿"。冀其能有便读者,不知其有当先君论旨
否也,唯竭尽驽力求其不失原意而已。先君文章素
称难读,本稿以论为主而略于述,当尤难读,幸读者
能参考他家著作之详于变法施行过程者,自当有助
于对本稿之理解也。

蒙默　整理后记
1995 年 4 月

宋明之社会设计

　　孟子之学，主于"以不忍人之心，行不忍人之政"。汉儒言政，精意于政治制度者多，究心于社会事业者少。宋儒则反是，于政刑兵赋之事，谓"在治人不在治法"，其论史于钱谷兵刑之故，亦谓"则有司存"，而谆谆于社会教养之道。汉以降，晋人行占田、课田之制，元魏行均田之法，至唐而有租庸调。五代以后，征敛重而民生苦。横渠、明道咸主复井田以均贫富，而苏老泉言之尤于宋事为切。其论田制曰："井田废，田非耕者之所有，而有田者不耕也。耕者之田，资于富民，富民之家，地大业广，阡陌连接，募召浮客，分耕其中，鞭笞驱役，视以奴仆，安坐四顾，指挥于其间。而役属之民，夏为之耨，秋为之获，无一人违其节度以嬉，而田之所入，己得其半，耕者得其半。有田者一人，而耕者十人，是以田主日累其半以至于富强，耕者日食其半以至于穷饿而无告。夫使耕者至于穷饿，而不耕不获者坐而食富强之利，犹且不可，而况富强之民,输租于县官,而不免于怨叹嗟愤。何则? 彼以其半而供县官之税,不若周之民以其全力而供什一之税也。使以其半而供什一之税,犹用什二之税然也。况今之税,又非特止于什一而已,则宜乎其怨叹嗟愤之不免也。噫! 贫民耕而不免于饥,富民坐而饱以嬉,又不免于怨,其弊皆起于废井田。井田复,则贫民有田以耕,谷食粟米不分于富民,可以无饥;富民不得多占田以锢贫民,其势不耕则无所得食,以地之全力,供县官之税,又可以无怨。是以天下之士争言复井田。"均田之制,晋唐犹行之,自宋以下遂废不可复,其事亦自有故。世多羡称宋太祖以杯酒释诸将兵权,夷考其实,盖太祖谓石守信等曰:"所为好富贵者,不过欲多积金钱,厚自娱乐,使子孙无贫乏耳。卿等何不释去兵权,出守大藩,择便好田宅市之,为子孙立永远之业? 多致歌儿舞女,日饮酒相欢,以终其天年。"是太祖方以广田宅唉诸将,而销藩镇之患。故其语曹彬亦曰:"美官不过多得钱耳。"是其以官僚地主政策,收拾数百年来糜烂之局,是以宁结怨于民,而未肯失欢于官。曰"耕者有其田",此圣人之训也。释圣人之训,而殉官僚之欲,固有势使之然者也。此井田均地之政,自宋后遂不可复。秦人以入粟拜爵,宋以来又可以纳赀得官,以一时之政,而贻千载之失,知太祖为祸之首也。太宗时京畿周环二十三州,幅员数千里,地之垦者十才二三,税之入者十无五六。陈靖上言:"请募民耕垦,给授桑土,潜拟井田,营造室居，使立保伍。养生送死之具，庆吊问遗之资，并立条例。制其田为三品，上田人授百亩，中田百五十亩，下田二百亩，并五年后收其租。亦只计百亩，十收其三。"以格于宰相吕端不得行。仁宗时上书者言："赋役不均，田制不立。"因诏限田："公卿以下勿过三十顷，牙前将吏应复役者勿过十五顷，过是者论如违制律。"而任事者终以限田不便旋废。高宗南渡，林勋献《本政书》，请"仿古井田之制，使民一夫占田五十亩，其羡田之家，勿得市田。无田及游惰末作者，皆使为农"。时不能行。其后兼并益甚，谢方叔上言："豪强兼并之患，至今日而极。百姓膏腴，皆归贵势之家，租米有及百万石者。小民百亩之田，频年差充保役，官吏诛求百端，不得已则献其产于巨室，以规免役。小民田日减而保役不休，大官田日增而保役不及，此弱之肉强之食，兼并侵盛，民无以遂其生。"惟宋一代，儒生土地不平之鸣虽时起，而官僚地主之制，终不得改。宋以来儒者极多究心于社会救济事业，固源于理学理论之必然，殆亦有其实际情势之不得不然者也。

孟子以"明君制民之产，必使仰足以事父母，俯足以畜妻子，乐岁终身饱，凶年得免于死亡，夫然后驱而之善，故民之从之也轻"。又曰："五亩之宅，树之以桑，五十者可以衣帛。鸡豚狗彘之畜，无失其时，七十者可以食肉。百亩之田，勿夺其时，八口之家，可以无饥。谨庠序之教，申之以孝悌之义，颁白者不负戴于道路。老者衣帛食肉，黎民不饥不寒。"庶矣则富之,富矣则教之,保民之治,养之教之至矣。宋儒言养,尤复谆谆于教,固孔孟以来之说然也。朱子《金华县社仓记》言:"安石青苗之法之本意,未为不善,但其给之也以金而不以谷,其处之也以县而不以乡,其职之也以官吏而不以乡人士君子。"宋人固轻政治制度,而重社会事业,由朱子之说,又见其重乡之自治,而不欲其事属之官府。此又宋儒于乡村福利,恒主于下之自为也。钱公辅《义田记》曰:"范文正公置负郭常稔之田千亩,号曰义田,以养济群族之人。日有食,岁有衣,嫁娶凶葬皆有赡,择族之长而贤者主其计,而时其出纳焉。日食人一斗,岁衣人一缣,嫁女者五十千,娶妇者三十千,再娶者十五千,葬者如再娶之数,葬幼者十千,族之聚者九十口,岁人给稻八百斛,以其所入,给其所聚,沛然有余而无穷。屏而家居候代者与焉,仕而居官者罢莫给,此其大较也。公虽位充禄厚,而贫终其身,没之日身无以为殓,子无以为丧,惟以施贫活族之义遗其子而已。"钱氏所记如此,与希文始定规矩,稍有出入。又原有一条云:"乡里外姻亲戚,如贫窭中非次急难,或遇年饥不能度日,相度验实,即于义田米内量行济助。"是义庄之施,兼给族外也。既给族外,则义田虽曰惠一族,而实以惠一乡,以农业社会,恒聚族而居,故徒以族言耳。至忠宣(纯仁)《续定规矩》有条云:"子弟得贡赴大比者,每人支钱一十贯文,再贡者减半。"又次条云:"子弟内选曾得辞,或预贡有士行者，二人充教授，月给糙米五石。若生徒不及六人给三石，及八人给四石，及十人全给。"是义庄又兼惠学人，由养及教也。元明以下，义庄规矩屡定，所惠益广矣。

范氏义田，由族而及族外。吕和叔大钧继之，而有《吕氏乡约》。一曰德业相励。主于"见善必行，闻过必改，能治其家，能事父兄，能肃政教，能广施惠，能救患难，能为众集事，能兴利除害"。二曰过失相规，谓"行止逾违，行不恭逊，侮慢齿德，恃强凌人。或与人要约，退即背之。与人交易，伤于揞克。游戏怠惰，进退疏野，衣冠华饰。及全不完整，不衣冠而入街市。正事废忘，期会后时，临事怠惰，用度不节"。三曰礼俗相交。谓"凡少者幼者，于尊者长者，岁首冬至，四孟月朔，辞见贺谢，皆为礼见。用幞头公服腰带靴笏，当行礼而有羞故，皆先使人白之。或遇雨雪，则尊长先使人谕止来者。此外候问起居，质疑白事，及赴请召，皆为燕见。深衣凉衫皆可，尊长令免即去之。尊者受谒，不报。长者岁首冬至具牓子报之，如其服，余令子弟以己名牓子代行。凡敌者岁首冬至辞见贺谢相往还。凡见尊者长者，门外下马，俟于外次，乃通名。凡往见人，入门必问主人食否，有他客否，有他干否。度无所妨，乃命展刺。主人使将命者先出迎客，客趋入至庑间，主人出降级，客趋进，主人揖之升堂。礼见四拜而后坐。燕见不拜，旅见则旅拜。少者幼者自为一列。退则主人送于庑下。若命之上马，则三辞，许则揖而退，出大门乃上马；不许则从其命。凡遇尊长于道，皆徒行，则趋进揖，立于道侧，已过乃揖而行。或皆乘马，于尊者则回避之，于长者则立马道侧揖之，俟过乃揖而行。若己徒行而尊长乘马，则回避之。若己乘马而尊长徒行，望见则下马前揖，己避亦然，过既远乃上马。遇敌者皆乘马，则分道相揖而过。彼徒行而不及避，则下马揖之，过则上马。遇少者以下，皆乘马彼不及避，则揖之而过。彼徒行不及避，则下马揖之。凡请尊长饮食，亲往投书；既来赴，明日亲往谢之。召敌者以书柬，明日交使相谢。召少者用客目，明日客亲往谢。凡聚会皆乡人，则坐以齿。若有亲，则必序；若有他客，则坐以爵。若有异爵者，虽乡人亦不以齿。若特请召，或迎劳出钱，皆以专召者为上客。如婚礼则姻家为上客，皆不以齿爵为序。凡有远出远归者，则迎送之。少者幼者，不过五里，敌者不过三里。各期会于一处，拜揖如礼，有饮食则就饮食之。少者以下，俟其既归，又至家省之。凡同约有吉事则庆之。婚礼虽曰不贺，然礼亦曰贺娶妻者，盖但以物助其宾客之费而已。有凶事则吊之，丧葬水火之类。庆礼如常仪，有赠物，用币帛酒食果实之属，众议量力定数。或其家力有不足，则同约为之借助器用，及为营干。凡吊礼同约往哭吊之，且助其凡百经营之事。主人既成服，则相率具酒果食物而往奠之。赗礼川钱帛，众议其数。如庆礼及葬，又相率致赙，俟发引则素服往送之，赗如赗礼。或以酒食犒其役夫，及为之干事。凡丧家不可具酒食衣服，以待吊客，客亦不可受。"四曰患难相恤。"水火小则遣人救之，甚则亲往，多率人往且吊之。盗贼近则同力追捕。疾病小则遣人问之，甚则为访医药，贫则助其养疾之资。死丧阙人，则助其干办，乏财则赠赙借贷。孤遗无依者，若能自赡，则为之区处，稽其出纳，或择人教之，及为求婚姻。贫者协力济之。若稍长而放逸不检，亦防察约束之。有为人诬枉，可以解救，则为解之。或其家因而失所者，众共以财济之。有安贫守分，而生计大不足者，众以财济之，或为假贷置产，以岁月偿之。凡同约者，财物器用车马人仆，皆有无相假。邻里或有缓急，虽非同约亦当救助，或为之告于同约而谋之。同约之人，各自进修，各自省察，互相劝勉，互相规戒。凡不如约者，以告于约正而诘之。其争辩不服，与终不能改者，皆听其出约。"范氏义庄，专于养亦不废教。《吕氏乡约》偏于教，亦兼及养。范以赡族亦及于族外，吕以睦乡亦及于约外。农业社会，乡族皆聚居，实无大异。由近及远，以亲推疏，故以乡族始，固不以乡族终也。《吕氏乡约》经朱子增损后，迭有变通。及《高子宪约》，凡而课农桑、兴教化、育人才、社仓、保甲、浚陂池、修道路、养济院之类，胥包括于其中，规模益阔也。以《吕约》礼俗相交，犹行于近代，故录之稍详。

孟子主于"五亩之宅，树墙下以桑，五母鸡，二母彘，百亩之田，勿夺其时，谨庠序之教，申之以孝悌之义"。儒家之言,教养二端尽之也。《汉书·食货志》所述,则益明备。其说曰:"井方一里,是为九夫,八家共之,各受私田百亩、公田十亩,是为八百八十亩。余二十亩以为庐舍,出入相友,守望相助,疾病相救,民是以和睦而教化齐同,力役生产,可得而平也。民受田,上田夫百亩,中田夫二百亩,下田夫三百亩。岁耕种者为不易上田,休一岁者为一易中田,休二岁者为再易下田。三岁更耕之,自爰其处。士工商家受田,五口乃当农夫一人。此谓平土可以为法者也,若山林、薮泽、原陵、淳卤之地,各以肥硗多少为差。民年二十受田,六十归田。七十以上,上所养也;十岁以下,上所长也;十一以上,上所强也。种谷必杂五种,以备灾害。田中不得有树,用妨五谷。环庐树桑,菜茹有畦,瓜瓠果蓏,殖于疆易,鸡豚狗彘,毋失其时。在野曰庐,在邑曰里。于里有序而乡有庠,序以明教,庠则行礼而视化焉。春令民毕出在野,冬则毕入于邑。春秋出民,里胥平旦坐于左塾,邻长坐于右塾,毕出然后归,夕亦如之。入者必持薪樵,轻重相分,斑白不提挈。冬民既入,妇人同巷相从夜绩,女工一月得四十五日。必相从者,所以省费燎火,同巧拙而合习俗也。男女有不得其所者,因相与歌咏,各言其伤。是月,余子亦在于序室,八岁入小学,学六甲五方书计之事,始知室家长幼之节。十五入大学,学先圣礼乐,而知朝廷君臣之礼,其有秀异者移乡,学于庠序,庠序之异者移国,学于少学。诸侯岁贡少学之异者于天子，学于大学，命曰造士。行同能偶，则别之以射，然后爵命焉。孟春之月，群居者将散，行人振木铎徇于路以采诗，献之太师，比其音律，以闻于天子，故曰王者不窥牖户而知天下。民皆劝功乐业，先公而后私。三年耕则余一年之畜，衣食足而知荣辱，廉让生而争讼息，故三载考绩，三考黜陟，余三年食。进业曰登，再登曰平，余六年食。三登曰泰平，二十七岁，遗九年食。然后至德流洽，礼乐成焉。"以教以养，所谓养生送死无憾者也。何休《公羊解诂·宣十五年传》说亦略同。至肥硗多少为差之说，贾逵注《左传》陈义最详，云："山林之地，九夫为度，九度而当一井。薮泽之地，九夫为鸠，八鸠而当一井。京陵之地，九夫为辨，七辨而当一井。淳卤之地，九夫为表，六表而当一井。疆潦之地，九夫为数，五数而当一井。偃豬之地，九夫为规，四规而当一井。原防之地，九夫为町，三町而当一井。湿皋之地，九夫为牧，二牧而当一井。衍沃之地，亩百为夫，九夫为井。"《韩诗外传》四言："八家而井，家得百亩，家为公田十亩，余二十亩共为庐舍，各得二亩半。八家相保，出入更守，疾病相忧，患难相救，有无相贷，饮食相召，嫁娶相谋，渔猎分得；仁恩施行，是以其民和亲而相好。今或不然，令民相伍，有罪相伺，有刑相举，使构造怨仇，而民相残，伤和睦之心，贼仁恩，害士化，所和者寡，欲败者多，于仁道泯焉。"韩婴、班固、贾逵、何休诸家说井田，委悉周至，其为非殷周故实,彰然甚明,余于《儒家政治思想篇》备论之也。至韩氏所云"今或不然,令民相伍,有罪相伺",正责商君所为秦法言之也。其理想之乡村,可谓至美善也。

《宋史·食货志》言:"太祖建隆以来,命官分诣诸道均田,苛暴失实者辄谴黜。令课民种树,定民籍为五等,第一等种杂树百,每等减二十为差,梨枣半之。男女十岁以上种韭一畦,阔一步长十步。乏井者邻伍为凿之。令佐春秋巡视书其数,秩满,第其课为殿最。又诏所在长吏,谕民有能广植桑枣、垦辟荒田者,止输旧租。诸州各随风土所宜,量地广狭,土壤瘠埆,不宜种艺者,不须责课,岁丰则谕民谨盖藏,节费用,以备不虞。民伐桑枣为薪者罪之,剥桑三工以上为首者死,从者流三千里,不满三工者减死配役,从者徒三年。太宗太平兴国中,两京诸路,许民共推练土地之宜、明树艺之法者一人,县补为农师,令相视田亩肥瘠及五种所宜。某家有种,某户有丁男,某人有耕牛,即同乡三老里胥召集余夫,分画旷土,劝令种莳,候岁熟共取其利,为农师者蠲税免役。民有饮博怠于农务者,农师谨察之白州县论罪,以警游惰。所垦田即为永业,官不取其租。"《元史·食货志》:"至元七年立司农司,以张文谦为卿,专掌农桑水利。又颁农桑之制十四条,其法:县邑所属村疃,凡五十家立一社,择高年晓农事者一人为之长。增至百家者,别设长一员,不及五十家者,与近村合为一社。地远人稀,不能相合,各自为社者听。其合为社者,仍择数村之中,立社长官司长,以教督农桑为事。凡种田者立牌橛于田侧,书某社某人于其上,社长以时点视,劝诫不率教者,籍其姓名,以授提点官责之。其有不敬父兄,及凶恶者亦然,仍大书其所犯于门,俟其改过自新乃毁。如终岁不改,罚其代充本社夫役。社中有疾病凶丧之家,不能耕种者,众为合力助之。一社之中,灾病多者,两社助之。凡为长者复其身,郡县官不得以社长与科差事。农桑之事,以备旱暵为先。凡河渠之事,委本处正官一员,以时浚治。或民力不足者,提举官相其轻重,官为导之。地高水不能上者,命造水车。贫不能造者,官具材木给之,俟秋成之后,验使水之家,俾均输其值。田无水者凿井,井深不能得水者听种区田。其有水田者不必区种,仍以区田之法,散诸农民。种植之制,每丁岁种桑枣二十株,土性不宜者听种榆柳等,其数亦如之。种杂果者,每丁十株,皆以生成为数,愿多种者听。其无地及有疾者不与。所在官司申报不实者罪之。仍令各社布种苜蓿,以防饥年。近水之家,又许凿池养鱼,并鹅鸭之数,及种莳、莲藕、鸡头、菱芡、蒲苇等,以助衣食。凡荒闲之地,悉以付民,先给贫者,次及余户。每年十月,令州县正官一员巡视境内,有虫蝗遗子之地,多方设法除之。其用心周悉,若此其仁矣。”两《食货志》所著劝农之政,大体与韩婴、班固之说相仿佛,其为依前儒之义以立制,固自显然。夫蒙古之有中夏,原欲悉诛汉人,空其地为牧场,固不足以言政治。乃其于理乡里勤农桑,忽焉视宋为尤美备,岂不异哉?良以两宋之学,以淑人济民为旨,殆张文谦、陈�
遂之俦,所建白皆取之宋儒之理想,期以见之于行事耳,其精善美备,固政府之所未知也。

书院之制,创始于唐,以遂宁县张九宗书院为最古,盖贞观九年所建也。唐末五代,学校废坠,士大夫往往建书院以为聚书待士之所,至胡安定之经义治事斋,而风靡一代也。朱子有《白鹿洞学规》,后遂永为书院法度之模楷,其略曰:"近世于学有规,其待学者为已浅矣,而又未必古人之意。今特取凡圣贤所以教人为学之大端,条列如右。曰父子有亲,君臣有义,夫妇有别,长幼有序,朋友有信。学者学此五者而已,而所以学之之序亦有五。曰博学之,审问之,慎思之,明辨之,笃行之。曰言忠信,行笃敬,惩忿窒欲,迁善改过,为修身之要。曰正其义不谋其利,明其道不计其功,为处事之要。曰己所不欲,勿施于人,行有不得,反求诸己,为接物之要。"胡居仁因之又作《续白鹿洞学规》。其大纲为:(一)正趋向以立其志。(二)主诚敬以存其心。(三)博穷事理,以尽致知之方。(四)审察几微,以为应事之要。(五)克治力行,以尽成己之道。(六)推己及物,以广成物之功。倭艮峰又因胡规作《为学大指》,魏裔介作《圣人家门喻》,寇守信又作《家门喻补编》,皆衍朱子《学规》之绪,以为淑人之方者也,而皆以迁善为训。至高汝白之《洞学十戒》,吕新吾之《社学要略》,亦著十戒,则皆以改过为训。吕戒尤浅易,盖以社学为平民而设也。陈文述之《义学说》曰:"一幼童明白书理,可以化一家之父兄,可以化同居之邻里。今动以创建书院为美谭,愚谓书院教已成之俊秀,不如义学教未成之童蒙。此日之童蒙,不必为将来之俊秀,亦必为将来之丁壮,聚十百千万能知书理之人,其风俗之良楛必有辨矣。"其《捐设义学议》又曰:"世家大族,类知设塾延师,教其子弟。中人之产,力难延师者,亦勉力以附于有力之家,子弟亦被《诗》《书》之泽矣。然而贫富不齐,力能延师者,十不及一,附学者十不能二三。此外则悠悠忽忽,以生以长,不识一字,已可悯矣。合十百千万不识理之人,群萃州处,此亦大可虑也。"遂作《塾中条例》七事。于是后之岭南吴氏启蒙义学,亦有条规。有称简便义塾者,复有《蒙馆条规》之类,不可枝数。至江阴郑经复有恤孤义塾之设,专以教育嫠妇之子;洗心局之设,又专以教养名门世族子弟之沦落失学者,沾溉可谓广且悉矣。

司马温公《居家杂仪》曰:"凡子事父母,妇事舅姑,天欲明咸起盥漱栉总,具冠带,昧爽适父母、舅姑之所,省问夜来安否?父母、舅姑起,子供药物,妇具晨羞,供具毕乃退,各从其事。将食,妇请所欲供之,尊长毕食乃退。既夜,父母、舅姑将寝,则安置而退。居间无事,则侍于父母、舅姑之所,侍立必恭,执事必谨,应对言语,必下气怡声,出入起居,必谨扶卫之,不敢涕唾喧呼于父母之侧。

父母不命之坐不敢坐，不命之退不敢退。"姚廷杰之《教孝条约》，则更恢宏。其大纲曰："全天性以乐其生，和兄弟以慰其心，训妻子以释其忧，慎交游以免其虑，动婉容以得其欢，善奉养以安其身，勤服劳以适其体，审寒燠以防其疾，存人心以酬其德，受偏憎以隐其过，用几谏以冀其悟，慎殡殓以保其肤，急营葬以安其灵，全节义以显其名。"逐条皆有详说。孙念劬有《事亲规约》二十二事，而侍容一条，用心尤极精至，曰："侍父母之侧，无戚容，无怨容，无惰容，无庄容，无思容，无昏忽之容，无不足之容。"色养之道，庶乎尽矣。于清端公又有《治家规范》四十二事，首一条即为："如有不孝，族人公罚。勉以弟兄爱敬，患难相恤，贫富相顾，贤不肖相劝。族中老幼，不论品之贵贱，照长幼执礼。驭奴仆须体恤劳苦，轸念饥寒。"而朱柏庐《家训》，于治家淑人，则更菽粟之文，而金玉其音也。其言"弟兄叔侄，分多润寡"，斯皆由教而及于财，由家而及于族。陈榕门则有《宗祠条规》，于睦族之义有三要，曰尊尊、老老、贤贤；有四务，曰矜幼弱、恤孤老、周窘急、解纷竞。引伸触类，为义仓、义田、义学、义冢，教养同族，使生死无失所。其"职业当勤"一条，则曰："所谓勤者，非徒尽力，实要尽道。如士须先德行，切勿舞文弄法，颠倒是非。举监生员，不得出入公门，有玷行止。仁宦不得以贿败官，贻辱祖宗。农者不得窃田水，纵牲畜作践，欺赖田租。工者不可作淫巧，售敝伪器物。商者不得纨绔冶游，酒色浪费。亦不得越四民之外，为僧道，为胥隶，为优戏，为椎埋屠宰及赌博，犯者宜会族众送官惩治，不则罪坐长房。"又"闺门当肃"条曰："或赋性不良，凶悍妒忌，傲辟长舌，皆为家之索，罪坐其夫。若本妇性果冥顽，化诲不改，祠中据本夫告词，询访的确，当祖宗前，合众给以除名帖，或屏之外氏之家。"此则由教养而及于合族之制裁。他如王孟箕《宗约》、裘义门《族约》、余竹逸《家约》，莫不条目灿然，教养惩劝之道备焉。今蜀俗有清明会者，于清明时展墓，大会族人于宗祠，其于贫乏者有贷，而子弟之浮薄无行有罚，胥由族人公议之，是亦养与教兼行之方，而遍及于闾庶者也。

儒者恒言曰："国无九年之蓄曰不足，无六年之蓄曰急，无三年之蓄曰国非其国也。三年耕必有一年之食，九年耕必有三年之食。以三十年之通，虽有凶旱水溢，民无菜色。"此就井田之政言之也。井田废而后李悝（李克）有平籴之法，在汉以耿寿昌之请而有常平仓。朱子以常平仓藏于州县，所及不周，乃酌定为社仓法，以行于乡。淳熙八年，朱子为浙江提举，疏言："乾道四年，建民艰食，熹请于府，得常平米六百石，请本乡士刘如愚共任赈贷。夏受粟于仓，冬则加二计息以偿。自后逐年敛散，或遇稍歉，即蠲其息之半，大饥则尽蠲之。凡十有四年，得息米造成仓廒，以原数六百石还府，见储米三千一百石，以为社仓，不复收息，每石只收耗米三升。以故一乡四五十里间，虽遇凶年，人不缺食。请以是行于仓司。"时陆九渊在敕令局，见之叹曰："社仓几年矣，

有司不复举行,所以远方无知者。"遂编入振恤。凡借贷者
十家为甲,甲推其人为之首。五十家则择一公平晓事者为
社首,每年正月,告示社首,下都结甲,其有逃军及作过无行
之人,与有税钱衣食不阙者,并不得入甲。其应入甲者,又
问其愿与不愿。愿者开具一家大小口若干,大口一石,小口
减半,五岁以下不预请。甲首加请一倍,社首审订虚实,取
各人手书,持赴本仓,再审无弊,然后排定甲首附都簿,载某
人借若干石,依正簿分两时给,关与甲头,收执请谷,初当下
田时,次当耘耨时。秋成还谷,不过八月,三十日纳足,湿恶
不实者罚之。《文献通考》云:"真德秀帅长沙行之,然今所
在州县间有行之者,皆以熹之已行者为式。凶年饥岁,人多
赖之。"常平仓外,又有社仓,其于备荒济贫,为惠博矣。朱
子《建安五夫社仓记》曰:"成周之制,县都各有委积,以待凶
荒。而隋唐所谓社仓者,亦近古之良法也。今皆废矣。独
常平义仓,尚有古法之遗意,然皆藏于州县,所惠不过市井
惰游辈;至于深山长谷,力穑远输之民,则虽饥饿致死而不
能及也。又其为法太密,使吏之避事畏法者,视民之殍而不
肯发,往往全其封镭,递相传授,累数十年不一訾省。一旦
甚不获已,然后发之,则已化为浮埃聚壤,而不可食矣。夫
以国家爱民之深,其虑岂不及此? 然而未有所改者,岂不以
里社不能皆有可任之人? 欲谨其出入,同于官府,则钩校靡
密,上下相遁,其害又有甚于前所云者。"此固朱子社仓之法
所为作也。明邠州邓成美又约族人预给一周利会,其法:丰

收时每亩出谷一斗或二斗，逮来春有人借者，按三分行利，秋收交还，积之数年，粒米狼戾。其或值岁歉，视族人缓急，散给以活之。所谓周于利者凶年不能杀也。至高子《宪约》，于社仓事云："社仓是救民良法，各乡劝缙绅及名家自造仓廒，自收自放，不可以官府与之。其法量人户种田多少，人口多少，以二分起息，于青黄不接时借贷。又必二三十户连名保借，欠者即同保内人户摊赔。小荒减利，中荒捐利，大荒连本米下年征催。官府给与印信文簿，为究治奸顽，使之可久。"又云："仓谷主守，须择殷富谨厚者，量以礼待，每年交盘更换，勿令偏累倾家。但令接管者照数交收，勿令吏书参与。及时敛散，出陈易新。"又云："州县极贫待毙之民，大约可计，每岁动支预备仓谷，城中四门择寺观宽绰者煮粥，每人米五合，即可苟延残喘。自十月十五日起，正月十五日止，孤老有粮，不许混冒，约费百余石耳。设诚行之，利济不少。"汤念平有《劝积义谷序》《募积义谷疏》，谓："于月之朔望，谒神庙者，随其意，因其力，或一斛，或一斗，亲旧称觞，计其费出义谷，宴会有不可已者，则薄其费而以义谷补之。"魏叔子《立义仓策》谓："每坊设立义仓，不必分派若干家若干人，随其相附近处，择便为之，听民自议自行，则众情和矣。坊中有富豪悭吝不肯助义者，本坊呈官，视所应出，加罚三等。"后之言社仓者，固有多方，然莫不以朱子为本。杨景仁曰："太平之世，遇歉岁而民不饥，盖不独损上以益下也，抑民间有自相补助之道焉。"盖立法虽各异，而以民间自助为主，不恃官府，则先后所同也。故朱子、高子皆谓不以官与其事，而以乡之人自任之。官任之弊诚多，要此究社会自所应为之事，不如自任之于事为便也。

富郑公知青州，会河朔大水，民流入境内。公择部内丰稔者五州，劝民出粟十五万斛，益以官廪，随所在贮之。择公私庐舍十余万间，散处其人。择待阙官吏廉能者给其禄，使循行乡里，问老弱疾苦廪之。山林河泊之利，有可取为生，听流民取之，主不得禁。流民死者，葬之丛冢。明年麦大熟，流民各以远近受粮而归，凡活五十余万人。前之救灾者，皆聚民城郭中，煮粥食之。蒸为疾疫，群相蹈藉死，或待次数日不食，得粥皆僵仆。自公立法，简便周至，天下传以为式。清陈鹏年有《救荒二十策》，或又有《牧令当行二十二条》，皆后来法之可考见者（见《得一录》）。明林希元疏云：“救荒有二难，曰得人难，审户难。有三便，曰极贫民便赈米，次贫民便赈钱，稍贫民便赈贷。有六急，曰垂死急馈粥，疾病急医乐，病起急汤米，既死急埋瘗，遗弃小儿急收养，轻重系囚急宽恤。有三权，曰借官钱以籴粜，兴工作以助赈，贷牛种以通变。有六禁，曰禁侵渔，禁攘盗，禁遏籴，禁抑价，禁宰牛，禁度僧。有三戒，曰戒迟缓，戒拘文，戒遣使。”此其大略也。杨景仁曰：“太平之世，遇歉岁而民不饥，盖不独损上以益下也，抑民间有自相补助之道焉。助赈皆有优奖之典，以施期于当厄，多一人捐，即多一人食，实救荒之仁术也。劝输之事不一端,助赈而外,凡设粥平籴、辑流民、收幼孩、施衣、施药、施棺,皆是也。饥荒之岁,安富必早安贫也。"王圻《赈贷议》亦曰:"以百姓之财,救百姓之死,盖昔人于灾歉之岁,国家有赈恤,而民间仍有自救之方。"陆桴亭《施米汤约》曰:"荒岁米贵,久饥每每致死。因思今素封之家,朝夕炊粥饭时,幸少增勺水,汤沸挹取数盏,多多益善。明晨以汤再烧,量入麦粉,使成稀粥,各就门首施之。"斯儒者恻然慈仁之心,无微不至。即力薄仅可以米荡施者,亦约以活人之术。魏叔子有施粥担粥之法,黄慎斋有煮麦粥法,虽细琐已甚,然正以见昔人用心之周悉也。

叶梦得守许昌,值大水流殍满道,乃尽发常平仓所储者赈之,全活数万人。独遗弃小儿,无由得救。询之左右曰:"无子者何不收养?"曰:"但患岁丰年长,即来认去耳。"公即立法,凡灾伤弃儿,父母不得复认,救小儿三千八百余。刘彝知虔州,会江西饥歉,民多弃子于道。彝揭榜通衢,召人收养,日给广惠仓米二升。又推行于县镇,民利二升之给,皆为字养。黄震提举常平仓,初常平有慈幼局,为贫而弃者设。震谓收哺于既弃之后,不若先其未弃全之。乃损益旧法,凡当娩而贫者,许里胥请于官赡之。弃者许人收养,官出粟给之。《宋志》:"孤贫小儿可教者,令入小学听读,其衣襕于常平头子钱内给造。遗弃小儿,听人乳养,仍听宫观寺院为童行。"于幼幼之道,规制周悉。黄文洁更为酌定,益详密矣。其在清世,盖有育

婴堂之设,最为普遍。董芳洲《恤婴刍言》七事,其略曰:
"视彼之子女,若己之子女。彼子女无父母,我子女有父
母,视彼之子女,应胜己之子女。"真仁人之言也。赵钺
谓:"育婴堂多建设城内,乡村广远,抱送为艰,宜各就方
隅设局,许助钱米,为抚养之资,令其自养。"是为保婴会。
育婴堂之外,有留婴、接婴等堂,为乡民递送婴孩。而保
婴之设,则为助其自养。邹鸣鹤《序保婴会约》曰:"会约
何若是弥沦周浃哉?设司捐以裕其资,设司察以防其伪。
虑其寒也,加给棉衣;忧其病也,量予医药。产后母故,增
其养费。路远难遍,又设分局。仁矣哉!事无不尽之事,
心无不尽之心,至于此哉。"彭南畇《济溺说》曰:"溺女恶
俗,切须访察,严示禁止,责令乡邻呈告。容隐者并其父
分别责处。"东坡先生《与朱鄂州书》曰:"准律故杀子孙徒
三年,宜召邑令以下,正告以法律。仍录条晓示,召人告
官,以犯人家财给之。若客户则并责其地主。余按嘉湖
富家,亦复如是。若不惩之以法,不能禁也。其贫者劝令
绅士纠造育婴堂以赡之,庶几久久可行耳。余创建一会,
察贫户之欲溺者急止之,月给米三斗,以三岁为止。"洪子
泉《生生会小引》曰:"其法每乡或设一二局,或设三四局。
计一乡中岁得百千,当无不易。每贫户劝留一女,助钱一
千文,百千可救百命。随乡设会,随地散给。其法简便,
其力易行。"至若《收养幼孩厂规》二十事、《抚教局规条》
十六事、《育婴堂条规》四十事,又《内育条规》七事、《育婴

良法》十二事、《保婴会规条》十七事、蔡蕃宣《劝救溺女法》六事、邓锡范《救溺婴新法》九事，意美法良，以养以教，皆有程序，可举而行，不可胜纪也。

孟子曰："老而无妻曰鳏，老而无夫曰寡，老而无子曰独，幼而无父曰孤，此四者天下之穷民而无告者也。文王发政施仁，必先施四者。"又曰："养生丧死无憾，王道之始也。"宋以来儒者之所论，殆不出乎此也。曾燠《恤颐堂记》曰："在昔哽噎之祝，见之《曲礼》。鳏独之哀，陈于《小雅》。王者以养老为本，圣人以安老为怀。无告穷民，颓龄尤甚。积瘁之精力，役以长贫。易耗之形神，撄之沉痼。风烛之危，既迫于一瞬；饔飧之虑，复困于移朝。接目构心，谁能忍此？于是舍鲍侃之宅，大辟广场；输光学之钱，大施法食。布裘絮被，暖覆三冬。上药中医，危拯六疾。即使嵫景难淹，而桐棺掩骼，麦饭常浇。厥制详矣，厥功伟矣。"《恤颐堂条规》凡三十八事，所以养年七十以外之贫而无依者。彭南园之恤嫠会有《会例》十三事，以养孀居之妇，三十以内者稍养厚，四十岁以内者次之，四十以外者又次之。有子女公姑者增之。或又有清节堂，并抚婴馆，皆设堂以居之。既以全贞，又以保赤，莫不规条详备，经画灿然。复有孀寡会、敬节堂，所以赡恤孀寡，崇敬贞操，又非徒以惠贫也。吴复初有《捐助清节堂孤儿习业成家贴费条规》，则又推锡类及乌之惠，意又广也。至栖流有局，以惠他乡之失业流民；恤丐有约，以恤穷民之流为乞丐者。至扶颠局之设,"所以容穷途流落之人,入局充工。俾欲还乡者川资裕如,欲经商者小本不匮"。亦有贷钱贷米之条,施药施棺之会,救生救火之章,何堪缕数。旧有《唐氏葬亲社约》,张杨园又增补其条,是又泽及枯骸者也。杨园跋其约曰:"养生送死,子职所供。当礼称财,人心攸尽。是以我独不卒,雅著《蓼莪》之哀。凡民有丧,风垂匍匐之训。义苟隆于报本,情自切于感兴。余溪唐子以锡类之至仁,举埋葬之正谊。期于七载,统厥四宗。伤哉贫也,文不备,宁戚有余,安则为之? 遗其先,遄恤其后。"李泽刍又有永安会以助久淹未葬之丧,而收埋路殣浮尸有约,尤合诗人或殣行死之义。至苏东坡于守杭州之日,奏开西湖堙塞,首以放生为言,斯又由仁民而及于爱物。彭南昀举陈恂之事,因以惜字为说,亦由敬教而及于惜文。斯皆流波罔极,遗泽无穷。洪子泉有《勤俭社约》,更推任恤之意于未雨绸缪。陈几亭、高景逸之同善会,益明仁义之源,而包举弥尽。陈氏为之序曰:"是会也,说倡于梦泽张公,而启新钱先生行其事,筠溪陈公益从而广之。大抵随意量捐,用拯无告,因以广动其善心。高子忠宪序之详矣。愚常推之曰:人生不过求安乐耳,不为善而息息怃然,昼中怅惘,梦中扰攘,病中凄惶,人生之无福,盖未有迫于此者也。为善而息息油然,志意得宁,血气得平,魂梦得清,人生之福,未有亲于此者也。"陈氏所论义至深矣。而景逸所为规例,以"会赀自九分至九钱止,随所至多寡,约为三分。以二助贫，以一给棺。助贫以劝善为主，先于节妇孝子之穷而无告者，次及贫老病苦之人。其他一切穷民，随意施舍。至于不孝不悌，赌博健讼，酗酒无赖，及年力强壮，游手游食，以至赤贫者，皆不滥助，以乖劝善之义。访确贫老孤独及节孝奇卓者，每季给助。会期定四仲月之望，会日俱以己刻。司讲者用通俗言语，不烦文采，务使人人易晓，感动善心。"盖高子此会，重于劝善，本名同善会讲，以教兼养也。若高子《讲语》云："生的时节，一物不曾带得来，惟有善是原带来的。死时一物不能带得去，惟有善是带得去的。"又云："善心纯熟便是德，善心真实便是功。"若陈之《讲语》云："不留心照管人，必至害人。不着意爱物，必至伤物。"又举中峰和尚语云："有益于人是善。"皆是以理学家之精义，衍为训俗之浅文，固不可以为乡间之教而忽之也。观于宋明以来儒者乡间教养之意，而后知今之言新村组织者，真罪恶之渊薮也；而所谓平民教育者，亦不过为奢侈之传播耳，皆未足遍及于全部平民。至敦仁厚俗之意，益邈不相涉也。于是一切政教之说，皆违于社会之需要，乖于昔贤之旨义。夫养以厚民生，教以养民德，故曰"跻苍生于仁寿之域"。非教养有方，何以能仁寿？非仁寿兼隆，何以为治平？苟非然者，其亦率兽食人之世界而已，民亦乌以此生为也。

原载 1944 年 11 月路明书店版《儒学五论》

评《学史散篇》

双流刘鉴泉先生年未四十而殁,著书已百余种,先生于宋明史部、集部用力颇勤,《史学述林》《文学述林》两著持论每出人意表,为治汉学者所不及知,张孟劬先生所称为目光四射、如球走盘,自成一家之学者也。先生殁已三年,余始于燕市获见此册,犹封存印书局,尚未流行。其书首《唐学略》,次《宋学别述》,次《近世理学论》,次《明末二教考》,次《长洲彭氏家学考》。前二篇最宏大杰出,第三篇立论殆别有旨,末二篇备言近世宗教史之故,事亦最奇。五篇近五万言,搜讨之勤,是固言中国学术史者一绝大贡献也。

中国学术,建安、正始而还,天宝、大历而还,正德、嘉靖而还,并晚周为四大变局,皆力摧旧说,别启新途。魏晋之故,迩来注意及之者已多。而晚唐、晚明之故,则殊少论及。先生于唐推韩愈先后及并时之人,以见古文流派之盛。由因文见道之说,而寻其思想,以见孟、荀、扬雄、王通所以为世尊仰，而佛老所以逢诃斥，六朝唐初之风，于此不变，以下开两宋。凡表见二百三十人，师友渊源，及其讲学义趣，若示诸掌，则唐学于此可寻，信可谓绝伦也。

考李舟《独孤常州集叙》曰："天后朝广汉陈子昂独溯颓波，以趣清源，自兹作者，稍稍而出。先大夫（李岑）尝因讲文谓小子曰：吾友兰陵萧茂挺（颖士）、赵郡李遐叔（华）、长乐贾幼几（至），洎所知河南独孤至之（及），皆宪章六艺，能探古人述作之旨。"与此篇所举独孤作《李华中集序》、梁肃作《李翰集序》，同以萧、李、贾、独孤并称，信四家为天宝以来文学之巨擘，实唐古文家之公论。此篇揭橥四家，诚得纲维。又益之以李华《三贤论》，而冠元、刘二家于首，以示先河，尚不为赘。持此以嘲论文者徒举韩、柳，固足以破数百年来选家之庸昧。然既曰唐学，似不必侧重于文，事不孤起，必有其邻，有天宝、大历以来之新经学、新史学、新哲学，而后有此新文学（古文）。由新文学之流派以见一般新学术之流派则可，惟论新文派以及其思想，而外一般新学术，将不免于隘。唐之新经学、新史学，其理论皆可于古文家之持说求之，是固一贯而不可分离者。吕温学古文于梁肃，肃学于独孤及，梁肃而下，由韩愈而皇甫湜，而来无择，而孙樵，其渊源可谓盛也。温之《与族兄皋请学〈春秋〉书》，此可代表一般古文家对于经学之意见，亦即一般新经学之目标。温书曰：

儒风不振久矣，夫学者岂徒受章句而已，盖必求所以作人，日日新，又日新，以至乎终身。夫教者岂徒博文字而已，盖本之以忠孝，申之以礼义，敦之以信让，激之以廉耻，过则匡之，失则更之，如切如磋，如琢如磨，以至乎无瑕。魏晋之后，其风大坏，于圣贤之微旨，教化之大本，人伦之纪律，王道之根源，荡然莫知所措，则我先师之道，其陨于深泉。是用终日不食，终夜不寝，驰古今而慷慨，抱坟籍而大息。小子狂简，与兄略言其志也。其所贵乎道者六：其《诗》《书》《礼》《乐》《大易》《春秋》欤？人皆知之，鄙尚或异。所曰《礼》者，非酌献酬酢之数、周旋裼袭之容也，必可以经乾坤、运阴阳、管人情、措天下者，某愿学焉。所曰《乐》者，非缀兆屈伸之度、铿锵鼓舞之节也，必可以厚风俗、仁鬼神、熙元精、茂万物者，某愿学焉。所曰《易》者，非撰著演教之妙，画卦举繇之能也，必可以正性命、观化元、贯众妙、贞夫一者，某愿学焉。所曰《书》者，非古今文字之舛、大小章句之异也，必可以辨帝王、稽道德、补大政、建皇极者，某愿学焉。所曰《诗》者，非山川风土之状、草木鸟兽之名也，必可以警暴虐、刺淫昏、全君亲、尽忠孝者，某愿学焉。所曰《春秋》者，非战争攻伐之事、聘享盟会之仪也，必可以尊天子、讨诸侯、正华夷、绳贼乱者，某愿学焉。此于非圣人所论，不与于君臣父子之际，虽欲博闻，不敢学矣。

斯旨也，古文家对六经之旨，亦即新经学派之旨也。所谓新经学者，啖助、赵匡、陆质之徒是也。凡新经学皆与古文家师友渊源相错出，力排唐初以来章句之经学，而重大义，故温复学《春秋》于陆质。《萧颖士传》："于是卢异、贾邕、赵匡、柳并皆执弟子礼，以次受业。"而陆质即学于赵匡，匡又学于啖助。啖、赵、陆以《春秋》鸣，而萧颖士、独孤及、梁肃、吕温以古文鸣，其师友渊源之相密接如此。《新唐书·儒学传》言："啖叔佐善《春秋》，考三家短长，缝绽漏阙，号《集传》。赵匡、陆质传之，遂名异儒。大历时，助、质、匡以《春秋》，施士匄以《诗》，仲子陵、袁彝、韦彤、韦茝以《礼》，蔡广成以《易》，强蒙以《论语》，皆自名其学。"殆皆唐之异儒也。啖、赵之于《春秋》，亦卢全"《春秋》三传束高阁，独抱遗经究终始"之意也（窦群从卢庇受啖氏《春秋》）。萧颖士亦明于《春秋》者也，施士匄以《诗》，亦以《春秋》，文宗所斥为"穿凿之学，徒为异同"者也。刘轲善古文，其从寿春杨生，生以传《书》为道者也，而轲亦著《三传指要》。韦处厚学古文于许孟容，孟容者，传父鸣谦之《易》学，韦处厚复学经于刘淑，淑为禹锡之父，禹锡称为先仆射者也，而禹锡亦以文鸣。若樊宗师之作《春秋集传》，苏源明之传《元包》，此古文家也，而为新经学者。下逮陆龟蒙犹以古文后劲宗啖、赵《春秋》。宗经复古者，实唐古文家之标的，故新文学与新经学同为气类,而下启柳开、穆修、孙复、刘敞,故古文家言文必曰"取之六经",再则曰"效扬雄、王通之辞",唐之异学固古文之贤也。若萧颖士又以《春秋》之法施之于史,编年盛而褒贬义例之说兴。颖士《与韦士业书》曰:

> 孔圣因鲁史记而作《春秋》,托微辞以示褒贬,惩恶劝善。有汉之兴,旧章顿革,纪传平分,其文复而杂,其体漫而疏,事同举措,言殊卷帙,首末不足以振纲维,支条适足以助繁乱,于是圣明笔削之文废矣。仆欲依鲁史编年,著《历代通典》,于《左氏》取其文,《穀梁》师其简,《公羊》得其核,综三传之能事,标一字以举凡,扶孔、左而中兴,黜迁、固为放命。

《新书·萧颖士传》称:

> 颖士谓《春秋》为百王不易之法,而司马迁作本纪、世家、列传,不足为训,撰编年依《春秋》义例,书高贵乡公之崩,则曰司马昭杀帝于南阙,书梁敬帝之逊位,则曰陈霸先反。黜陈闰隋,以唐土德承梁火德,此自断诸儒不与论也。有太原王绪撰《永宁公辅梁书》,黜陈不帝。颖士佐之,亦著《萧梁史谱》,及作《梁不禅陈论》,以发绪义例。

法《春秋》之黜陟褒贬,此固新史学之标的也。刘轲亦曰:"自《史记》《班汉》以来,秉史笔者余尽知其人也,余虽无闻良史,至于实录品藻,增损详略,亦各有新意,常欲以《春秋》条贯，删冗补阙，掇拾众美，成一家之尽善。"柳冕亦曰："司马迁过在不本于儒教以一王法。夫圣人之于《春秋》，所以教人善恶也，修经以志之，书法以劝之，立例以明之，故求圣人之道，在求圣人之心，书圣人之法，法者凡例褒贬是也，而迁舍之，《春秋》尚古，而迁变古，由不本于经也。"盖自是以来，义例褒贬之说盛，陆长源、沈既济之徒，皆以义例言史。而皇甫湜《东晋元魏正闰论》亦即沿颖士以兴，下逮于宋欧阳修、苏轼、陈师道《正统论》继之。义例之说，欧阳修《新唐书》《新五代史记》，尹师鲁《五代春秋》，吕夏卿《唐书直笔》继之。编年之体，自此遂以大盛，非复唐初专师《汉书》之风。此类作者，亦皆古文家也。柳冕者，柳芳之子，而柳并、柳谈之宗，亦源于萧颖士，柳镇亦其族，而宗元者又镇之子也。此皆明新史学之与古文家为辅车相依。至孙甫、苏洵、司马光而褒贬正闰之说以息，此新史学之又一进也。有唐之古文以反六朝之俪体，而开宋之古文，有唐之新经学、新史学以反唐初正义、五史一派，而下开宋之经史学，其义一也。此义似不可忽。

　　若刘先生又谓："退之于学术诚有变革之功，然其学实枵浅无可言。综其议论，不过三端：一曰矫骈俪之习而倡古文，二曰矫注疏之习而言大义，三曰惩僧道之弊而排佛老。退之之言孔子传之孟子，孟子纯乎纯者，荀与扬大纯而小疵，似专宗孟而实不然，诸人于孟子之旨固多不明。"斯言亦为稍过,退之论不二过,究心于诚明之说,欧阳詹从而申之。退之论性三品,皇甫湜从而申之,皆以益邃。至李习之《复性书》三篇,已足以启千古之长夜,与伊洛之旨,犹响斯应。溯而上之,陆质之《删东皋子集序》曰:"亡所拘而迹不善教,遗其累而道不绝俗。"斯固直内方外之旨,合道器于一,盖已确有所立。下迄皮日休、陆龟蒙,其视孟子固不与荀、扬同科,皇甫湜尤揭性善之旨,谓与经合(惟杜牧之说颇是荀卿,两家皆出于三品说)。而独大历以还,于义理之说,概乎无闻,则忽于陆质、李翱以来之文之故也。大历以来,论天、论《易》、论性、论诚,实以《中庸》《孟子》为中心,信可谓已知所讨究,下逮欧阳,于《复性书》曰:"此《中庸》之义疏耳,不作可焉。"则唐人之意,至宋不能尽识者有之,而概以枵浅目之,未免过苛。由《孟子》性善而及于《中庸》诚明,已不可诮以肤末,所未逮于伊洛者,尚未及《大学》诚意之旨耳。(程、朱以《大学》有错简,是犹未尽《大学》之旨,阳明主古本,盖《大学》"意"之一字,至姚江良知之说而后明。)若以其不尽得孟氏之旨而少之,则自刘轲《翼孟》、林思慎《续孟》以来,及于宋冯休《删孟》、司马《疑孟》、苏轼、李觏,尚多非辩七篇,即尊信孟氏若王安石,学之深淳如两程氏,于孟氏亦未能尽同。北宋一代实无纯同于孟氏者,下至晁以道、余允文而争议始息。南渡以来,然后于七篇无异辞,故相反若朱元晦、唐与政,而于孟氏不容有一言之出入则无不同,是又乌得以不尽同孟氏为唐贤病？（窃谓孟、荀并论为未得孟氏,及于《中庸》诚明而专尊孟氏,为韩愈以来一进境,至贾同责荀,而其义始大畅耳,又至南渡乃笃信孟氏以绌扬雄、王通,则视北宋又别,是皆学术发展之阶段,未可忽者。）若曰轲之死不得其传焉,曰孟子功不在禹下,曰荀、扬大纯而小疵,一再言之,斯岂无据而偶焉为是说耶？知其师友之间,玩索六经之际,固已悠然以会于心,而有默然以相启者也。故唐之古文家曰文以载道,自有其所载之质,而后形之于文,非徒因文以见道也。犹有进者,宗经复古,崇仁义,宗孔、孟,贵王而贱霸,其事犹非一朝夕所能及也。自尹知章遍注《老》《庄》《管》《韩》《鬼谷》（见本传）,赵蕤《长短经》综纵横儒法自成一家,他若来鹄之于《鬼谷子》,皮日休之于《司马法》,韩愈、柳宗元于《墨子》《列子》《荀卿》《鬼谷》,皆尝出入,杜牧于《孙子》,杨惊于《荀子》,卢重玄于《列子》,其议论尚可寻,至《唐书》志、传所载贾太隐、陈嗣古于《公孙龙》,胜辅于《慎子》,而杜佑于《管子》,陆善经于《孟子》,皆为之注,而《太玄》《法言》,注者尤多,是皆反六朝隋唐传统之学者,亦先乞灵于晚周百家之说,稍进而儒家之说,孟、荀、扬、王之说乃独显,而孟始特尊。由先有解放之运动,而渐辟新途,于是经史文学,迥与昔异,而义理之旨乃隆。至《隐书》《谗书》《两同书》《化书》《素履》《无能》《伸蒙》《续孟》,皆足见解放之风,与渐入于孟氏之域,波澜之阔,虽似不及魏晋,而研精反约,主《中庸》,尊《孟子》,若又过之。

刘先生析《唐学略》为二章:(一)《古学者略表》,大体就古文一家论,似失之隘;(二)《实学略论》,忽于唐之新史学未得其要,则泛及于唐初五代史,并三史注,元行冲《老》《庄》之注,及《三教珠英》之类,下及苏冕《会要》,斯皆无与开天、大历之风气。似初本由论唐文,以渐及其他,故二章不相应,而于唐人学术体系翻有未融,斯殆由刘先生深恶编年义例之说,而笃信道家之言。故忽唐之新史运动(《史学述林》言:"北宋史家著史,皆有所长,然于史学皆无所论说。"此即由刘先生忽视唐人史说而然,一究唐之新史学,而北宋史家之意了然无待论也,吾已别于《宋代史学》详论之),不喜人排佛道。故卑视唐人之思想,是或一蔽也。要之,曹爽之难,而何晏、丁谧皆及于祸,王叔文死而吕温、陆质、刘禹锡、柳宗元皆败,是皆欲以新学术运动为新政治运动,与清之戊戌变法事同一辙。叔文于数月间召陆贽阳城,而罢德宗秕政(免进奉、蠲诸色、罢宫市、五坊小儿等),其锐然自诩,互相推奖曰伊、曰周、曰管、曰葛,其自任者重,亦以所挟者贵也。乃不幸而败,而史氏以丑词诋之,斯亦有待于连类辨证者也。

大历以还之新学虽枝叶扶疏,而实未能一扫唐之旧派而代之,历五代至宋,风俗未能骤变也。旧者息而新者盛,则在庆历时代,然后朝野皆新学之流,五季宋初,新派学者,皆潜在草野,若孔维、邢昺、杜镐、舒雅之校撰群经正义,刘昫、薛居正之撰旧《唐书》《五代史》,文则四六,诗则西昆。《太平御览》《册府元龟》《文苑英华》之集,皆旧派也。盖沿《北堂书钞》《艺文类聚》之风。朝列所登,多吴、蜀旧臣,显途皆属旧派。而唐以来之新派,皆潜伏无声华。种、穆、柳、孙既皆肥遁,而隐居以经术文章教授者尤多,研几则以《易》,经世则以《春秋》,此固源于唐之新学者也。陆游曰:"《易》学自汉以后浸微,宋兴有酸枣先生,以《易》名家,同时种豹林亦专门传授,传至邵康节遂大行于时。"《东都事略》言:"王昭素,酸枣人,著《易论》三十篇,李、穆而下,有闻于时者,皆其门人也。子仁,亦有潜德。"晁公武言:"昭素隐居求志,行义甚高。"赵汝楳言:"《易》灾异于西汉,图纬于东都,老、庄于魏晋之交,赖我朝王昭素、胡安定诸儒挽而回之。"则酸枣先生于《易》学所系之重也。陈振孙言:"皇甫泌著《易解》,其学得之于常山抱犊山人,而萧阳、游中传之,山人不知名,盖隐者也。"《东都事略》言:"陈抟不乐仕进,隐居武当。"又言:"种放隐居终南山豹林谷,闻陈抟之风,往见之。"张齐贤称:"放隐居求志,孝友之行,可励风俗。"又言:"穆修师事陈抟,而传其《易》学。方是时,学者从事声律,未知为古文,修首为之倡,其后尹源与弟洙始从之学古文,又传其《春秋》学。"(《宋史》言:"苏舜钦辈亦从修学《易》。")又言:"高弁从种放学于终南山,又学古文于柳开。"陈振孙言:"王洙著《周易言象外传》,其序谓学《易》于处士赵期。"文彦博言："武陵先生龙君平，陵阳人，藏器于身，不交世务，闭门却扫，开卷自得。"范仲淹言："岷山处士龙昌期，论《易》深达微奥。"是见宋初新学诸儒，守唐人异学，皆避世无闷，风操峻远。邵雍、胡瑗、孙复，何莫非幽栖岩穴，潜心道微，然后能光大其途。流风既广，而后能祛千载之弊，一洗空之。初宋以还，其人既众，其学亦博，若舍《易》《春秋》之传而专详陈抟、刘牧、周、邵之渊源统系，则似宋初之学唯《太极》《先天》《洛书》《河图》之传耳，将转有伤于柳、穆之宏大，其所表见者八十余人，亦将暗然无光矣。盖自唐季以来，学术猥鄙，风俗颓薄，宋兴尚未能革。刘先生言"庆历以前先沿南而后则沿北"者，实先之显学与后之显学有殊，非北之寇、晏学南之王、钱，南之欧、曾、王、苏学北之柳、穆、孙、石，经五季之乱，文章在南，晏、寇一仍旧贯耳。庆历以后新派勃盛，无南北皆新派也。李方叔《师友谈记》："欧阳公《五代史》最得《春秋》之法，盖文忠公学《春秋》于胡瑗、孙复。"柳、孙一派，殆至欧公而后显。自是以还，政治学术，皆焕然一新，涤荡污蔓，拔一世于清正之域。自天宝、大历以来发其端，至庆历而后盛，中间埋没无闻者不知凡几，其仅存者，而说学术史者（黄、全《学案》）、文学史者（诸古文选本）又不道及，非鉴泉先生之博学笃志，则宋之学将莫知其所以始，而唐之学莫知其所以终，则此区区两表，于文化史之贡献，亦云伟矣。

至论吕学、王学、苏学三篇，于考核渊源，皆极明备，所益者多。论吕学颇有刘先自况之意，亦不免于有道家之见，于王、苏两论，广其流于李邦直、叶少蕴、秦少游、张文潜，具见博大深入，尤以李、张为最精。新、蜀两派，原与洛学抗衡，此论出而后二派之学，本末源流始具。鄙意尚有应附此三篇而论者，则此三家于南渡学派之关系也。南渡之学，以女婺为大宗，实集北宋三家之成，不仅足以对抗朱氏，而一发枢机系于吕氏。以北宋学派应有其流而南宋应有其源也。北宋之学重《春秋》而忽制度，南渡则制度几为学术之中心。考陈振孙言："王昭禹《周礼详解》，其学皆尊王氏新说。"王与之言："三山林氏祖荆公与昭禹所说。"指林之奇《周礼全解》也。林氏之学出于吕氏，而成公又从林氏学，故王应麟云："少颖说《书》至《洛诰》而终，成公说《书》自《洛诰》而始，则伯恭之于少颖，非泛泛也。"盖自荆公主变法师《周官》，其徒陆佃、方悫、马晞孟、陈祥道继之，为王门说《礼》四家，而制度之学稍起，魏了翁所谓方、马、陈、陆诸家述王氏之说者也。至于林、吕而女婺经制之学以兴。《浙江通志》言："龚原少从王安石游，笃志经学，永嘉先辈之学以经鸣者，渊源皆出于原。"此女婺之学有源于王氏者，不可诬也。王淮言："朱（晦庵）为程学，陈（龙川）为苏学。"《隐居通义》言："灵卧吴先生曰：近时水心一家，欲合周、程、欧、苏之裂。"此女婺之学远接苏氏，又不可诬也。盖庆历而后，程、王二派皆卑视汉、唐,故轻史学,北宋史学一发之传,则系于苏,故至南渡,二李三牟,上承范氏,史犹盛于蜀。史称王应麟与汤文清讲西蜀之史学、永嘉之制度是也。女婺之学偏于史,可谓远接苏氏之风乎!吕、叶、二陈皆以文名,固亦规摹苏氏,故朱子有伯恭爱说史学,护苏氏尤力之说。其先后相承脉络固若此,而后人必以女婺之学系伊洛一派,然其为学本末,判然与伊洛不侔,彰彰可知,以女婺之学亦有本之伊洛则可,谓纯出于伊洛则不可。黄潛曰:"婺之学有三家焉,陈氏先事功,唐氏尚经制,吕氏善性理,在温则王道甫尝合于陈氏,而其言无传,陈君举为学皆与唐氏合,叶正则若与吕氏同所自出。"袁桷曰:"女婺史学之盛,有三家焉:东莱之学据经以考同异,而书事之法得之于夫子之义例,以褒贬而言者非夫子旨矣。龙川陈同甫急于当时之利害,召人心,感上意,激顽警偷,深以为世道标准。悦斋唐与政搜辑精要,纲挈领正,俾君臣得以有考,礼乐天人图书之会粹,力返于古。"盖女婺之学,萃洛、蜀、新学三家于一途,吕氏尚性理,则本于程者为多,唐氏尚经制,则本于王者为多,陈氏先事功,则本于苏氏者为多,既合三而为一,复别一而为三,衡学术流别,斯又未可置而不论也。明时俗学类书一派,多本之陈君举,故四库于吕、唐典制之作,悉收入类书,而策论一派,导源苏氏,言纲目义例一派,源于洛,末流之弊,可胜言哉!

　　总刘先生之书观之,殆意在补黄、全《学案》之不足。

若《学案》于浙东之学，不具纲维，上则混其渊源于伊洛。吕、叶之徒，下及元明，柳贯、黄溍、吴莱一辈也，宋濂、王祎、胡翰又一辈也，而终于方孝孺，所谓金华文献之传者也，皆本经制为文章，实上承女婺，渊源亦可考，《学案》又不能详，而混其系统于朱元晦，其学之本末不侔于朱，犹陈、叶之不侔于程，黄、全必主于洛、闽，不惜割裂变乱其系统而淆之，于其为学大体，又未能具言。黄、全为清代浙东史学巨擘，吾是以知清代之浙东史学，固未足与言宋代之浙东史学，斯亦有赖于补正者也。姑因刘先生论王、苏、吕氏三家之学而发之，若《明儒学案》之编立姚江派，与程朱派范镐鼎之《理学备考》，正可相发，亦可取彼益此，以稍见一代规模，无使后人疑有明一代姚江之学遍于天下，而程朱几乎熄矣，况又有正德、嘉靖以来反宋明文章学术之一大宗乎？两《学案》自具宗旨，不必过责，而言宋明学者仅知此则陋矣。刘先生于《近代理学》一篇，意在合清世考据家于理学，自别有旨，不欲以鄙意衡之，而特述鄙意与刘先生相合而偶足以补其遗者。刘先生述及关中李元春，而未及其流。案清末西北理学，有炽然复兴之势，与李元春同时者有倭艮峰、苏菊邨、李文园，皆中州人。而李氏之流独广，其弟子之著者有杨损斋、贺复斋、薛仁斋。贺氏之门著者有牛梦周、张葆初，并时关中又有柏子俊、刘古愚。是皆西北之俊，关中之先觉也。其源远而流长，亦不可以弗论。吾求其书殆十数年而后备，将二十种，刘先生殆未之见，故言之亦未详。吾读刘先生书，叹未曾有，足以开人心目。聊陈管窥，补其阙遗，正其统纪，以为读刘先生书者之一助。惜不得起亡友与共详之。所幸通人硕彦，不吝匡吾两人所未逮，以起千余年来之坠绝，于承学之士，不无稍补也。

原载 1935 年 6 月《图书季刊》第二卷第二期

读《中国史上南北强弱观》

　　宾四先生作《南北强弱观》，以国马之耗息验御外之盛衰，史部之深识矣。暇日同游北海，研榷旧闻及此，余曰："兄言其攻，弟言其守，可乎？"因具道所以。宾四欣然悆余文以述之，遂草此篇。

　　胡骑南牧，于东晋、南宋为祸极矣。诸夏御之，有胜有败，是即以制马之术或得或失；铁骑之势诚不可当，而中国之胜非一者，以御马之术亦多也。以吴越轻果之卒珍荡羌胡，规复中原，功莫烈于刘裕。裕之北征有足异者，有车四千乘。汉季以来，下迄隋唐，不闻中国有车战，有之者惟刘裕，足明裕之成功倘在于车。何承天言："纂耦车牛以载粮械，五百耦牛为车五百辆，参合钩连，以卫其众；设使城不可固，平行趋险，贼所不能干。"此以车制骑之说也。魏围东阳，檀道济等将至，刁雍谓孙叔建曰："贼畏官军突骑，以锁连车为函阵。"此以车制骑之实也。刘裕引军入河，魏人以数千骑缘河随裕军西行，裕遣白直队主帅仗士七百人,车百乘,渡北岸,去水百余步,为缺月阵,两端抱河,车置七仗士,魏人进围之,长孙嵩帅三万骑助之,晋帅一鼓,魏兵一时奔溃,死者相积,此以车制骑之效也。吴兵北上收功最伟为裕,大规模之车战亦惟裕,因见中国制铁骑之术莫善于车也。

秦汉以来,中国车战术废,惟对北狄乃用之,正以防突骑也。卫青出塞,以武刚车自环为营;李陵击匈奴,单于围陵军,陵居两山间,以大车为营。光武造战车,可驾数牛,上作楼橹,置于塞上,以拒匈奴。田豫与任城王彰征代郡乌桓,虏伏骑击之,豫因地形,回车结圜阵,胡不能进,追击,大破之。马隆击鲜卑,以山陿隘,则作扁箱车,地广则为鹿角车营,路狭则为木屋施车上,转战而前,遂平凉州。是先乎刘裕以车骑者皆以御胡,三国及晋战伐之频,固无一用车也。王玄谟围滑台,魏救将至,众请发车为营,玄谟不从,魏人鼓之,玄谟退走,麾下散亡略尽,此不以车当骑而败也。魏太武征柔然,骑十万,车十五万辆;柔然,魏所谓有足寇也(柔然多马)。隋击突厥,皆以戎车步骑相参。唐玄宗时,哥舒翰节度陇右,则造战车,蒙以㺄貐。马燧为河东节度使,为战车,冒以㺄貐象,列戟于后,行以载兵,止则为阵,遇险则制冲冒,以讨田悦。是后乎刘裕以车战者,亦以御胡。安史以来,突骑独盛,亦惟车足以制之。下至吴淑、李纲而说益明。宋真宗时,以辽故,吴淑请复古车战之法,曰:

卫青、李陵、刘裕、马隆,皆以车而胜。近符彦卿破虏阳城,亦拒马为行寨。夫匈奴所长者,骑兵也,苟非连车以制之,则何以御其奔突哉?故用车战为便。其制取常用车,接其冲轭,驾以牛,车上置枪,以刃向外,列士卒于车外,贼至射之,乃出骑兵击之,此制虏要术也。战之用车,一阵之铠甲也,故可以行止为营阵,贼至则敛兵附车以拒之,贼退则乘胜出兵以击之。出则藉此为所居之地,入则以此为所居之宅,故人心有依,不惧胡骑之陵突也。

高宗时,以金故,李纲言:"步不足胜骑,骑不足胜车,请以车骑颁于京东西路,使制造而教习之。"其法用靖康间张行冲所创,凡韩琦、范仲淹言战车皆祖马燧"行载甲兵,止为营阵"之意。用于平川之地,临阵以折奔冲,下营以为寨足。宋代之言战车有许彦圭式,有宗泽式,有李纲用张行冲式,有刘浩式,有王大智式,有陈敏式。渡江后以制车物材多南方所无,兼东南沮洳之区、险隘之地不适于车,故高宗、孝宗皆不以车战为可。然车之用在守而不在攻,利北而不利南,南渡后以无意中原,自无所事于车。而兵车纷纷之说,阔于常车,运不合辙,牵挽而进,日才六七里(李复先说),用民车亦重大,日不能行三十里(沈括说),则亦未尽车之用,故金宋无车战。吴璘新立垒阵法,称得车战余意,卒挫金兵,其术亦主防守而非攻。惟开禧用兵,周虎用厉仲方战车,遂败虏于清水阵,而制之详不可知。宗泽在汴造战车一千二百乘,江淮再陷而汴卒未破者,岂泽之遗矩有以当铁骑之冲突耶？惜李纲之意不得展,而邢恕之议翻为民病,不备之于汴京未没之先,渡江而后纵复讲求,无济于用也。故夫胡马窥江,惟车可以制之,而要不可以攻。魏追刘康祖于卫武,康祖曰："奈何避之！"结车营而进,魏人四面攻之,将士殊死战,杀魏兵万余人;日暮风急,魏以骑负草烧车营,遂溃之。哥舒翰出关,遇崔乾祐之兵于灵宝西原,翰以毡车驾马为前驱,欲以冲贼,东风暴急,乾祐以草车数十乘塞前,纵火焚之,官军大败。房琯请收复两京,至便桥遇贼将,琯效古法,用车战,以牛车二千乘,马步夹之,贼纵火焚之,人畜大乱,遂大败。盖车败于骑,皆以攻也。凡用车以牛,列阵则牛首向内而尾拒于外,此其要也。用于北而不用于南,用于守而不用于攻,亦或以拒马木鹿角之属以当骑,此胡骑虽骄而究不能所向披靡者,则以制马之固有术也。

元嘉北伐,沈庆之谏曰："我步彼骑,其势不敌。"上曰："虏所恃者唯马,今夏水浩汗,河道流通,泛舟北上,碻磝必走,滑台小戍,易可覆拔。克此二城,虎牢、洛阳自然不固。比及冬初,城守相接,虏马过河,即成擒也。"拓跋焘闻有宋师,曰："河南是我地,此岂可得,今当敛戍相避,须冬寒地净,河坚冰合,自更取之。"又曰："马今未肥,天时尚热,若兵来不止,且还阴山避之,展至十月,吾无忧矣！"此见水潦横集则骑无所施;冰合河坚,正铁马驰突之际会也。故臧质之守盱眙,复魏人书曰:"尔自恃四足,屡犯边境……今春雨已降,兵方四集,尔但安意攻城,勿遽走。"二月,魏人烧攻具退。《辽史·兵卫志》亦言:"其南侵也,多在幽州北十里鸳鸯泊点兵,出兵不过九月,还师不过十二月。"金之入寇,亦秋来春返,要皆以水故也。萧僧珍守山阳,太武以回山倒海之威,深入而返,僧珍敛人民、储粮械、蓄陂水以待之,魏师过而不留。垣崇祖守寿春,寇至,崇祖诱之以小城,灌之以肥水,沙囊一决而强敌遁逃。李纲陈备御八事,其四曰:"河北塘泺,东距海,西抵广信、安肃,深不可涉,浅不可以行舟,所以限隔胡骑,为险阻之地,而比年以来,淤淀干涸,不复开浚,官司利于稻田,往往泄去积水,堤防弛坏。又自安肃、广信以抵西山,地形低下处,可益增广,其高仰处,即开干壕及陷马坑之类,宜专遣使以督治之。"凡纲所论,杨仲良书言之尤悉,云:

一、塘水东起沧州,距海岸黑龙港,西至乾宁军,沿永济河,合三淀为一水,衡广百二十里,纵九十里至百三十里,其深五尺。二、东起乾宁军,西至安信军永济渠,合四淀为一水,衡广百二十里,纵三十里,或五十里,其深丈余,或六尺。三、东起安信军永清渠,西至霸州莫金口,合五淀为一水,衡广七十里,纵五十里,或六十里,其深六尺,或七尺。四、东北起霸州莫金口,西南至信安军父母砦,合粮料淀为一水,衡广二十七里，纵八里，其深六尺。五、霸州至保定军并塘岸，水最浅，故咸平、景德中胡马钞河北，以霸州信安军为归路。六、东南起保定军，西北至雄州，合三淀为一水，衡广六十里，纵二十五里，或十五里，其深八尺，或九尺。七、东起雄州，西至顺安军，合六淀为一水，衡广七十里，纵三十里，或四十五里，其深一丈，或六尺，或七尺。八、东起顺安军，西边吴淀，至保州，合三淀为一水，衡广三十余里，纵百五十里，其深一丈三尺。九、西起安肃广信军之南、保州西北，畜沈苑河为塘，衡广二十里，纵十里，其深五尺，浅或三尺，曰沈苑泊。十、自保州西合鸡距泉，尝为稻方田，衡广十里，其深五尺至三尺，曰西塘泊。

自何承矩以黄懋为判官，始置屯田，筑堤储水为阻固，其后益增广之。凡并边诸河，若溏沱、沈苑（《长编》作葫芦）、永济等河，皆会于塘。天圣以后相循而不废，仍领于缘边屯田司。或曰："有兵将在，胡来何所事塘！且边吴淀西望长城口尚百余里，皆山阜高仰，水不能通，胡骑突驰得此路足矣。塘虽距海，亦无所用。夫以无用之塘废可耕之田，则边谷贵，自困之道也。"或曰："河朔幅员二千里，地平夷无险阻，贼从西方入，放兵大掠，由东方而归，我婴城之不暇。自边吴淀至泥姑海口，绵亘七州军，屈曲九百里，深不可以舟行，浅不可以徒涉，虽有劲兵，不能渡也。东有所阻，则甲兵之备可以专力于西矣。"论者

分为两歧,此李纲所陈塘水之详,而稻田所由坏之也。刘平自雄州徙知成德军,奏言:

> 臣今徙真定,路由顺安、安肃、保州界,自边吴淀望赵旷川长城口,乃契丹出入要害之地,东西不及一百五十里。窃恨圣朝七十余年守边之臣,不能为朝廷预设深沟高垒,以为扼塞。闻太宗朝尝有请建置方田者,我以引水植稻为名,开方田,随田塍四面穿沟渠,纵广一丈,深二丈,鳞次交错,两沟间曲为径路,才令通步兵,引曹河、鲍河、徐河、鸡距泉分注沟中。地高则用水车汲水灌溉甚便,数载之后,必有成绩。

李纲所言安肃、广信以抵西山,地形低下可益增广者,即刘平所请开方田穿沟渠处也。(何承矩亦言:"契丹恃战骑之利,频年犯塞。臣闻兵有三阵,今用地阵而设险,以水泉而作固,建设陂塘,绵亘沧海,纵有敌骑,安能折冲。昨者契丹犯边,高阳一路东负海,西抵安顺,士庶安居,即屯田之利也。今安顺西至西山,地虽数军,路才百里,纵有丘陵冈阜,亦多川渎泉源,固而广之,制为塘埭,自可息边患也。"为说亦即刘平之事。)宝元间,河北屯田司欲于五冢口导永济河水以注沿边塘泊,时岁旱塘水涸,知雄州葛怀敏虑契丹使至,测知其广深,乃壅界河水注之,塘复如故。此皆河北并边因水设险之实也。隆兴用兵，张浚行视江淮，凡要害之地皆筑城堡，其可因水为险者，皆积水为柜。唐仲友之《上张相公书》亦曰：

> 淮阴盱眙，其地多水，非骑兵用众之地，曩者凶酋固尝畏之。惟广陵以西、滁阳以东，平原旷野，利于用众。昨虏渡淮，分兵东驰，三日而入滁阳，五日而战六合，七日而至仪真，乃绕出淮东军后，邵宏渊力战不能抗，非将士之过，失地利故也。滁河翕受淮东众山之水，瓦梁居其下流，堰而潴之，六合西北可使浸为大泽。沮洳泥淖，骑无所骋，环滁皆山，而清流关为之喉襟，其地险阻，亦可为控扼之处，此淮东之地利也。

是因水为陂为渠，又制骑之一术。余玠守蜀，于利阆城大获山，蓬州城营山，渠州城大良平，嘉定城旧治，泸州城神臂山，民始有安土之心，此亦唐氏控清流之意，因山以限马足之说也。韩琦疏言契丹事，谓：“北边地近西山，势渐高仰，不可为塘泊之处，差官领兵，遍植榆柳，冀其成长以制虏骑。昔庆历慢书所谓‘创立堤防，障塞要路’，无以异也。”此正刘宗奏请种木于西山之麓，法榆塞以限胡骑也。合诸李纲之说，是平野则为陂为塘，山陵则为坑为林，斯均中国制骑之术。凡胡马窥江必秋来春去者，非徒以夏暑郁而秋马肥，实以春水生而冬则涸。故金初至淮必秋来春去，建炎四五年以后，常留淮北不复去者，则河南北水利于金人寇，数年间而破坏已尽，陂渠坏，即春夏而骑亦有所施，非已习于南地炎暑也。元兵入淮，不复秋来春去者，岂元能耐金所不习之暑？元初入蜀亦不久留，二年后则留而不去，岂耐于淮而不耐于蜀乎？诚以金初入淮，元初入蜀，中国水利之沟洫犹在，经破坏之后无复余踪，则铁马纵横可以经冬涉夏而无困矣。《广阳杂记》以中国北方水利不修，为蒙古南牧不知治术，而中原之水利遂不可复。竺可桢亦以为然。及今观之，坏中国水利者金也，非不谙理民，而实以便骑耳。则异族入主中夏被其毒者，岂徒文教一端而已哉！

由水言之，宋文帝谓泛舟北上，碛礒必走，然宋之屡克碛礒皆以舟师，则乘夏水以与骑兵争衡，是或一道。故刘裕伐秦，以沈林子舟师通石门，王仲德开巨野，裕将水军，自淮泗入清河，泝河西上。王镇恶泝渭而上，乘蒙冲小舰，行船者皆在舰内，秦人见皆惊以为神。端平入洛之师，而余玠亦以舟师泝淮入河抵汴，所向有功。明初北伐，徐达、常遇春率师二十五万，由淮入河，引舟师趋汴梁，连下卫辉、彰德，使傅友德开陆路通步骑，顾时浚河通舟师，水陆并进，遂陷通州。桓温救洛，邓遐实帅舟师，及温伐燕，郗超曰："道远，汴水又浅，恐漕运难通。"温至金乡，天旱，水道绝，使毛虎生凿巨野三百里，引汶水合于清水，温引舟师自清水入济。郗超曰："清水入河，难以通运，莫若顿兵河、济，至来夏方进兵。"温使袁真攻谯梁，开石门以通水运，真克谯梁而不能开石门，水运路塞，卒致枋头之败。温归罪于真，免为庶人。元嘉北伐，崔浩以为南方举兵必不利，舟行水涸，地利不尽。及到彦之自淮入泗，水渗，日行才十里，卒亦败覆。是南人舟师北上，亦足敌骑。刘裕以开石门利舟楫而集事，桓温以天旱不能开石门而败没；元嘉之事，仿佛桓温。水有盛衰而事有成败，虽人事诚非一端，地利天时于铁骑舟师所系亦巨矣。若侯景之败慕容绍宗于涡阳，则以景命战士皆被短甲、执短刀入阵，但低视斫人胫马足，魏兵遂败。岳飞之败金兵于偃城，则以飞戒步卒以麻扎刀入阵，勿仰视，第斫马足，遂大破之，乌珠夜遁。故拓跋焘曰：“吴人止有斫营技。”刘琦败乌珠于顺昌，事亦如此。斯又中国抗虏骑之一术也。

北狄之盛，每当中国纷扰之际，函夏浑同，即迸逃破亡。秦之盛，却匈奴七百余里。楚汉之争，则冒顿控弦三十万，遂困汉高帝于白登。至汉之盛，卫、霍破之。王莽之祸，匈奴侵苦北边。及汉再盛，窦宪夷灭之。突厥控弦数十万，周、齐争结婚姻，倾府藏事之。他钵曰：“使我在南，两儿孝顺，何忧贫也。”至隋之盛，炀帝遂臣启民。唐之兴，突厥控弦百万，史称“戎狄之盛，近代未有”。遂进寇武功，战于泾阳，直入渭滨。及海宇统一，李靖遂擒颉利。方中夏纷争，而夷狄莫能倡者，唯魏蜀之世。方中夏统一，而苦夷狄之侵陵者，莫如宋。是皆别有其故，未可一例论也。宋之盛，不能复燕；女真既炽，不三数年间遂逾河逾淮逾江逾浙，悬军深入，复全师而归。当中国之全，而胡马天骄，风云飘忽，决荡无前，斯诚古今异事，殆别有由也。魏了翁言："艺祖皇帝自大难未平，首惩唐末五代之弊，并汾、闽、越之仅平，江淮诸郡已令毁城隍、销兵甲矣。淳化、咸平距建隆不过四十年耳，盗发两川，惟陵、眉、梓、遂有城可守；濮盗作于近辅，如入无人之境。"富弼论江、浙、荆、淮、湖、广诸道，亦谓："处处无兵，城垒不修，或数十夫持锄耰白挺，便可尽杀守令，开府库，谁复御者。宝元、康定而后，武备之削滋甚，五年间，盗杀巡尉至六十员，入城剽劫者四十州。王伦起沂，并淮渡江，历数千里无一人御之。张海等辈剽吏御人于京、淮、湖、陕间，州郡莫敢孰何。金州盗作，速召州兵，仅有二十四人。崇宁以后，一旦盗起东南，连跨州郡，震抚汴都，久而后殄。况当新造之金，非拱手死难，则望风弃城。"苏轼于徐州上疏曰："徐州为南北之襟要，而京东诸郡安危所寄也。……州之东北七十余里即利国监，为铁官商贾所聚，其民富乐。……治户皆大家，藏镪巨万，常为盗贼所窥。而兵卫寡弱，有同儿戏。……使剧贼致死者十余人，白昼入市，则守者皆弃而走耳。……啸召无赖乌合之众，顺流南下，而徐有不守之忧矣。……臣欲乞南京新招骑射两指挥于徐；……城下数里，颇产精石无穷，而奉化厢军见阙数百人，臣愿募石工以足之，听不差出，使此数百人者常采石以甃城,数年之后,举为金汤之固。"王禹称自黄州上疏陈江淮空虚,亦曰:"名曰长吏,实同旅人;名为郡城,荡若平地。"唐仲友言:"今自淮以南,大镇皆无城池可恃,惟寿春仅有之,而城守之备,百无一有,狂虏之来,彼所以易为力,吾所以难为功也。"则宋承平之时,其力虽防盗贼,犹廪廪不足,则金之铁骑南牧,奚足以当之。夫金兵发蓟北,下长淮,渡江,渡浙,悬军万里,诚危道也。卒之曾莫藩篱,如履平地,升虚邑,披靡列城,全师而返。拓跋窥江,犹未至是,事亦足异。此无他,州郡久空,城隍甲兵都尽故耳。此铁骑之所以能蹂躏江淮者也。若在河北,则事自不同。金既再陷汴京,李纲尚言:"今河东所失者,恒、代、太原、泽、潞、汾、晋,河北所失者,真定、怀、卫、浚,其余诸郡皆为朝廷守,两路士民兵将皆推豪杰以为首领。"盖两河共府十、州三十四、军一十九,敌骑所破才六之一耳。正以并边诸郡城隍素固,与江淮不同,宗干围太原二百五十余日而后陷,中山围三年而后陷,则铁骑之遏,于势亦难,然后知金兵之肆别有故也。

北宋方盛而力不足以弱契丹,亦有可言。吕祖谦言:"太祖方欲以兵定天下,其时止十五万。"陈傅良言:"艺祖定荆湖、取巴蜀、俘二广、平江南者,前后精兵不过二十余万。"夫以十五万、二十万之军,可谓至少,而所向克捷,是宋兵诚有足异者。李氏《长编》言:"太平兴国二年辛亥大阅,每案旗指纵,则千乘万骑周旋如一,兵甲之盛,近代无比。"（二十万之数不可谓多，"盛"谓教练之精耳。）又言："太平兴国四年，亲征河东，上幸城西督诸将攻城。先是上选诸军勇士，教以剑舞，皆能掷剑于空中，跃其身左右承之，见者无不恐惧。会契丹遣使修贡，赐宴便殿，因出剑士示之，数百人袒裼鼓噪挥刃而入，跳掷承接，曲尽其妙，契丹使者不敢正视。及是巡城，必令舞剑士前导，各呈其技，北汉人乘城望之破胆。至道元年，上令卫士数百辈射于崇政殿庭，召张浦观之。先是李延信还，上赐李继迁劲弓三，皆力及一石六斗，继迁意上显示威戎虏，非有人能挽也。至是士皆引满平射有余力，浦大骇曰：'蕃部弓弱矢短，但见此长大，人固已逃遁，况敢拒敌乎？'十一月，上阅武于便殿，卫士挽弓有及一石五斗者，矢二十发而绰有余力，因谓近臣曰：'事有奇异惊听者，此是也。'"盖太祖实为技击家所祖。宋初之兵，以有惊人才技之训练，若今之国技专家然，其精为古今罕匹，故前后精兵不过二十万内外，而克成大业，其技力非常人所能及。而宋之兵终不可以出塞远征，对外惟守而不能攻，故终无如辽何。宋祁言：

> 臣闻唐时出师用兵，每十人为五驮法，故师行万里，经亘岁月，无所阙乏。自五代之乱，其兵不出中国，遂失五驮法。朝廷之制，每指挥五百人，指挥使得夹幕一具，副者得单幕一具，马军得幕锅布行榻等若干，步军得锅若干，自军员以下更无帐幕，或出次

野外,虽甚风雨亦无所庇。又战士披甲,所将衣衾悉
自负荷,军马则盂杓之类悉在马上。然则行数百里,
人马强力皆已先疲,脱若逢贼,安能挽蹋击刺,与争
胜哉?

子京所言诚中情实,此宋兵之不能远征也。虽太祖、
太宗卒以是捍御北方,削平宇内,然其兵惟可用于中国
耳。贾昌朝言:"太祖朝下令诸军勿食肉衣帛,营舍之门
有鬻酒肴则逐去,士卒有服缯帛者则笞责之。异时被甲
铠、冒风霜,攻苦服劳,无不一当百。今营卒骄惰,临敌无
勇。"则宋人先后之训练其兵者为术已异。太祖南北番
戍,欲使往来道路,足以习劳苦、均劳逸,后世则以新旧交
错,旁午于道,番为兵士之苦。则宋初之兵,其强力有非
常人所能逮者,故先时其强为古所罕有,能任常人所不能
任之苦。在此特种训练之下,于昔时战斗固非平常之兵
所能及。然值国家安定,百年无战之余,此种训练亦最不
可恃其长久。以非常人所能任者而任之常人,故后时宋
兵之弱,亦为古今所未有。故当其盛时,以之克定中国则
有余,以之出塞远征则不足;及其既弊,未战先疲,则以之
守中国亦不足也。又况禁旅尺籍,空不复补,拣兵则点数
而已,宣借则重叠妄滥,逃亡已久而衣粮自如,疲癃无堪
而虚名具数。孙朱之论宋兵曰:(见《历代兵制》八)"古者
兵足而已,今内外之兵百余万,而别为三四,又离为六七
也。别而为三四者,禁兵也,厢兵也,蕃兵也。离而为六

七者,谓之兵而不知战者也,给漕挽者兵也,服工役者兵也,缮河防者兵也,供寝庙者兵也,养国马者兵也,疲老而坐食者兵也。"置不战之兵于不守之城,尚安得绊胡马之足,使不南奔?故集勤王之师二十万于汴梁,而终割三镇以讲;宗翰至河外,虚声遂溃走河南十二万之军。则太宗末年之兵至三十万,咸平增至六十万,皇祐增至百四十万,而宋之弱亦日甚一日。诚以教习不精,未战先疲,士气不振,拣兵则点数而已(陈傅良语)。故初则往来道路以习劳苦者,其后则以番戍而不胜其苦也。以未战先疲之兵,而欲以恢复王略、抗胡骑,又乌可得?而况以之经行万里,经亘岁月,此又宋兵之所以未战先逃不能颉颃契丹者欤?贾昌朝言:"太祖削方镇兵权太甚,太宗以来兵不复振。……且戎狄居苦寒砂碛之地,好驭善射,自古御寇却胡,非此不可。宜优复蕃落田畴,安其庐舍,使力耕死战,世为边用。"盖自艺祖禁用蕃将,沿边蕃部皆失抚绥,反为敌国,此宋力所由不竞,外寇乘以鸱张。非辽金为自古未有之强,远过匈奴突厥,实宋之为宋远逊汉唐,故契丹、女真为祸诸夏,开古来未有之局,因辽金之毒,致吾人每疑北狄之威为不可犯耳。

尝考卫、霍北征,用骑不过十万,而冒顿之强已控弦三十万。唐之盛时,张万岁领监牧马亦惟四十万(吕祖谦说),而突厥当隋末已控弦百万,太宗之世有马不过当突厥十二三,其擒颉利,惟恃精骑一万而已。以宋方之,员兴宗言:"五代之末,监牧多废,国马不蕃庶。太宗兴国初,诏市十七万。咸平已后,其政大修,诸坊诸军,积至二十余万,饲马兵较多,至万有六千,刍藁亦近七十余万,标占坊监亦总四万顷。"是宋马之数,视汉逐匈奴、唐擒突厥时,未远逊也。李纲言:"自祖宗以来,养马于监,择陕西、河东、河北美水草高凉之地处之,凡三十六所。比年废罢殆尽,而更为给地牧马,民间杂养以充数,官吏便文以塞责,无复善马。又驱之燕山,悉为敌人所得,今诸军阙马者大半。"是宋之所以养马,尚未远逊于唐。唐都长安,故养马置八坊岐、邠、泾、宁间;宋都汴梁,故养马河北、河东、陕西。吕祖谦曰:"宋朝马政,太宗讲求精微,群牧司养,自春放至秋归,马之出入莫不有法。熙丰间,曾孝宽奉行荆公意,罢群牧吏,不过欲区区小利,自此京师之马更不出牧,终岁在槽枥间而马始衰,戎备益损,刍秣之费日增。当时不曾考本末,却欲举保马户马之法。"此李纲所谓废罢殆尽、民间杂养充数者也。是宋马之衰,始于荆公保马之法,前此亦未足为病。自童贯覆师,则悉驱之燕山以为敌有。其初盖亦取马西域,故议弃灵武。何亮复言:"冀北马之所生,自匈奴猖獗,无匹马南来,惟资西域。如舍灵武,夏贼俾诸戎不得货马,未知战马何从来!"此宋之取马于西,亦无殊汉之取马大宛,故南渡后市马于陕,由西、和、阶、文以就宕、昌、博、易。知宋之盛时,国马之数未少于汉逐匈奴、唐擒突厥之时,养马之地未逊于楼烦、沙苑,取马于胡,事亦犹贰师之功,而终不能制契丹之众者,宋之立国然也。契丹不强于匈奴、突厥,而足以困宋;金且践南夏如升虚,非胡骑之终不可犯,实宋之自弱以致之耳。故一转易间,韩、岳、张、刘屡破铁骑,以地考之,每战益北(岳飞偃城之捷,刘琦顺昌之捷,皆逾淮汉而日近于汴)。亦足明宋之最弱而辽金最骄,非徒胡骑之威,而实宋之先后自败者各有由也。

呂祖谦言:"马数最多,无如后魏,盖拓跋本是北虏,北虏刍秣便是中华耕桑。中国人人耕桑,北虏人人刍秣。当时有二百万余匹马,亦不足怪,自是常理。自孝文迁都,蛮夷用夏,马政便不得似当时,江淮之马不过十万匹。"宋马与契丹之比,不弱于南朝与北魏之比,而两宋之弱远过于六代,女真之肆过于拓跋,亦足明胡马之遂足渡浙,而宋自致之耳。

原载 1935 年 9 月《禹贡》半月刊第四卷第一期

从宋代的商税和城市
看中国封建社会的自然经济

　　商品关系是人类社会发展到一定历史时期所产生的经济现象。自从社会分工形成以后,商品关系便逐渐产生和发展起来。它经历了几个不同的历史时期,存在于不同的社会经济形态中。从表面上看,它好像是一种独立的经济现象,不是必然地和某一种生产方式联系在一起的。但是,它却必然地受着当时生产方式的制约,因而它在不同的历史时期呈现出不同的历史特点,起着不同的历史作用。因此,我们必须把商品关系放在一定的历史条件下来理解,才能正确认识它的历史意义。否则,我们便会被它的某些表面现象所迷惑而看不到问题的本质,甚至进而会影响到对当时社会发展过程的如实了解。

　　我们知道,封建社会是自然经济占统治地位的社会。在自然经济内,"农业生产物全然不加入流通过程,或仅有极小的部分加入流通过程,甚至代表地主的所得那部分生产物,也只有比较很小部分加入流通过程。"①因此,在封建社会里,商品关系是很微弱的。但是,在我国的封建社会,却一直存在某些从表面现象看来是商品关系颇为发达的社会现象。如何理解这些现象的本质,并揭示出它和当时占统治地位的自然经济的关系,这对于阐述我国封建社会自然经济的特点,有着重要的意义。

宋代的商税和都市,便是属于这一类的重要现象。宋代的商税曾高达二千二百多万贯,在王朝收入中占着相当大的比率。宋代的都市也曾呈现出某些繁荣的景况,都市人口也较前增加。宋代这些现象,可以说是我国封建社会发展期中的典型现象,对宋代这些现象进行探讨,可以起到理解我国封建社会这类现象的解剖麻雀的作用。

宋代的商税是由专门设置的"商税务"负责征课。商税务遍设于全国各地,除极个别的州、县外,一般都有设置。各州、县设"务"的数目多少不等,一般的县都设有一个以上的务。神宗时,全国共有一千二百多个县、军、监,而全国所设商税务竟多达二千一百多个②。因此,不少的场、镇,也都设有商税务。对于一些不便设置商税务的更小的场、镇,则采用"买扑"的办法,由商人或地主包揽,所

---

①　马克思《资本论》第三卷第 1026 页。
②　县、军、监数据《元丰九域志》,商税务数据《宋会要辑稿·食货》载熙宁十年数。

收的税款称为"坊场钱",也是商税的一种。此外,还有酒税、茶税、矾税、盐税等等,也都属于广义的商税范围之内,由专设的机构征课。但这几种征课都带有专卖性质,拟暂存而不论,仅就"商税""坊场钱"来作考察。

从商税务的分布状况和坊场钱的征课办法看来,可以说商税的征课组织遍布了全国各地,构成了细密的商税网。这一事实,已给我们指出了当时商税的主要来源是全国范围的县、镇场务。虽然某些大城市的商税务在征课数额上较一般县、镇场务为高,但其总额却并不大,不是商税的主要组成部分。我们曾作过一个统计,熙宁十年时,征课额在十万贯以上的场务,只有当时的首都东京一处;征课额在五万贯以上、十万贯以下的场务,只有十处;征课额在三万贯以上、五万贯以下的场务,也只二十八处①,三类合在一起,其总税额略为二百另五万贯,这和当时商税总额九百万贯比较起来,所占比重只不过是百分之二十略强。而其余的百分之八十,则是来自遍布全国的各县、镇场务。这还是仅就商税务所收商税来作比较,若再加上坊场钱来比较,其比率就更低得多了。史载元丰七年所征课坊场钱共六百九十八万缗,另谷、帛九十七万石、匹,略与商税相等,则所谓大城市所征课的商

---

① 本文所用各务商税额数字全据《宋会要辑稿·食货》所载熙宁十年数,以下并同。

税,就只能占到百分之十强了。由此可见,宋代商品交换的主要部分是分散在广大的小市场上进行的,而不是集中在所谓大城市。同时,一般地说,各"州"商税的多少,大抵和所辖县的多少、人口的多少是相关的,所辖县多、人口多,则商税多,所辖县少、人口少,商税就少。这种商税分散的情况,也正是商品交换分散进行的反映。商品交换集中在大都市进行,这是以后的发展;在唐宋时代,是应当适当估计的。

我们再来看看宋代的都市问题。非常巧,我们曾经统计过的三十九个商税额在三万贯以上的城市,竟没有一个不是"州"的治所所在,其中还有很多是"路"的首府。这一事实,说明了当时的大都市,一般都是政治中心。当然,其中也有一些城市的商品关系的繁荣是以经济上的原因更为主要。如秦州的成纪,商税额高达七万九千贯,应当是由于有对外贸易的关系。又如楚州山阳,商税额高达六万七千贯,这也应当是该地地居淮河、运河交叉点,海船可以直达,有着对外贸易的关系。又如广州番禺、密州诸城商税额各为三万六七千贯,也应当是受着海外贸易的影响(这些数字都不包括市舶司的税额)。但是,我们也不能过高地估计这一影响,比如泉州晋江,自来被认为是海外贸易的重要城市,但它的商税额却只有一万九千多贯,只不过与蜀州晋源一务的数额略等(晋源一万八千多贯)。晋源距离成都不过百里,根本说不上什么贸易中心,只不过是蜀州州治所在而已。

广大商品交换既在广阔的县、镇市场上进行,大城市主要是政治中心;因而侈谈什么商业都市的普遍发展,是没有什么意义的。

现在我们且再回到商税问题上来考察由商税分布所反映的商品流转情况。宋代的商税,有"过税"和"住税"之分。"行者赍货,谓之过税,每千钱算二十;居者市鬻,谓之住税,每千钱算三十。"①如果当时存在着大规模国内商品流转,则沿交通孔道的各商税务的税额就应特高。但在事实上却并不是这样。我们且就长江沿线江陵府、鄂州、蕲州、江州、池州、江宁府等地各场务来作分析。长江是当时最重要的交通路线之一,但沿江各务只江宁府治一务是四万五千贯,其余各务税额在二万贯以上至三万贯者只蕲州州治及蕲口二务,其税额在一万贯至二万贯者只有七务。其余各务都不到一万贯。重要口岸如江陵、沙市两务,也不过八九千贯。因此,沿线各州州治和县治的税额,和国内其他各州比较,并无特高之处。前面曾经谈到,税额在三万贯以上的场务全国共有三十九处,但在长江沿线只江宁府治一处。一万至三万贯的场务,全国计一百二三十处,但浩浩长江东西数千里却只占其中九处。因此,实在看不出沿江各务有税额特高的现象,

---

① 《宋史·食货志·商税》。

因而不能说沿江各务较之其他各州、县征课了更高比率的过税，因而也就不能说长江一线存在着大规模商品流转的现象。即令我们把沿江各州的商税全部当作过税，其总额也不过是二三十万贯，所能反映的商品流转量也很有限。我们若把沿江各务按顺序排列起来考察，能更有力的说明不存在大规模商品流转这一问题。按照规定，除了部分特定商品（如盐、茶、矾、酒及有特令者）外，一般商品都是每通过一务，即须课过税一次。通过商品多者，则所课过税多，通过商品少，则所课过税少。长江沿岸各州虽有一些较高税额的场务，但在这些较高税额的场务之间，却又常常存在一些低税额场务，这也正反映了商品流转的范围是很局限的，大规模商品流转是不存在的。如沙市务税额是八千多贯，汉阳务的税额是一万一千贯，但介于沙市、汉阳之间的监利、嘉鱼两务，却只各为二千贯和六百贯，可知从沙市到汉阳的一般商品绝不会超过六百贯过税的商品数量。又如池州池口务的商税额为一万三千贯，芜湖务的商税额是一万三千贯，但介于池口、芜湖之间的铜陵务却只有一千七百多贯，则从池口经铜陵到芜湖的一般商品绝不会超过一千七百贯过税的商品数量。作为当时最主要的水路干线的长江，犹且不存在大规模商品流转的现象，其他各地，就更不用说了。因而在宋代根本说不上什么"国内市场（或民族市场）"的问题。虽然在宋代的笔记小说中有不少远贾他乡的记载，但这绝不是当时商品关系的主流。

我们再看一看当时一般商品的内容，更能帮助我们理解这一问题。

自宋初以来，民间嫁娶妆奁、帏帐有税，典卖庄田、店宅有税，耕牛、骆驴过境有税，农器、鹅鸭、柴草、薪炭、竹木、纸扇、芒鞵、冰果、梳朴等细碎之物都有税，行旅河渡也有税。虽后来曾有一些减免调整，但熙宁三年仍说："自来场务课利增亏，并自本州保明三司立定新额，始牒转运司令本处趁办，往复经动年岁，虚有留滞，莫若令本州自此立定祖额比较。有旨从之。而本州比较自此始，商税轻重皆出官吏之意，有增而无减矣。"①到徽宗时仍令："凡民衣屦、谷菽、鸡鱼、果蔬、炭柴、磁瓦器之类，并蠲其税。""供家服用之物免税。"高宗时犹令："竹、木、砖、瓦免税。""北来归正人、两淮复业人，在路不得收税"，"空身行旅不得税"，"牛、米、柴、面，民间日用所需免税"。凡这些后来免税的项目，正是前此收税的对象。甚至滨江之民担鱼鲊于村落博卖谓之漏税，贫民博易琐细于村落谓之漏税，溪箔贩运火柴，每束收五六文。又有因收税而在州、县二三十里之外拦掠村民，有勒配人户，有衙前备偿，有各路支移，有民间所织缣、帛非鬻卖者也征商税。行市易法时，所收之税不及十文亦收事例钱十文，苎麻一斤收

---

① 《文献通考》卷十四引陈止斋说。

钱五文,山豆根一斤收钱五文,却别要事例钱十文。琐碎烦苛以至于此。这些征课对象中,除典卖田庄店宅、行旅、河渡等根本不属商品范围,另一部分是酷吏烦扰外,其余商品中主要是米面、柴草、薪炭、鹅鸭及衣物、布帛等等日常生活用品。就严格意义上讲,如米面、柴草之类,也很难称之为"商品"。我们知道,所谓"商品",是以交换为目的而生产的;而这类商品,则很大部分是直接生产者为了满足自身需要或封建统治阶级的需要而生产的,只是为了满足封建统治阶级的剥削需求(如捐税等等),或为了取得自己所不能生产的手工业品,才拿出部分剩余产物到市场上进行交换。这种性质的商品和直接为了交换而生产的商品,应当是有所区别的,与其称之为"商品",无宁称之为带有商品形式的生产物。这种商品和这类市场的存在,绝不开始于宋代,而对这类商品进行征课则集中地表现在宋代,因此,这种课税,与其看作是商品关系发展了的反映,无宁看作是统治阶级加予农民的另一种形式的残酷剥削。这种商品关系,正如恩格斯所说:"只要每一农户或至少每一农村所需的工业品还都是自行生产而极少仰求商业,那末工业本身就始终是封建性的工业。……只要这一工业还停留在工场手工业和农村工业的水平,只输出少量的内地产品,而很少进行对外贸易,它就只能存在于一定的区域。"①列宁也曾说过:资本主义以前,"在旧的生产方式下,各个经济单位能存在好几世纪,无论在性质上或者在数量上都没有变化,而且也不超出地主的世袭领地、农村或农村手艺人和小工业者(所谓手工业者)的小市集的界限。"②宋代社会正是如此,商品交换主要是在乡间小市镇上进行,商品流通不发达,因而商税便主要来自县、镇场务,在商税中也看不出过税特殊的现象。

在考察了商税对象、商品内容之后,我们再回过头来看当时的都市。虽然有些城市的商税数额稍高一些,但其商品内容仍不超出上述范围,只是交换总额更大一些而已。由于当时的城市主要是政治中心,是地主、官僚荟萃之所,政治地位越重要,地主、官僚也就荟萃愈多,他们和他们的扈从人员的消费量也就越多,商税数额当然也就随着增高。因而一般县城的商税额较集镇为高,州治又较县城为高,府、路治所一般又较高,而京师是最高,这完全是合乎规律的。当然,我并没有完全否定商业性都市存在的意图,而只是认为不应当一般地把都市都看作是商业性都市,而应当看到它的消费性的一面;而且,一般地说,这是主要的一面。

---

① 《马克思、恩格斯全集》第四卷第 519 页。
② 《列宁全集》第三卷第 45 页。

宋代的都市既一般地不是商业性都市，当然更说不上是手工业城市了。关于这一问题，从北宋初年王小波、李顺的起义能得到很好的说明。据记载，王、李起义的直接原因是宋平蜀后，设置博买务，实行布帛专卖，垄断布帛市场，而主持专卖的官吏又苛求无厌，致使人民生活日益困难，于是爆发了以王小波为首的农民起义。不言而喻，和布帛专卖密切相关的是纺织手工业，假如当时纺织手工业是集中在城市，则这次起义首先应当在城市爆发，而其基本群众也应当是手工业者或手工业帮工。但是，这次起义却首先爆发在农村，而基本群众全是农民；这正说明了当时受到布帛专卖的直接影响的是农业与手工业结合的农民。《揭文安公集》也清楚地记载着："都江堰沿渠所置碓磑，纺织之处以千万计。"纺织手工业遍布农村，正是自然经济占统治地位时期的特点。我们在分析封建社会手工业时，如果对这种情况认识不足而片面强调城市手工业，是不够妥当的。

商税的征课，并不开始于宋代，先秦时所谓"关市之赋"，汉代所谓"市租""算缗"，东晋南朝所谓"输估""散估"，北朝的"入市钱""关市邸店之税"，等等，都是与宋代商税同一性质的征课。唐代的商税，初时并未独立，按均田制的规定，商人也要授田，这正反映出很多商人还没有完全脱离农业。行"两税法"之初，商税也还包括在两税之内，多数商人是两税户。这都说明唐中叶以前的商品关系还不发达。到唐后期,才在两税中把商税独立出来。到五代十国时,各个封建割据政权为了尽力搜刮民财,于是巧立各种商税项目。到了宋代,才开始有统一的商税则例,免除了一些旧日的苛税;但到后来,也仍日趋烦苛。因此,宋代的商税并不是突然出现的新东西,它是有着一定的继承关系的;虽然宋代的商品关系较前此复杂、较前此发展,但我们绝不能脱离它的继承基础、脱离当时的历史条件来理解它的发展。我们知道,宋以前的商品关系是不发达的,宋代也仍然是自然经济占统治地位的时代,因而宋代商税所反映出当时不存在大规模商品流转、商品交换,一般都只在狭小的区域内进行,没有什么商业性城市的普遍发展,一般的城市是政治中心消费性城市,等等,是符合实际的。

到明代初期,所征商税仍然是:"军民嫁娶丧祭之物,舟车织布,俱所不免,至为纤悉。"永乐时虽曾令"即凡嫁娶丧祭时节礼物、自织布帛、农器、食品,及买既税之物、车船运已货、菜蔬杂果非市贩者,俱免税",但到后来,同样又日趋烦扰,有所谓"落地税",其性质及内容与宋代商税仍基本上相同。但在明代,我们应当注意的是宣德时钞关制度的出现。钞关制度是过税的进一步发展,是介于过税和近代关税之间的一种征商制度。钞关制度的逐步完善和发展,反映了商品关系在明清时代的发展,商品流转的范围和数量在逐步扩大。钞关所入逐渐在政府收入中取代了商税的地位。最后,钞关发展成为清季的厘金。这时,已经是近代意义的商品关系的反映了,已是整个社会发生根本变化的一个侧面了。历史是发展的,商税也在不断变化,绝不能把封建社会的商税和资本主义性质的商税等同起来,不能把封建社会的商业和资本主义性质的商业混淆起来。对古文献上的某些不够明确、不够具体的记载,如"百货骈集""万商之渊"之类的话,应当审慎的对待,应当结合具体材料予以如实的估计,不能被这些不精确的语言所迷惑了。

宋代的商品关系既如上述,则宋以前的情况就更可想而知。但是,我们在分析西汉商品关系时,晁错所说"富商大贾,周流天下","千里游遨,冠盖相望"等等不着实际的文学修辞和《史记·货殖列传》对各地大都市的叙列,常常把我们引向"商业发达,都市繁荣"的迷途。我们除了对文学意味的语言应采取审慎态度外,对于《史记·货殖列传》的记叙,不能不给以新的认识。

司马迁在《货殖列传》中列举了十九个大城市。但是,他却只把其中九个城市突出为"此亦一都会也"①。很显然,他对这九个都会是给予特别的地位的。他为什么特别重视这九个都会呢? 这是值得注意的。是由于商业性上的重要性吗? 则其余十个城市中很多城市的商业意

---

① 《史记·货殖列传》与《汉书·地理志》所记略有出入,应互相补充。

义绝不低于这九个都会中的某些都会。是由于规模大、人口多吗？但《汉书·地理志》所载五万多户的洛阳、鲁国，六万多户的茂陵，七万多户的成都，四万多户的鄢陵、彭城，都不在都会之列，而人户不到四万户的临淄却又被列入①。很显然，这两个理由都是不能成立的。经过仔细考察，我认为作为取舍的标准是：是否是政治中心。这九个都会，正是齐、楚、燕、赵、韩、梁、吴、越等八个国家的都城②。如楚国的都城，《史记》《汉书》各举了寿春、江陵，是因为楚国先后有两个都城。又说："鸿沟以东，芒砀以北，此梁、宋也。陶、睢阳，亦一都会也。"陶和睢阳相隔数百里，显然是两个都会，太史公为何认为是"亦一都会"呢？既说是"此梁、宋也"，又为什么不举梁的都城大梁呢？其原因当是：梁孝王封梁时，初都大梁，后徙睢阳；楚、汉间彭越封梁王，都定陶。都定陶时，睢阳不是都会；都睢阳时，定陶不是都会。故并举陶、睢阳，认为是"亦一都会"。不列会稽，而列番禺，显然是赵佗都番禺之故。这九个都会既是八国都城，很显然是以政治中心作取舍标准的。但是，它们虽是政治中心，也还有一定的商业，只不过是

---

① 《史记·补三王世家》载武帝说临淄十万户，说明当时已没有十万户了。依《汉书·地理志》的体例，四万户以上的县，都记户、口数，而临淄不在此内，故认为不到四万户。应当是由于诸田徙关中之故。

② 但宛被列在"都会"之列，是唯一的例外，可能是由于秦迁不轨之民于南阳，而特予重视。

以政治为主而商业为从而已。政治、商业既有主从之别，我们就不应该过高的评价其商业性的一面，而应当着重的看到它的政治性、消费性的一面。当然，我们也决不是否定西汉存在着以商业性为主的城市。《盐铁论·通有篇》说："燕之涿蓟，赵之邯郸，魏之温轵，韩之荥阳，齐之临淄，楚之宛丘，郑之阳翟，三川之二周，富冠海内，皆为天下名都。"这里不举吴、越，而加列周、郑，正是从商业性上来考虑。《史记·货殖列传》列举了扬、平阳、陈、温、轵、洛阳，也是从商业性上考虑，但它们却都不被列入"都会"之列。由此可知，汉人所重视的是政治上的重要性，只有政治中心可称之为"都会"，而商业性的名都则不是首被重视的对象。这一事实也正说明了当时的商业，在人民生活中还未能占居重要的地位。但是，我们出生在两千多年后的某些同志却大肆强调当时商业的繁荣情况，强调商业在当时经济生活中的重要性等等，这是完全没有必要的，也是根据不足的。

古人常说"日中而市"，这种"市"，正是广大人民群众的市。《周官》说"五十里有市"，正是这种市。五十里正是当天一往返的行程。古人又说"前朝后市"，这是剥削阶级"朝夕得所求"的市。这种市是可以"朝时而市""夕时而市"的。这两种市，是既有区别而又有共同性的，其区别是在规模上、在作用上都各不同。其共同性是：两者都是自然经济条件下的交换市场，无论商品性质、流转范围都是很有限的。这种情况在我国一直延续了两千多年，直到鸦片战争以后，才从根本上发生变化。宋代商税、坊场钱的征课网遍布到全国各地，正是由这种情况所决定的。两种"市"的同时并存，是理解我国古代商品关系的不可分割的两个方面，忽视了任何一个方面，都是片面的。特别是充分反映封建社会自然经济的广大的乡、镇的"市"，在过去更常常为人们所忽视，以致产生某些对中世纪商业和都市估计过高的偏向，这是值得我们注意的。

关于中国封建社会自然经济的问题很大，我在这里只是从宋代的商税和都市——更多的是从商税——这一侧面粗略地作一考察，当然很不全面，很多问题也还需要进一步研究。现在仅把一些粗浅的看法提出来和同志们商榷。

这是作者在四川省一次学术讨论会上的发言，发表前只略加整理，疏谬之处，尚希读者指正。

文通附记
一九六一年七月

原载 1961 年《历史研究》第四期

从《采石瓜洲毙亮记》
看宋代野史中的新闻报导

一

我们中国是史料最丰富的国家。尤其是宋明两代野史之多，为我国任何时期所不及。如像朱晦庵的《五朝三朝名臣言行录》，每一人的传都是取十多种材料或几十种材料写成的。如像《三朝北盟会编》一书，只记徽宗、钦宗、高宗几十年间女真南侵宋廷的事，所采用的野史就有二百多种。至于在《续资治通鉴长编》和《建炎以来系年要录》两书注中，我们见到有关这三朝的野史，为《北盟会编》不曾引用的又有很多。单是虞允文在采石瓜洲这一战役的记载，今天所能看见的有关材料就不下二十种。宋代野史的丰富就于此可见。但是，这些记事里面参差抵触之处不少，治史的人就不得不下一番功夫，从许多矛盾复杂的材料中把采石瓜洲这一战役的真相和意义探讨出来。

现在,我们暂时不讨论这许多野史的谁是谁非,我们单是从这些野史中去发现那些完全是属于新闻报导性质的问题。这一类型的野史的研究和确定,就可以说明我国在前代邸钞、朝报的简略纪叙之外,宋代已有详备的新闻报导了。

二

李调元刻的《函海》这部丛书中,有《采石瓜洲毙亮记》一种,专记虞允文对金海陵王亮战事的始末。这书在清代是应在禁书之列,《四库书目》未著录,刻书应当在四库成书前(一七八二年),但书既刻成,就只好将书中的所谓违碍字如"夷狄""寇贼"等,一一加以剜改,书名中"毙亮"二字亦并删去,遂改为《采石瓜洲记》。此书的初印本极少。北京图书馆所收傅沅叔先生藏书中的《函海》,现藏重庆西南人民图书馆的即是此本。普通所见的《函海》都是剜改后印本。我手边所存的是初印本残卷,虽然阙首二页,但亦觉可贵。至于清末广汉张氏重刻《函海》小字本,却是从初印本重刻的,凡经剜改的字都仍旧未改。可惜重刻时又添了几个错字,剜改后印本比初印本也校正了八个错字。这是《函海》前后刻本,和中经剜改三本的不同。这部书就是我前面所说的,宋代有新闻报导性质的野史之一。

这部书的作者,《函海》刻本题宋潼川蹇驹撰。考《绍兴十八年题名录》说:"蹇驹,潼川府盐亭县龙池乡龙池里人。"又《绍兴十八年同年小录》说:"驹字少刘,小字蟾客,绍兴十八年三甲第七名进士。"这两本小书之得保存,是因为朱晦庵也是这一年的进士的原故而留传下来的。从这两本书,我们才知道蹇驹是潼川府的盐亭县人。又从冯时可《缙云集》后附有一篇《古城冯侯庙碑》,题言奉朝郎权发遣雅州军州事主管学事沿边都巡检使蹇驹撰,知道他的官职。蹇驹生平仕履可考的不过如此。我们从少刘这部书中,又知道他为虞允文门下士,参与过虞允文的幕府,知道采石一战前后的事迹甚详,因此他才有这一部书的写作,也就是作为采石战役的宣传品。

《采石瓜洲毙亮记》这部书,既不见于清人《四库书目》,亦不见于《宋史·艺文志》,但《函海》刻本后有陆梅谷跋说:"是书向无刊本,偶于马云衢斋头借得善本,云从南宋太庙前尹家铺行本影摹,爰以付削氏。"这样,我们就知道这部书虽然不见于各家著录,可是它正渊源于宋本,确有来历,决非虚造。但是李心传《建炎以来系年要录》第一百四十九卷和徐梦莘《三朝北盟会编》第二百四十一卷皆引有蹇驹所作《虞尚书采石瓜洲毙亮记》的文字,我们取来和《函海》本《毙亮记》合校,三本文字无一相合之处,这就令人奇怪了。《北盟会编》第二百四十八卷中,又引有《张焘行状》,内里一段文字叙述采石战事,和李心传所引的《毙亮记》完全相同,这就可知《建炎以来系年要

录》所引的确为《张焘行状》里所记的，不知道李氏何以误
为蹇驹的书，这也还是一个疑问。再有赵甡之《遗史》说：
"允文有门下士，掇拾三札，溢其虚美，作为记事之文，夸
大允文之功。允文蜀人，首自蜀中传写，众皆和之，于是
蜀人家家有传本矣。"这里我们看到赵氏所说的允文有门
下士，当然是指的蹇驹无疑。因为《毙亮记》后曾说："驹
以门下士获侍燕间，闻是事甚详。"那末我们就知道赵氏
所指的就的确是蹇驹的书了。但是此书既然蜀人家家有
传本，而李心传就是蜀人，何以他又把《张焘行状》误认为
《毙亮记》？我们推测大概史家搜集的材料多了，一时误
甲为乙，亦意中之事。不过李焘与李心传都是南宋有名
的第一流史学家，仍有这种错误，亦可见考订是件不易的
事了。精卓如二李，错误也是不能免的。总之，无论如
何，《建炎以来系年要录》所引的是《张焘行状》，而非《毙
亮记》，这是明白易见的；因为比对文字，二者都是全然相
符的。

　　三种不同的《采石瓜洲毙亮记》，已经证明李心传所
引的一种是错甲为乙，但是此外却还有两种不同的本子：
一从南宋本出来的，一见宋人徐梦莘所引的。而这两种
又明明都是有来历的，不能断然地说谁真谁伪。李心传
又引《毙亮记》中"壬寅成闵复扬州"一段，与徐梦莘所引
本相合，而《函海》刻本里就无这一段。赵甡之所说"允文
门下士"一段，只有《函海》本有此语，徐梦莘所引本又没

有，因此我们就知道这两本都是宋人所见的，都是真的，都是蹇驹作的。那末蹇驹一人为什么要作两本不同的《毙亮记》？徐梦莘、李心传、赵甡之都是隔蹇驹不远的人，想来他们是不会有错的。这真有点令人难解了。是不是另有一人也作过《毙亮记》，被误认为蹇驹之作呢？

《建炎以来系年要录》一百九十四卷在《毙亮记》后，又引了员兴宗《采石大战始末》，同样徐梦莘书在引《毙亮记》后，亦引有员兴宗《采石战胜录》。兴宗《九华集》中亦备载《采石大战始末》，《战胜录》和《大战始末》的文句大致相同，仅仅小有差异。那末员兴宗关于采石一战，亦著有二书了。这样，在宋代一个人对同一事件有两部书来记载，自是常事，蹇驹之外我们又见到员兴宗。就证明两种不同的《采石瓜洲毙亮记》确都是蹇驹一人所作的，徐、赵诸人断不至误。员兴宗是蜀之仁寿人，字显道，和虞允文是同县人，自号九华山人，以荐除教授，擢著作郎、国史馆编修、实录院检讨，乾道中奉祠去。蹇、员两家所著四种不同的书，都是极力称道虞允文采石战功的作品。因此我们对野史的研究就得更深入一层去理解了。

究竟蹇驹为什么要作两种《采石瓜洲毙亮记》呢？两种的不同在哪里呢？很显然的，《函海》本《毙亮记》中多用俗语方言，是语体一类的作品。《会编》所收《毙亮记》却将俗语琐事都删去，是部文言作品。《会编》前有采用书目，又称之为《乾道采石瓜洲毙亮记》，但考采石一战却在绍兴三十一年十一月,而虞允文奉命宣陕在三十二年二月,蹇书记事即止于此。蹇氏作书必定在这一年二月之后无疑。到六月,高宗就内禅了,他书中对高宗称上而不称上皇,就知道成书必定在六月之前。明年为孝宗隆兴元年,岁次癸未,下至乾道相隔数年之久。那末徐引蹇书何以又称乾道呢? 或者是蹇氏于乾道时重加修订的。因此《函海》刻本就应该是初修本了。傅沅叔先生《宋代蜀文辑存》里,从旧钞本《采石瓜洲毙亮记》中录出刻书序文一篇,末云:"隆兴改元,昭阳协洽,得月轩漫叟书。"昭阳正是癸未,协洽是七月,蹇书刻成后,漫叟为他作了一篇序,漫叟又是何人呢? 他又说冯持约秀才刻此书,然而冯的籍贯一切都不能考。那末蹇驹是作书的人,漫叟是作序的人,绝不能混淆。而沅叔先生却把这篇序当成是蹇驹作的,这是傅先生年老疏忽搞错了。钞本原书我虽未看见,想必和《函海》本同是一书。那末《函海》所刻的就可以称隆兴本了。而《北盟会编》所载的自是乾道本了。两本对比,乾道本是把在前江北的战事补了好多,却把杀妓女花不如和鳖爬竹稍的笑话等删去,文内也把许多俗语改了,书的面目自然完整严肃一些。这就知道语体本作成在先,是仓卒写成的,文言本就作成在后。

员兴宗的书也同样的,一部是文言,一部是语体,这怕就有意义了。称《采石大战始末》的一部是语体,称《采石战胜录》的一部是文言。也应该是语体在前,而文言本在后。《战胜录》叙述李显忠到采石以后的事,比语体本详细一些,两书虽然同是止于绍兴三十二年二月,和塞驹的两本书相同,但员书后一本所增加的一些事实,很明显的看得出就是把塞书隆兴本所有的事实取来添在自己书里。所以说,文言本称《战胜录》的是后订本了。塞、员两家的书初订本都是语体,后订本都改成文言;两家作书的时间、初本的写成都同在绍兴三十二年,记事同是停止在这一年的二月,但两家又各不相知,所以他们各有所遗漏,员氏见了塞书之后,才又取塞书所有补自己所无,因之改名为《战胜录》。这一重订工作,恐怕距初本写成时很近的,所以前后两书的差异比较少些,文句出入也还不大,还很难说两本性质上有哪些不同。而塞书二本的差异就比较大了,所以使人感觉到前后两种《采石瓜洲毙亮记》意义应该是迥然有别的。

宋代每一次战功都有很多重复叙述的一些专书。即如刘锜顺昌一战,《北盟会编》引有杨汝翼《顺昌战胜破贼录》,这书也是语体。《系年要录》又引有郭乔年《顺昌破敌录》却是文言。徐引杨录是全部,李引郭录仅为节取,郭录所序的事,都见杨录之内。惟郭叙王山说金兵事一段,为杨书所无,似郭依据汪海若札子补入。这显然杨书在前、郭书在后了。徐氏《北盟会编》又引有明廷杰《保蜀功绩记》,李氏《要录》又引有费士羲《蜀口用兵录》,这些都是叙述吴玠在蜀口的战绩。宋代的野史,真是够多,例子是举不完的。杨汝翼这一部语体的《顺昌战胜破贼录》末后说："某以前后所见，叙为纪实，甚无文采。且将过江，贻诸亲旧。"蹇书隆兴语体本末后说："驹闻此事甚详，退录之，以报里中亲友。"两者相较，使我们知道初成的语体本的性质，只在对时事的及时报导，意义只在普及面的广，所以谦虚地说"以报里中亲友"，或说"过江贻诸亲旧"。这显然说明当时的记载并非为了传之永久。相反的，蹇书乾道文言本说："异时国史大书特书，与宋匹休，荐绅巨工亦必有能效勒燕然铭、颂淮西碑以扬厉无前之绩者。"张发序《保蜀功绩记》说他自己作的《保蜀功勤录》："庶备国史异时采择。"他就把《功绩记》附在《功勤录》的后面，《保蜀功绩记》的全文见于杜大珪撰《名臣碑传琬琰之集》上编第十二卷内，正是一篇很典重的文言作品。用这两者来比较，我们就知道文言本的性质是在垂后，显然是作史了。语体本都是初成的书，出于急就草率一点，事既不必详备，文也不必典雅，而意在通俗。这明明是属于新闻报导的性质。宋代野史的丰富，就是社会有新闻报导的要求和可能，野史中有不少是这一类型的著作，所以比之前代史料就更多一些了。

蹇驹隆兴本《采石瓜洲毙亮记》和杨汝翼《顺昌战胜破贼录》虽然同是新闻报导，同是语体，旨在通俗，但却为文言、白话间用的，和《宣和遗事》文体相似。万历刻本《杨家府世代忠勇演义志传》和万历刻本《北宋杨家将传》

也是白话、文言间用。语体文早期原是如此。像《水浒传》等专用语体文著书应该是后来才有的。唐代禅宗的语录，宋代理学家的语录，也无一不是文言、白话间用。当初也只能如此。陆梅谷跋隆兴本说："古文传记，苦史笔庸下，若此乃铁中铮铮者。"这本语体著作多用政府札钞一类文句，和世俗说话相同，正与刘知几所说"方言世语，由此毕彰"，文既生动，精采逼真，叙事使人如目见。乾道重订本改为文言，颜色已觉得有些暗淡。至于李氏《系年要录》所引的《毙亮记》，和《张焘行状》相同，那篇文章李氏评他为"虽简而尽"，其实就死气沉沉了。本来寿序、行状一类作品里面，自来就很难有好文章。

　　还有一个不易明白李氏误《张焘行状》为《毙亮记》的问题。《采石瓜洲毙亮记》李心传自然都看过。蹇、员二家的书，篇幅多少约略相等，惟李引张氏《行状》一段叙事颇简，李氏既说"蹇书虽简而尽，员书记载差详"，如此批评，那就是真以《行状》为《毙亮记》了。由《行状》中"诸将尽伏山崦"一段考之，别的记载和员、蹇两书四本皆没有这一事，但《系年要录》《朝野杂记》都采用此语，可见李心传颇重视这一记载，就更不应该错误。李璧《中兴战功录》、熊克《中兴小录》都用有这一句，可见这段文字是史料中很重要的，所以后来各个史家都引用它。但这一段究竟是《行状》或《毙亮记》的文字，应该要弄清楚。我们知道宋代和六朝一样，因为史料佚文存在的尚多，某些书的材料,是根据某一书来的,往往可考;史料的来源,这是史家重要的事,宋人都很注意这一点。二李的史学在宋时应当是首屈一指的,何至如此错误呢? 但我们又不能不认为李引《毙亮记》确为《张焘行状》之误,其理由不仅是《张焘行状》文字具在,一校可知,即使骞驹要作一种如这样文字非常简洁的书,但这一段区区短文,如何能成为一部《虞尚书采石瓜洲毙亮记》的书呢?

《毙亮记》是采石一战刚刚结束时所写的,这是最直接的原始数据。这就是宋人叫的史底,是最可宝贵的东西。因为它是最坦率、最朴质、专为记这一战役而作的,不是后来别有用心的叙述。对虞允文这次战功痛加诋毁的莫如王明清的《挥麈录》和赵甡之的《遗史》。他们说:"王权欲以死报国,诸将已却敌,而允文后至采石。"又说:"时王权方去军二日,权不去则为权之功。"把王权在江北弃军不战的罪,掩盖不说;把海陵王的大军不能渡江,不认为是宋水军战斗英勇之功,而说成是一夜忽然沙塞了杨林河口。但终无法说完颜亮不是用绝大兵力从海道、陆路分道南侵,有他一定的企图。若不是虞允文作战努力,完颜亮为何会临江不渡? 使他的目的显然没能达到。无论王、赵两家如何形容虞允文的无能和可笑,然而这一战金兵失败了,总是事实。又如冯履记:"虞允文过江督追师,四日,见虞困在雪中。"连日子都没搞清楚,李微之已加以驳斥了。这类别有用心、颠倒是非黑白,真是可恨可耻。另一方面欲帮虞允文辨雪，又把这一战役铺张夸大。杨万里作《允文神道碑》可笑到了顶点。即如塞记北舟到南岸的仅七舟，战中死二千七百余人，内万户一人，生获千户五人，女真三百余人，这是真正的情况。后来的作者对这些数字都递有增加，用来说明采石是一次伟大战役，藉以显示虞允文的勋绩，殊不知那是用不着的。因为虞允文《江上三札》说得很明白的，塞书和他是相符合的。若是加以铺张夸大，反转成为虚构，使人怀疑。大概采石一战，主要是水军堵住杨林河口，金兵不能全部出江，而中流的水军截击敌兵，使他们出江的不能全部到达南岸。正不必虚增金军上岸的人数，和被擒、被杀的人数，才是一大战功。只是金兵以大力来攻，五道并进，终于失败，不能渡江，以至金主死于瓜洲，宋兵旋即收复两淮失地，这就是虞允文的战功了。这样可见新闻报导性质是最早最原始的史料，最可宝贵。后来辗转叙述，或加诋诬，或加夸饰，都是可耻而无用的。

南宋初年每一战役，都有很多不同的记载，主战派不免过事夸张，主和派又是横加毁谤，如何仔细去寻求原始可信的资料是很重要的工作。建炎四年以前，官军朽腐无用，战场天天南移，不能战的事实是不必掩饰的。建炎四年以后，民兵的力量长成，战场渐渐由江南、淮南移到淮北了，战场的北移，就是宋强的表现，许多诬词，不辩自明。但夸张过甚的记述，还是不用的好。由此更知道，

《十三处战功录》根本是为韩侂胄准备伐金写的。秦桧主和,就要先杀岳飞,秦桧对战功的看法是不同的。韩侂胄要战,就要先追封岳飞,对战功的看法就又不同了。建炎四年以前,南宋初建,是不能战的,当时指摘这种情况的文字,是不能引用来批评以后的战事;建炎四年以后是能战了,这时称颂这种情况的文字,也不好引用来估计以前许多战事。历史的本身天天在变动发展中,即如北宋庆历以前宰相、言官各是另一种风气,那些材料都不能用来说明庆历以后的情况;北宋末年的太学生和南宋末年的太学生风气的差异真有天渊之隔是很显然的。同一类型的人前后的作风原就太相远了,作用也太相远了,都不能不分开来论。假如把指这一时的情况,说成是指那一时的,一例看待,就未免有些混淆了。史料是构成历史的基石,而史料的来源则是多方面的,即如曲端、张凌两人的是非,野史各种记载是不同的,章惇对苏轼是善意还是恶意,各种野史的记载也是不同的。究竟谁可信、谁不可信,这种矛盾的材料,总须得到解决才可使用。偏信偏疑就不是忠诚的态度了。我看每一人的全部书中,都可以看出他叙许多事中的一个共同偏向,从他的偏向就可以断定他对某些问题的材料可信或不可信了。许多野史记载的不同,都应当先研究作者是何种人,他为什么要这样说。解决了这些问题,才可以少些错误。总之,时代稍后的历史记载可信的成分就减少了一些,最初的史底是值得我们用力的。叙述采石战事的宋人著作二十多种当中，自然蹇驹的《采石瓜洲毙亮记》最真实也最可贵了。杨汝翼的《顺昌战胜破贼录》和蹇驹《毙亮记》是同一性质，都是最早的新闻报导，也同样是有最大价值的。宋人野史中这一类型、这一性质的阐明，其他著作都可以例推寻，材料就很多了。

三

《函海》既有初刻和剜改二本，我取两本校对，订正了一百多字。初刻本从陆梅谷刻本出，错误羡脱，已经不是宋本面目，不能说是善本，颇多难读之处。就再取《北盟会编》所载乾道本校对，因文句很多是相同的。赵甡之说此书为掇拾允文三札，就又依赵书三札原文再校。又，允文《论江上事宜》一札，存于《历代名臣奏议》当中，亦是此书取材之一，又取校一过。原书后附绍兴三诏，脱文颇多，就取《会编》所载三诏原文来校。还有的误字，又取员兴宗《采石大战始末》和欧阳忞《败盟记》再校。因为这两部书记事和蹇驹很相近。徐氏《会编》叙事很像就是节取蹇氏原书，也校对一过，又共校出一百多处。我对这本书，比《函海》刻本已经改正得很多了，只是傅沅叔先生所藏的钞本还未见到。傅先生另有部钞本《三朝北盟会编》，是张金吾爱日精庐旧藏，应当比许刻唐校本好一些，也不知现在何处，都未能一一校对，真是憾事。至于这书缺略的地方，和别的宋人记载二十多种不同的地方，都应该把那些材料用来作注，那些材料谁好、谁不好、谁是因为怎样才不好，就自然明白了，但这一工作只有等到将来再说。

一九五五年二月写于成都

原载 1955 年《四川大学学报》（社会科学版）第 2 期

附：《采石瓜洲毙亮记》书后

李氏《函海》有《采石瓜洲毙亮记》一卷，云宋潼川蹇驹撰。考《绍兴十八年题名录》言："蹇驹，潼川府盐亭县龙池乡龙池里人。"则驹盐亭人也。又《绍兴十八年同年小录》言："驹字少刘，小字蟾客，绍兴十八年三甲第七名进士。"冯时行《缙云集》后附《古城冯侯庙碑》，末署奉朝郎权发遣雅州军州事主管学事沿边都巡检使蹇驹撰。其仕履之可考者仅如此。《函海》本出于奇晋斋丛谈，陆梅谷云："是书向无刊本，偶于马云衢斋头借得善本，云从南京太庙前尹家铺行本影摹，爰以付削氏。"可见此书之源流自宋本出。惟《宋史·艺文志》不著录，亦鲜见于各家庋藏。清代《四库书目》亦无之。李心传《建炎以来系年要录》卷一百九十四、徐梦莘《三朝北盟会编》卷二百四十一皆引《虞尚书采石毙亮记》，当是其原名。李雨村叙此书云："今名《采石瓜州记》,存原名也。"盖以清世多所避忌,《函海》特改之以为原名云耳。然于篇中仍题《采石瓜州毙亮记》,则亦未改。惟《函海》有二本,后刻小字本如此,前刻之大字本已经削"毙亮"二字。小字本"虏""贼"诸字,大字本亦易为"金""敌"等等,盖循清修《四库》书例。全书凡改百许字,惟小字本独未改,所以为善。意者李氏初刻大字系依原书,后乃剜改修补,痕迹宛然具存。光绪间广汉重刻小字本,当据李氏初印未改者为底本,故翻为原书面目。此则校两本异同而可知者。然初本凡误八字,剜改本已校正之,则后印本亦有其善处。予最后乃得初印大字本未经剜改者为书般薛新民所赠,始确定予拟议之非诬。惜缺卷首二页,非完璧也。至书之原名为《采石瓜洲毙亮记》,亦于此可确定也。

李、徐两巨编同引《毙亮记》,以《函海》本校之,则三者无一能合。何以一人之书而有三本不同,斯大可异。李、徐两家于引蹇驹书后同引员兴宗《采石大战始末》,而徐引名书作《采石战胜录》,兴宗《九华集》备载此篇,亦作《采石大战始末》,员书以三本相校,大致皆同,仅文句小异,惟李引略有删节,徐引以《九华集》校之,俨然完书,知徐引蹇作亦为完书。微之云:"《毙亮录》所书虽简而尽,员兴宗记载差详。"殆采石之功,张皇其事者实以二家为最,故微之云然。亦以是故,李、徐并征引及之。李引蹇书及评骘之语,先后分明,当不致有误,何以二家同引一书大异如此？及考之徐书卷二百四十八引《张焘行状》，以考李氏所称蹇书，即节取《行状》述采石事，文句悉同。是李误以《张焘行状》为《采石记》。以巽岩史学之精，号称绝伦，顾有此失，斯知考论之事诚为不易。赵甡之《遗史》云："允文有门下士拾掇三札，溢其虚美，作为记事之文，夸大允文之功。允文蜀人，首自蜀中传写，众皆和之，于是蜀人家家有传本矣。"赵书与王明清《挥麈录》二者皆极诋允文，谓："王权欲以死报国，诸将已却敌，而允文后至采石。"又谓："时王权方去军两日，权不去则为权之功，事之有幸不幸也。"厚诬允文而盛称王权，倒置黑白是非之口，诚不必论。冯履记虞允文过江督追师，四日见虞在雪中。虞回扬见范文云："悔不听兄言，几至狼狈。"李微之谓："此记差误，若允文渡江四日而后回扬州，则初六何以遽至行在？"盖彬甫以书生骤建大功，誉高毁至，一时纪录之失实者固多，无足异也。蹇书末云"驹以门下士闻此事甚详，退录之以报里中亲友"云云。则甡之所谓"允文门下士拾掇三札，溢其虚美，作为记事之文"，正指少刘之作。然于是可知蹇书在蜀家有传本。微之固蜀人，乃误以《张焘行状》为蹇书，非事之至可慨者欤！员、蹇两家篇轴相等，李云员详蹇简，则真以行状为少刘之书。由诸将尽伏山崦一事核之，仅《张焘行状》有此记载，而李壁《中兴战功录》、熊克《中兴小录》，及李氏《系年要录》《朝野杂记》二书，皆本此为说，是李所藉以论采石之文献莫重于此,宜不至有误,则所引应确为少刘之原书,乃又确为行状之文,斯诚大可骇异也。

徐引塞书与陆梅谷本不同,其故殆亦有可考。傅沅翁《宋代蜀文辑存》从旧钞本录《毙亮记序》云:"隆兴改元,昭阳协洽,得月轩漫叟书。"则隆兴元年癸未也。考采石之战为绍兴三十一年十一月,而虞允文宣陕之命为三十二年之二月,少刘记事止于此,则其成书在是年二月以后。而高宗以六月内禅,书中皆称上,则成书当在六月以前。明年为孝宗隆兴元年,岁次癸未。冯持约秀才刻书于七月,漫叟为之叙,则此固少刘书之初本也。徐梦莘书卷首备列采用书目,称《乾道采石毙亮记》。采石之事,何关乾道,下至乾道,又三四年,殆少刘又重订之,此第二本也。《函海》所刻,正隆兴初本,《北盟会编》所引,则乾道重订本也。赵甡之谓"允文门下士"云云,此文见隆兴本而乾道本无之。李微之谓《毙亮记》"壬寅成闵复扬州",此文见乾道本而隆兴本无之。是二本皆流行于宋代,胥不足疑,而皆少刘之作。两者非惟文句鲜同,即事亦有异。尝考宋人记采石之役,载事差互奚止二十许家,将别衡论之,以求其实,此不具论。若梅谷谓:"古人传记,苦史笔庸下,若此乃铁中铮铮者。"以隆兴本多存当时朝廷札钞,方言世语毕彰。乾道文稍修絜,实翻不若隆兴本之精采逼真,此正所谓铮铮者。员兴宗书称《采石大战始末》者,当是初作称《战胜录》者,宜亦为重订。知员书亦有二本,文字之间亦先者野朴而后者雅驯。然两本究大致相同,不似少刘前后二书迥然别异。员书惟卷末述李显忠至采石以后,重订本事颇增于初本,以文字校之,知为取蜑书隆兴本以自附益,固自可见。员书亦止于绍兴三十二年二月,二家书初本之写定殆同时,皆忽遽之间各有所遗,而似又不相知,及书既行,取彼益此,固事之常。一人之作,同述一事而有二书,蜑氏之外又得员氏,亦其例也。

宋代战功纪述,重沓若蜑、员者甚多:刘琦顺昌之役,徐引有杨汝翼《顺昌战胜破贼录》,李引有郭乔年《顺昌破敌录》。李引郭录非完篇,但事皆见徐引杨录,惟王山言金兵一事,杨录无之。其文似郭据汪海若札子补入,则杨书前而郭书后,亦杨文野而郭文饬。又如徐引有明廷杰《保蜀功绩记》、李引有费士戣《蜀口用兵录》,于时一事数记,大率如此,野史之富诚莫可与宋比者。蜑氏记一事而遂为两书,其故于此有可论者。前一本云:"驹闻此事甚详,退录之,以报里中亲友。"顺昌杨录云:"某以前后所见,叙为纪实,甚无文采。且将过江,贻诸亲旧。"蜑之第二本云:"异时国史大书特书,与宋匹休,荐绅巨工亦必有能效勒燕然铭、颂淮西碑以扬厉无前之绩者。"张发叙《保蜀记》曰:"庶备国史异时采择。"然则文之典絜者意在垂后,而文之通俗者旨在普及,员、蜑两家书皆有先后二本,用各有当,斯则究论宋人史学,于此又得一例。宋代野史之富,可以知其故也。张发言《保蜀忠勤录》书成,人喜读之,荐绅传道已满四川。赵牲之訾寒驹书云:"首自蜀中传写,于是蜀人家家有传本。"则宋世蜀人爱惜文献之风,亦可概见。宋《眉州谯楼记》云:"其民以诗书为业,以故家文献为重,夜燃灯诵读声琅琅相闻,以此为乐。"以寒、张两家书言之,岂虚美哉!

考之《宋代蜀文辑存》,漫叟为叙寒书者,其姓字不可考,沉翁径以《叙》为少刘文,似误也。《缙云先生附集》有《古城冯侯庙碑》,此则少刘之文,亦仅见此一篇,沉翁乃失于采掇。沉翁取赵牲之《遗史》、允文《江上军事三札子》,竟遗寒书,允文至建康《论江上事宜》一札,均所谓失之眉睫,殆耄荒之年,精力有不逮耶!沉翁藏孤本宋印范应元《老子古本集注》,其书于居里直题果山,褚伯秀《庄子义海纂微》云:"无隐范讲师名应元,字善甫,蜀顺庆人。"褚书每称西蜀范讲师,刘惟永《老子集义》云:"范应元南岳寿宁观主,号果山无隐斋谷神子。"果山在南充,则无隐南充人也。范书有《后叙》一篇,沉翁《宋代蜀文辑存》亦未收,佚此求彼,盖未知其为蜀人耶!故失之交臂之间。论述之事,竟若斯之难哉!以《函海》一书先后二本互校,剜改之字订正凡有百许;更以《北盟会编》所载后一本校之,文仍有不易读者。赵牲之谓少刘掇拾允文三札为记事之文,因即以赵书三札校之;《论江上事宜》一札,文存于《名臣奏议》,再取以相雠校;书末附录绍兴三诏,取《北盟会编》三诏文校之,犹有误字;以员兴宗《采石大战始末》、欧阳忞《败盟记》校之,以此二书记采石之事文与少刘最近;徐书记采石亦文同少刘,亦依以校正数字。凡改正羡夺倒误之字又百数十。杀青既竟,文似可读。惟藏园所藏有旧抄陆兴叙本,复有旧抄《北盟会编》为爱日精庐故物,视许刻犹有胜处。何日更得沅翁什袭一校,宝山在望,跂予竢之。员兴宗书与考论骞作所关者多,爰并校之。兴宗仁寿人,字显道,为与允文同里闬者。二家书各有两本,前一本文字通俗,殆皆所谓新闻报导之类也。

作于 1950 年,原载《蒙文通全集》

陈碧虚与陈抟学派

唐代道家,颇重成(玄英)、李(荣);而宋代则重陈景元,于征引者多,可以概见。考《宋史·艺文志》有陈景元《道德经注》二卷;复有碧虚子《老子道德经藏室纂微》二卷,自注云:"不知名。"然碧虚子即景元,不知《宋志》何以失误如此。《正统道藏》有《藏室纂微篇》凡十卷。《道藏》每开析卷帙,以为夸炫,自不足论。惟此十卷者文高义美,而刘惟永《老子集义》所征陈说,竟视《藏》本为稍繁。刘引诸家,文无删节,一仍旧贯。惜刘书残阙不完,仅存《道经》十一章,不得见刘据陈书之全璧。彭耜《老子集注》引陈说颇富,文虽割裂,然校知与刘书同出一本。即其节引文字言之,亦颇出此十卷本外。宋李霖《老子取善集》,亦每征《纂微》,文字异同,亦符刘本。薛致玄《手钞》引《陈注》亦同刘、李,合彭、李、刘、薛四家求之,实见别有一《纂微篇》。惟溢出之词,多非精卓,文稍伤蔓。而此约本十卷颇列各家文句同异,校正得失,胥出刘、彭诸本外。

知此约本为后定,殆从前本出,后乃加以剪裁耳。是陈书之行,原有先后二本,故《宋志》云然。以刘、彭、李、薛四书校此十卷,《正统藏》纵多夺误,幸皆可是正,洵足以当善本。景元自序言:"依师授之旨,略纂昔贤之微。"此则名书之意。杨仲庚序曰:"碧虚子陈君景元,师事天台山鸿蒙子张无梦,得老氏心印,有《道德经藏室纂微篇》,盖摭诸家之精华,而参以师传之秘。"薛致玄言:"陈景元字太初,号碧虚子,家世建昌。庆历二年,即高邮天庆观礼崇道大师韩知止为师,试经度为道士。十八负笈游名山,抵天台,阅《三洞经》,遇高士张无梦,得老庄微旨。熙宁五年,进所注《道德经》。……所藏内外书数千卷,皆素所校正。又亲札三百卷,善小楷,深得褚、欧法。凡诗篇杂文得陶、葛体。"岂碧虚所上书原名《老子注》,李霖所引皆称《纂微》,为先时之作;于后刊正,遂称注耶?刘惟永《集义》谓:"碧虚乙未造解。"盖当仁宗至和二年,碧虚年三十一也(乙未应己未之误,己未为神宗元丰二年,碧虚年四十五)。熙宁五年进书,岁在壬子,碧虚当已四十八。刘、李同出一本,李称《纂微》,为先成之书。熙宁五年进书称注,则注为后定之本审矣。《正统藏》中约本,宜以称注为允。是《宋志》分列二书尚非大失,至不知为一人之作,则诚过矣。景元复有《庄子章句音义》,亦存《藏》中。而褚伯秀《庄子义海纂微》则引陈景元注,云:"景元,熙宁间主中太一宫,召对,进《道德》《南华》二经解,颁行入《藏》。"

褚引之注,推释大义,与《章句》之言训诂者为例各别。按碧虚《老注》既两见于《宋志》,而《庄注》则《宋志》无之。《通志·艺文略》有《庄子余事》一卷,注"陈景元"(元误作先),又《南华总章》一卷,《南华章句》七卷,并注云"碧虚子"。高似孙《子略》有碧虚子《南华总章》二卷,《章句》七卷,不言《余事》。薛致玄《开题科文疏》称碧虚所著有"《南华经章句》七卷,《总章》三卷,《抄义》三卷"。《抄义》不知亦属《南华》之学否?亦不言有《余事》。《总章》之为三卷、二卷、一卷,亦不可定。《总章》《抄义》二书,后皆不存。今《正统道藏》所存有《章句》、有《余事》,《余事》则亦校定文字同异者也。至褚伯秀所引陈注,则专陈大义者,乃《宋志》《通志》《薛疏》皆未言及。道家记述不详,自其恒事。兹合碧虚《老》《庄》两著论之,其述书体例,殆有可寻。余既考《老子注》为后定之本,后定本备校文字异同,而《纂微》先成之稿无之。此宜别有《老子余事》,一如《庄子余事》,而后来合之注中者。则《老注》之既详训诂,复陈大义,倘亦先为二书,而后合之耶?《老注》为合训诂、义理、校勘三事以为书,《庄注》则三事各别为书,未为合一,则固一未完成之作耶?既有《庄子余事》以言校勘,而今存《章句》卷中凡校文皆在焉,则《余事》《章句》又已合而为一也。依褚氏《义海纂微序》言"陈景元注卷首序云:'庄子师长桑公子,受其微旨,著书十余万言,目曰《南华论》。'内篇三字标题者,是其旧,外杂篇则为郭象所删修。

今通计正文止存六万五千九百余字,唐开元十九年侍中裴光庭请册四子,天宝元年诏册《庄子》宜依旧号曰《南华真经》,义取离明英华、发挥道妙也"云云。褚所云碧虚《庄子注序》,今皆在碧虚《庄子章句序》中,因疑《章句序》即《注序》,非有二也。《章句序》云"今于三十三篇之内,分作二百五十五章,随指命题,号曰《章句》。逐章之下,音家解义释说事类,标为《章义》,书成"云云。则陈书《章句》之下,复有《章义》。今《章句》后无《章义》,岂褚氏所引者即《章义》欤?然则《通志》《薛疏》所云《余事》《章句》《总章》三者,《总章》殆即《章义》也。《薛疏》五又称《南华经章句解义》,则《章义》《解义》一也。岂《章句》《总章》原为二,殆至此遂合于一耶?《章句序》作于元丰甲子岁,为元丰七年,碧虚当年已六十,则书成已晚,非与《老注》同进可知。褚氏盖约举其事言之耳。《序》云:"别疏《阙误》一卷,以辨疑谬。"而今本《阙误》已合于《章句》,则今本又在碧虚年六十以后,而《序》则仍前。碧虚书之称《注》,必仍六十以后事,以《序》言"号曰《章句》",则固不名《注》。褚称之《注》,谅为后定。《序》言"标为《章义》",殆即以原之《总章》,合于《章句》。今之《章句》,已合《阙误》,而不见《章义》,则已与元丰七年本不同。所谓《注》者,殆合三者为一。褚氏所引,似即《总章》,而无《章句》。世传《章句》本,又不见《章义》。岂后人徒取菁华,仍以《总章》别行,致与《章句》裂为二耶?则陈氏书之一离一合,究其先后之故,而入《藏》之《注》,其体制亦可思也。余既于褚氏书中辑出所引碧虚《注》文,悉念徒《注》不可以无《经》,而《章句》例同陆氏《释文》,《经》亦不备,于绅绎殊不便,今《注》既为新辑,不嫌重为编次,因为补入《经》文。《章句音义》则双行小注于当句之下,而《陈注》之文则正行低格,录于各章之后,仍依褚书之式,不改其旧。虽合为一书,而三书体制亦自分明。《余事》原书首为分章篇目,次为《阙误》,则专为校事。今二者既已备于《章句》,无事复出,因削而不录。至《余事杂录》,则谨附之全书之末。而音训、校勘、义理三者,遂萃于一编,或于学者为便。虽变异原书,倘固碧虚之意欤?此考寻其述书体例,而事有可知者也。《章句音义》原缺《天地》《天道》《天运》《秋水》四篇,所幸《余事》之首,章名备在,今寻诸经文,一依分章篇目,析四篇为四十一章。陈书篇次颇异郭本,皆不为改正,仍存其旧,俾读碧虚书者校论之。褚氏之书,皆称陈景元《注》,则碧虚《老》《庄》二书,于奉进之际,皆名为《注》。褚盖据颁行入《藏》者言之,而褚氏所采,则仅于章义而已。三者合而称《注》,《注》固其后定之书也。《宋志》《通志》或称景元,或称碧虚,为例不一。正其先成之篇称碧虚,后定进呈之本称景元,事有固然。倘陈氏原书之题实如此,而二志因之耳。兹合陈氏三种未为完成之书,以求合于进呈后定之本,殆亦事之不得已者耶?至《薛疏》惟言进《老子注》,不言《庄子》,与褚说异。然薛据

《纂微》前定本为之疏,且未知陈氏后定之注,遑论《庄子》。况《庄子》之进,又在其后,则不能据薛说以疑褚也。褚据入《藏》者言之,谓之为《注》,今仍依以为据。于此新辑重编之本,仍以《庄子注》名之。《正统》多夺误,然褚伯秀书,《四库》有传钞本,明朱得之《庄子通义》实取褚书,亦有刻本,将徐求校之。余既合刘、彭、李、薛四本以校《老注》,兹复重编《庄注》,是碧虚一家老庄之学,庶足据以为研讨之资,亦可以无所于憾也欤。

彭鹤林《道德经集注》引《高道传》:"鸿蒙子张无梦,字灵隐,好清虚,穷《老》《易》,入华山与刘海蟾、种放结方外友,事陈希夷先生,无梦多得微旨。久之,入天台山。真宗召对,问以长生之策。无梦曰:'臣野人也,但于山中尝诵《老子》《周易》而已,不知其他也。'除著作佐郎,固辞还山,赐金帛、处士号,并不受。"于是始知碧虚之学,源于希夷。昔人仅论濂溪、康节之学源于陈氏,刘牧《河图》《洛书》之学,亦出希夷,而皆以象数为学。又自附于儒家。今碧虚固道士之谈老庄者,求抟之学,碧虚倘视三家为更得其真耶!无梦事不多见,王圻《续文献通考》、《说郛》、曾慥《集仙传》及《天台县志》(《图书集成》引),颇言无梦事,视彭书稍具,其出于《高道传》否不可知,稍集比其文,亦足有裨观省。盖张无梦凤翔盩厔人,字灵隐,号鸿蒙子,永嘉开元观道士。幼入华山,与种放、刘海蟾为方外友,师事陈抟,多得微旨。久之,游天台,庐于琼台,博通古今百家之学。真宗召对,讲《易·谦卦》,上问曰:"独说《谦卦》,何也?"对曰:"当大有之时,守之以谦。"复命讲《还元篇》,答曰:"国犹身也,心无为则气和,气和则万宝结。有为则气乱,气乱则英华散,此《还元》大旨也。"敷对详明,真宗大悦,赐处士先生号,亦不受。宸翰特赐以诗,宠其还山。朝士咸赋诗赠其行。后终于金陵,有《琼台集》行于世。《天台志》云幼入华山,恐失辞。种、刘、张皆不世之才,结友而师希夷,固不得云幼也。又《中山诗话》云:"道人张无梦,在真宗朝以处士见,除校书郎,年九十死。"殆传闻之辞又异。陈抟事则自《宋史》外称道尤多,兹不详为论列。至《还元篇》义,至游子《道枢》采之较备,附录于下:

鸿蒙子曰:国犹心也,心无为则气和,气和则万宝结矣。心有为则气乱,气乱则英华散矣。游玄牝之门、访赤水之珠者,必放旷天倪,囚千邪,翦万异,归乎枹朴守静。静之复静,以至于一。一者道之用也。道者一之体也。一之与道,盖自然而然者焉。是以至神无方,至道无体,无为而无不为,斯合于理矣。故得其道者见造化之功,随鬼神之妙而无所不变焉。粪虫变蝉,腐草变萤,雀入水变蛤,雉入水变蜃,田鼠变鴽,鱼变龙,此其小者耳。其大者,人可以变仙也。吾常观天地变化,草木蕃蔓,风云卷舒,日月还转，水火相激，阴阳相摩，仰观俯察，远取诸物，近取诸身，著还元诗百篇云云。

伊洛之学，得统于濂溪。而周子之书，仅《通书》《太极》而已。重以邵氏、刘氏之传，致后人每叹希夷之学，仅于象数、图书焉尔。及读碧虚之《注》，而后知伊洛所论者，碧虚书殆已有之。其异其同，颇可以见学术蜕变演进之迹。其有道家言而宋儒未尽抉去，翻为理学之累者，亦可得而论。皆足见二程之学，于碧虚渊源之相关。依是以上探希夷之说，其端绪固若可寻，而象数、图书者，将其余事也。是二程之于濂溪，耳提面命之间，将有超乎《通书》《太极》者在。二程之学以有语录之作，故能阐发尽致，而濂溪语言不著，其精诣所在，若存若亡。此余于碧虚之书，益信伊洛渊源之有自，校其同异，而希夷之卓绝渊微，更有足惊者。盖希夷、鸿蒙、碧虚，皆怀博通浩瀚之学，而察理渊微，胥不可以方外少之。碧虚之《自序》曰："若九丹八石，玉体金液，存真守元，思神历藏，行气炼形，消灾辟恶，治鬼养性，绝谷变化，厌固教戒，役使鬼魅，皆老子常所经历救世之术，非至至者也。"则皆鄙而弃之。此正寇谦之、陆修静之徒所有事，若为希夷之门所不道者。彭耜言："秦汉方术之士，所谓丹灶奇技，符箓小数，尽举而归之道家，此道之绪余土苴者耳。"正与碧虚之旨合。观于希夷、鸿蒙受诏酬对之际，正其宗风所在。视林灵素辈之术，非能之而不言，殆有不屑为者。则已厌上来隋唐之旧辙,而极深研几于图书象数,此又新旧道流之一大限也。吕东莱编《宋文鉴》,于希夷取《龙图序》一篇,此正宋之道家,所以异于隋唐符箓丹鼎之传者,故东莱取之耳。就《高道传》言之,刘海蟾正出于希夷,殆所谓南宗之祖,后乃易之以锺、吕传道无稽之说。而五祖葛长庚、彭鹤林辈,若皆无系于希夷,且又并希夷而系之于锺、吕。全真既盛之后,而重阳北七真出于锺、吕之说又兴。陈抟之事,若存若亡,而锺、吕传道之说大盛。锺、吕之事,倘犹释氏之有惠能,要为唐宋新旧道教之一大限,而前茅实为希夷,安有所谓锺、吕者哉?此因究碧虚之书,有足以见之者。碧虚之书于篇端首附以葛次仲之《老子论》,以明孔、老之为一,此宜亦希夷以来之旨,亦周、邵所由入于儒家者也。是亦不异于重玄之风,特唐人阐发之精,未至于是,希夷诚为有开来之功。邵伯温言希夷始有大志,种放言其有皇帝王霸之学,皆足见其识量之奇伟,非徒枯槁山林者也。观其流风所被,甄陶群杰,更足验也。因并考其学脉所及,谱而存之,凡所表见五十余人,固亦伟矣!邵、周之徒,以《学案》言之既悉,皆削而不录。

附:陈图南学谱

朱震《汉上经筵表》云:"陈抟以《先天图》传种放,放传穆修,修传李之才,之才传邵雍。放以《河图》《洛书》传李溉,溉传许坚,坚传范谔昌,谔昌传刘牧。穆修以《太极图》传周敦颐,敦颐传程颢、程颐。"此三宗最显,周、邵之传备于《宋元学案》,衣被遂广,兹弗论也。

邵伯温《易学辨惑》言:"陈抟好读《易》,以数学授穆修,修授李之才,之才授邵雍尧夫。以象学授种放,放授庐江许坚,坚授范谔昌,此一枝传于南方也。"邵说稍异于朱,邵于先天之传为家学,其言源流殆不误,而于《河图》《洛书》之传,或不如朱为悉也。

《辨惑》又言:"穆修师事陈图南,而传其学。其后尹源(子渐)、尹洙(师鲁)兄弟始从之学古文。又传其《春秋》学。"又言:"李之才挺之签书泽州判官厅公事,泽人刘羲叟晚出其门,受历法,为名士。"而《邵氏闻见录》又云:"祖无择,蔡州人,少从穆伯长为古文。"《宋史》言:"苏舜钦辈从穆修学《易》。"则穆氏之传有尹源、尹洙、苏舜钦、祖无择,皆雄于文,而挺之之门有刘羲叟,此皆世罕能言者也。

《东都事略》言:"高弁从种放学于终南。"《宋元学案》言刘颜学于高弁,而颜之门下有张洞、曹起,皆见《宋元学案》。《直斋书录》有《易证坠简》,言:"毗陵从事范谔昌撰,天禧中人。"又言其"得于溢浦李处约。李得于庐山许坚。"此亦视邵之说为详。《直斋书录》有《易解》十四卷,言:"尚书右丞皇甫泌撰,曰《述闻》,曰《隐诀》,曰《补解》,曰《精微》,曰《师说》,曰《明义》(晁氏作《辨道》)。其学得于常山抱犊山人,而莆阳游中传之。山人不知名,盖隐者也。泌尝守海陵,治平以前人。"《宋元学案》记刘牧门下有黄黎献、吴秘,言黎献"所著有《续钩隐图》一卷,《略义例》一卷,《室中记师隐诀》一卷"。秘"所著有《周易通神》一卷,今世所称长民《周易新注》十卷,盖合黎献之三卷,及秘《通神》一卷,皆在其内。其《记师说》一卷,《指归》一卷,《精微》一卷,又不知何人所作,盖亦门人之笔"。全氏祖望云:"皇甫泌《易》书中有《记师说》一卷,《精微》一卷,当即此十卷之二也。泌受之常山抱犊山人,三衢亦有常山,即长民也。特故讳之,以神其说耳。"知刘氏之徒,黄、吴外又有皇甫泌,泌之徒有游中。《郡斋读书志》言:"姚嗣宗谓:刘牧之学,授之吴秘,秘授之郑夬。"邵伯温《易学辨惑》极诋之,谓夬窃王天悦书以为己学。天悦,从康节问《易》者也。

　　彭鹤林《老子集注》引《高道传》言:"张无梦与刘海蟾、种放结方外友,事陈希夷先生。"刘鉴泉《道教征略》,图刘海蟾门下有蓝方、马自然、王笙,元翁碧天、张伯端。碧天下有魏景,伯端下有石泰、刘奉真。泰下有薛道光,道光下有陈楠,楠下有沙蛰虚、白玉蟾、鞠九思。玉蟾下有彭耜。九思下有朱橘,橘下有郑孺子。鉴泉先生系刘氏于锺、吕传道,愚意不若据彭鹤林言系之希夷为得其实,以彭固海蟾、紫阳之徒也。刘书于希夷之门,但言"种、穆传儒业外,其为道士者有贾德升、杨扆"。于陈氏之徒,多所撮略。谨依彭说,以刘、张之传系之。

　　龙眉子《金液还丹印证图后识》云:"余师若一子尝曰:曾闻我师无名子翁先生云,吾师乃广益顺理子刘真人,于绍兴戊午,刘遇悟真得其道。"无名子,翁葆光也,字渊明;顺理子刘真人,岂即刘奉真耶? 若一、龙眉,皆未可考。《道枢·修真要诀篇》称:刘海蟾弟子王庭扬,而《集要》《碎金》二篇皆为晁文元说。郑景望《蒙斋笔谈》则言:"晁文元迥,早从刘海蟾游,得长生之术,六十后兼言佛理。"曾慥《集仙传》亦著文元。王圻《续通考》言:"伯端著《悟真篇》,授扶风马默。"薛致玄《手钞》言:"陈景元度门弟子许修真而下四十人。"凡此皆刘图之阙,所未叙及者也。

　　陈抟事见《续通鉴长编》雍熙元年。《东都事略》亦有传。言"抟少年举进士不第,遂不乐仕。有大志。隐居武当山,好读书,自号扶摇子。"《宋史》言:"抟长读经史百家之言。"知希夷固优于学术,于其传授之众,足考见其艺能之博,固奇逸之士耶? 种明逸立碑叙希夷之学曰:"明皇帝王霸之道。"则又不仅多能也。《东轩笔录》言:"图南有经世之才。"《青琐集》言:"陈抟负经纶之才,历五季乱离,每闻一朝革命,颦蹙数日。"《闻见前录》言:"抟长兴中进士,游四方,有大志,常乘白骡从恶少年数百人欲入汴州,中途闻艺祖登极,遂入华山为道士。"《易学辨惑》亦言:"其游四方,志不遂,入武当。"邵氏之学,道源于陈,其言固可信,殆诚一雄伟骁杰人也。《画墁集》言:"太祖鉴唐末藩镇跋扈,尽收诸镇之兵,或云陈希夷之策。"则图南不徒为高隐,而实博学多能;不徒为书生,而固有雄武之略;真人中之龙耶!方其高卧三峰,而两宋之道德文章,已系于一身。群书多记陈抟事,如《渑水燕谈》《东轩笔录》《玉壶清话》《倦游杂录》《湘山野录》《两朝宝训》《五朝名臣言行录》《谈苑》之类,凡其逸事琐闻,何可胜记。复有庞觉《希夷先生传》,兹皆不遑采,惟取可以想见其人者,以见一代学术之渊源,非奇豪杰出之才,未易为之倡也。

《唐才子传》卷十《陈抟传》言:"洛阳潘阆逍遥、河南种放明逸、钱塘林逋君复、钜鹿魏野仲先、青州李之才挺之、天水穆修伯长,皆从学先生,一流高士,俱有诗名大节。"此以潘、林、魏三人皆学于希夷,群书未有言之者。殆辛文房误读宋人史传,以陈抟、潘、种、林、魏、李、穆相次,因疑皆图南之弟子也。兹未敢从,谨附识于后。

原载 1948 年 6 月四川省立图书馆编《图书集刊》第八期

陈抟
- 种放
  - 高弁—刘颜
    - 曹起
    - 张洞
  - 李溉—许坚—李处约—范谔昌—刘牧
    - 黄黎献
    - 吴秘—郑夬
    - 皇甫泌—游中
- 穆修
  - 李之才
    - 刘羲叟
    - 邵雍
  - 周敦颐
    - 程颢
    - 程颐
  - 尹源
  - 尹洙
  - 祖无择
  - 苏舜钦
- 刘海蟾
  - 王扬庭
  - 蓝方
  - 马自然
  - 张伯端
    - 刘奉真—翁葆光—若一子—龙眉子
    - 石泰—薛道光—陈楠
      - 白玉蟾—彭耜
      - 鞠九思—朱橘—郑孺子
      - 沙蛰虚
    - 马默
  - 王笙
  - 元翁碧天—魏景
  - 晁迥
- 贾德升
- 杨宸
- 张无梦—陈景元—许修真

跋《宋史全文续资治通鉴》

　　客有罗氏以所藏《宋史全文续资治通鉴》十五卷十二册见示者,曰:"此蜀贤遗书,为元刻本,亟宜珍重。"索值三千元,余允以一千二百元,先将归一阅,阅后遂为跋而还之。案此书见《四库提要》卷四十七,云:

　　　　《宋史全文》三十六卷,不著撰人名氏,原本题曰《续通鉴长编》,而以李焘《进长编表》冠之于前,是直以为焘《长编》矣。案焘成书在孝宗时,所录止及北宋,此本实载南宋一代之事,其非出焘手明甚。检勘此书,每卷标题皆有"宋史全文"四字,而《永乐大典》宋字韵内亦多载《宋史全文》,与《长编》截然二书。又此本目录前有坊间原题,称本堂得《宋鉴》善本,乃名公所编,前宋已盛行,再付诸梓云云。盖本元人所编,而坊贾假托焘名,诡称前宋盛行耳!惟《永乐大典》所收之书,皆载入《文渊阁书目》,乃《宋鉴》多至六部,独不见《宋史全文》之名,或亦杨士奇等编辑时因标题而致误欤？

此书诸家著录皆言三十六卷，附《宋季朝事实》二卷，四库目亦如此。罗氏所藏仅十五卷，止于北宋一代，固非全书。十五卷目录后经剜补非原纸，痕迹宛在，殆书贾以残帙冒完书，而施此伎俩耳！《邵亭书目》云："此书又名《宋鉴》，许周集有跋，元有丰城游氏刊本，又有元刻本，题《诸儒集议续资治通鉴》，又游氏刊本板心题曰《宋鉴》。"是此书与《诸儒集议续资治通鉴》实一书，又有《宋鉴》之名也。

《爱日精庐藏书志》卷九云："《宋史全文续资治通鉴》三十六卷，附《宋季朝事实》二卷，元刻本，不著撰人名氏，卷首题丰城游明大升校正，盖刊书者姓名也。"《续志》卷二云："《诸儒集议续资治通鉴》三十六卷，附《宋季朝事实》二卷，元刻本。是书初名《诸儒集议续资治通鉴》，无所谓《宋史全文》也，《宋史全文》盖重刊时所改耳，金吾初得《宋史全文》以为元刊，今得是本，乃知前所得者（《宋史全文》）盖明初重刻本耳。"张氏以两书相校，知《宋史全文》固从《诸儒集议》本重刻，始定游明为明初重刻人，初固以为元刻也。《邵亭书目》言："元有丰城游氏刊本。"末又云："《史记》亦有游氏刊本《集解》《索隐》，或以为明初人。"莫氏当即据张金吾说，非别有证也。《书林清话》云："游明大升翻雕中统本《史记集解》《索隐》，见缪记森志。陆集云：明正统九年举人，景泰二年进士，天顺末官福建提学佥事,是书行款纸质与建安余氏勤有堂所刊相似,疑为大升官福建时所刊。"知游明其人略历可考,昭文张氏以为元人,又疑明初,尚未得实。此书实重刻时易《诸儒集议》为《宋史全文》,坊间刻书,借官府之名以为重耳。叶氏偶未考张志,不知其为重刻前书,字体全是麻沙书坊面目,自不必凿凿。据勤有堂言之,大凡建阳坊刻各书,均不过因制科射利之事,故多未雅驯,此其一耳。易《诸儒集议》为《宋史全文》,已极无谓,冒以李焘之表,盖觉未是,此帙原为残简,书估更剜补目录纸尾,冀掩其迹,以诈未究心于目录者,正所谓作伪劳而日拙者也。

《四库提要》四十八云:"《续宋编年资治通鉴》十八卷,旧本题李焘经进。考《宋史·艺文志》及焘本传,惟载所著《续资治通鉴长编》,无此书之名。此本目录末有武夷主奉刘深源校正一行,亦不知为何许人,书中所记,皆北宋事实,体例与《宋史全文》约略相似而缺漏殊甚,盖亦当时麻沙坊本,因焘有《续通鉴长编》,托其名以售欺也。"此《宋史全文》本目录前有题记云:"《宋史通鉴》一书,见刊行者节略太甚,读者无不遗恨焉。本堂今得善本再绣诸梓,具眼者必蒙赏音。"则易题《宋史全文》者,意即据《宋史通鉴》而言,以彼缺略太甚为非全文云耳。谅所称《宋史通鉴》即《续宋通鉴》一书,倘《诸儒集议》本即依刘深源校正本增订,刘校本止北宋,伪托李焘之名未为大失,《全文》本终南宋一代,乃仍录李进书表,直无知妄作也！复有刘时举《续宋编年资治通鉴》十五卷，始高宗终宁宗，于事迹间有脱遗，或首尾未具，亦不得为良书，似与刘深源校本《续宋编年资治通鉴》十八卷者合二编为一以相足，至增入《诸儒集议》，更为麻沙射利之陋，殆不足论，朱彝尊称其"以视王宗沐、薛应旂所撰，条理过之"。不过清人厌宋世讲学家门户之见，翻觉其持论为公，而未审其为肤陋不学者之所作也。此二书在元代常与《宋季三朝政要》合刊，故于深源书称前集，时举书称后集，以足有宋一代之史。一为云衢张氏所合刻，其李焘《续宋编年资治通鉴》见莫氏《经眼录》，刘时举《续宋中兴编年资治通鉴》见陆氏《仪顾堂跋》，《宋季三朝政要》见森立之志，此皆张氏所合刻也。惟《宋季政要》题为至治癸亥（三年）刻，李焘书后题云衢张氏鼎新刊行，而《政要》目录后有皇庆壬子四字。一为建安陈氏所合刻，其李《续宋编年》见陆志，刘《续宋中兴编年通鉴后集》见张志、瞿目，《宋季政要》见丁志，此陈氏所合刻也。惟《宋季政要》题为皇庆壬子（元年），三书皆题陈氏庆余堂。陈氏刻书先于张氏十一年，盖张重刻陈本，故《政要》目录后仍留皇庆壬子四字之迹也。四库著录："《宋季三朝政要》六卷，不著撰人名氏，纂集理、度二朝及幼主本末，附以益、广二王事迹，是书得于传闻，不无舛误，叙次亦乏体要。"盖是书适所以接刘时举书，以备宋代史迹。《宋史全文通鉴》，《四库提要》谓："其光、宁以后，别无蓝本可据，为编书者所自缀集，故《永乐大典》于光、宁二宗下全收此书之文。"而丁氏《藏书志》则谓其光、宁二代取诸刘时举书，则四库馆臣于此考未悉也。瞿氏《藏书目》谓其后载度宗、少帝、益王、广王事迹，别名《宋季朝事实》者，则为元人专辑。而杨氏《楹书隅录》于此云："二王本末二卷，署名陈仲微录，则从《宋季三朝政要》中摘出。"则瞿氏、丁氏于此考未悉也。陆志附记云："陈仲微，咸淳为侍左郎官，以言事切直罢，乙亥除兵部侍郎修国史，丙子从二王入广，目击当时之事，逐日抄录。崖山败，流落安南，临殁云云。壬午岁，安南国使入觐，因言仲微之事，而得仲微所著二王首末，重加编次，以广其传。"《提要》于陈氏书失考，诸家著录，亦仅陆氏存此跋文。此一类庸俗之书，原不过书肆杂取编刻以应学究之求，供制科之需，固未足语于著述之业，殆仿佛于今之出版界，而《宋史全文》者，又专事剿袭杂凑，集俗缪之大成者也。《书林清话》四，叶氏言："吾藏有广勤堂刻李焘《通鉴宋元续编》残卷（不知卷数多少），首人题云《通鉴宋元续编》，叙云：宋元一书，乃李氏焘之所编也，其间治乱兴亡之道，靡不备录，惜此刊刻既多，差讹亦甚，爰取古本梓行于世。末题嘉靖丙午岁叶氏广勤堂识。又末一行云：宋元叙毕，李焘宋人，安得编至元时，坊估无学，实形鄙陋云云。"此书历来公私书目皆未著录，谅又取《宋史全文》为底本，于元代则不知为剿窃何书，而仍冒李焘之名，斯真所谓谬种流传者也。丁志有《资治通鉴节要续编》三十卷,起宋太祖,终元顺帝,为明正德间司礼监刻本。王圻《续通考》:"江贽赐号少微先生,著有《通鉴节要》,武宗偶阅悦之,命司礼监重刻,附《宋元节要续编》于后,然不著撰人名氏也。惟扶安《通鉴纲目集说》称建阳刘剡著少微宋元二鉴,当是撰此书之人也。"江贽为宋政和中人,取涑水之著,删存大要,故称《少微通鉴节要》,刘氏宋元二鉴,亦号少微,与李焘《通鉴宋元续编》同一妄诞。刘剡书亦建阳坊估之流,书肆互相剿袭凑合,层出不已,诚为可厌,殊不必问其先后,定为何人窃自何人也。宋有陆唐老《集注通鉴详节》一百二十卷,称《陆状元通鉴》,亦浅陋之书,首有总例云:学者未能遍晓出处,则于词赋一场,未敢引用云云,所幸今尚未见《陆状元续宋元通鉴详节》,以与号称李焘、江贽书媲美而三也。

凡宋人所修宋史,李焘《长编》而外,为焘子塽《皇宋十朝纲要》二十五卷,始太祖讫高宗,凡十朝。略前于李者,为熊克著《九朝通略》一百六十卷,续以《中兴小纪》四十卷。后于李者,为陈均著《宋九朝编年举要》三十卷,《备要》三十卷,续以《中兴举要》十四卷,《备要》十四卷。陈振孙于陈氏书,固有"去取无法,详略失中"之讥,朱竹垞乃谓其"简而有要,胜于陈子泾、薛方山之书",此与其称刘时举书无异,固不得为定评。陈书实以《通鉴纲目》为式,后有不著撰人名氏之《中兴两朝编年纲目》十八卷,起建炎,终淳熙十七年,体同《编年》《备要》,盖正以续陈氏之书。复有《续编两朝纲目备要》十六卷，纪光、宁两朝之事，盖又以续《中兴两朝编年》，《提要》斥为不谙体例者所作。张志谓："《续编两朝纲目》体例款式，与前二书同，系宋时合刻者。"瞿目则谓："《中兴两朝纲目》体例与平甫《编年》《备要》同。平甫有《中兴编年举要》《备要》，或即其书，后人更其名耳。《续编两朝纲目》疑亦平甫之书，平甫于端平之初，始得官也。"瞿氏所云，事或宜然。即两《编年》以衡《皇朝备要》，其书固可知也，要皆庸谬之作，何足深辨。其前则留正原有《中兴圣政草》，宋刊本有《中兴两朝圣政》六十四卷，当出留书，而增入《名儒讲义》，已非雅驯，《中兴两朝编年》即取是书。而《宋史全文通鉴》，又即以《两朝编年》为蓝本，是《全文通鉴》原据刘深源、时举一系书为底本，故约略相同，而刘书反形缺略者，殆《全文》又依陈平甫一系书有所增损也。平甫言北宋大要亦本之李书，同于刘深源，此与今日大中学编印讲义固无大异。人之聪明，千载一同，则《宋史全文通鉴》者，又为坊间相互剿袭之书，斯诚妄中之妄，未足以云宝中之宝也。《全文》一书，专事剿袭凑合，与斯诸作原不过兔园册子一系相承，特坊间刻以供村学究之求，而《全文》特又集俗妄书之大成者也。是书元世合群编为一书曰《诸儒集议续资治通鉴》，及后来重刻，又曰《宋史全文续资治通鉴》，于《吴师道集》知于时目之曰《续宋编年》；《文渊阁书目》则目之曰《宋鉴》。鄙妄相承，真所谓谬种流传者也！其间纵偶有一二足取,明清两代,王、薛、徐、毕之书,殆已采拾无遗也。此一例俗书,至元陈桱作《通鉴续编》,犹未能刊正,不足列于述作之林。《提要》云:"《通鉴续编》二十四卷,元陈桱撰,以司马《通鉴》、朱子《纲目》,终于五代,其周威烈王以上,虽有金履祥《前编》,而亦断自陶唐,因著此书,首述盘古至高辛氏为第一卷,以补金氏之所未备。"然盘古之说,首见吴徐整《三五历》,云秦汉间俗传,斯正三国时南蛮之族,北上至于汉中,自传其先始于盘瓠云耳。唐宋类书,间列此说,未有正式入之史文者,刘道原好博矜奇,乃并盘古、天皇列之注中,亦未以入正文(亦见于胡宏《皇王大记》)。始取以正式入史文者,自桱书,桱书后扶安为《纲目集说》,云三皇五帝无所纪,则后世不知所自,乃取孝庙时纂修《通鉴节要》以冠于前。案成化十二年商辂《续纲目》二十七卷,明刻本每并陈书首一卷刊之,始盘古之说渐以流行,是书或又谓之《纲目外纪》,是后私家讹说遂合于官书,直下俗书承讹踵谬,莫知底止。凤洲、了凡诸鉴,传述至今,散播流俗,盘古乃腾于妇孺之口,子泾实尸其咎,其罪又浮于刘深源、时举辈!沈周《客座新闻》记桱著此书时,书宋太祖云,"匡胤自立而还",未辍笔,忽迅雷击其案,桱端坐不慑,曰"霆虽击吾手,终不为之改易也"。此真冬烘见解,其妄可知,而《提要》顾许其祖著、父泌世传史学,真所谓不识黑白者耶?若陈桱者,诚不愧为史学界开一新纪元也。

唐自萧颖士、刘轲、裴光庭、姚康复、柳冕以来，史学盖起一绝大变动，即主法《春秋》之褒贬，用编年以述通史。韩愈、李翱又亟主于雄文章，于是论议蜂起，辩驳纵横，皇甫湜则主法《春秋》而仍用纪传，欧阳修承之以成《五代史记》，孙之翰又主用编年而不必法《春秋》，司马光承之以成《资治通鉴》。班、荀二体，皆详于典制，之翰乃略典制，谓笾豆之事则有司存，司马氏承之，略法治而偏重人治，遂为一书主要见解。温公恶安石变法，故与温公《通鉴》之役者，范梦得之流，于《唐鉴》中亦伸在得人不在法之意。安石主收熙河、制辽夏，温公亦不谓可，于是言法、言兵皆《通鉴》一书之所斥责。温公修此书稽时十九年，又得范与二刘为之助，皆一时硕学巨儒，且当一时史学略有定论之际，握住时代之思潮，书一出遂举世风靡，且衣被数百年。朱子作《纲目》，即依《通鉴》为终始，亦依涑水为是非，朱学大盛于元明，而余波遂及于清。合朱子之《纲》、司马之《鉴》以言史者，宋、元、明、清皆然也。于是恶言法、恶言兵之说，传播于俗儒之口，深入于民庶之心，并孔孟仁义之说，同其威重，岂意一时有激之论，遂数百年深入社会而不可拔。噫！立论岂易言哉！二李《长编》《要录》，实又以《通鉴》为法式，《通鉴》出而制科学究犹苦其浩博，故洪迈、崔敦诗之流，已有删节之本，见于《宋史·艺文志》。至江、陆两本尤盛行于明，自宋刻陆书者，恒并刻刘恕《外纪》，而《外纪》有《详节》之本；明刻江

书者,每并刻陈栖书,而陈书有《节要》之名,其首卷复冒
《外纪》之目,其谬乱一至于此。瞿目又有吕大著《点校标
抹增节备注资治通鉴》,为宋刊本,传刻或称《吕氏家塾通
鉴节要》,或称东莱吕氏,后人致疑为伯恭之书,此皆节涑
水书而并及道原者也。陈均、刘深源辈,又删李焘之书以
相续,刘剡之流,又相互剽窃,诚所谓牛鬼蛇神,不可究
诘,极荒唐之大观。及陈栖又复上乱古史,流俗之误,且
以入于官书,宣示薄海,事之此极,夫复何言。下及所谓
凤洲、了凡云者,又依商辂、李东阳辈之官书以行,以至
《易知录》,其风不可已。书虽荒诞,要皆以播司马之旨义
于民间,近时坊间复有《清易知录》者,益不伦类。昔偕太
炎先生游无锡,主唐蔚之校中,先生叹今人苟偷,焉可言
学,曰"但得读《易知录》一过,便已足为专家",诚痛切言
之也。自宋以来,经籍有重言重意,选文有层澜回澜,策
要策学与节要详节一流,相承不绝,皆不过射策之用。夫
学术文章,盛业也,选贤养士,要务也,奈何国家登庸之
途,竟资坊肆贾竖之作?而临安书坊陈起、陈思之流,至
选刻《江湖小集、后集》《群贤、名贤小集》《宝刻丛编、类
编》,居然管领一时风雅。方回称"江湖间诗人皆与之善,
时有'刺桐花下客求诗'之句",犹幸"秋雨梧桐皇子宅,春
风杨柳相公桥"一联足为美谈,要亦用刘子翚句耳。夫以
贾竖而主盟文坛,则天下事尚可言耶?今各书局刊印之
品,安见五百年后,不视为人间球宝也哉!涑水书未出以

前，人皆读高峻《小史》，不复问马、班书。高书六十卷，其子迥开之为一百二十卷，峻为元和间人，不知谁氏续之，直至唐末，为百三十卷。涑水书已约，人且不问，而专读陆状元、江少微，已无足论。及近代瞿、杨、丁、陆之流，收藏之富冠海内，乃于江、陆一流书，及陈仲微、刘剡辈作，偶得残帙，皆拱璧视之，曰此宋刻，此元刊，以相夸炫，而逐臭之夫，跂慕逾切！昔马寒中购书不遗余力，常过龙山查氏，见宋刻陆状元《通鉴详节》，并颜鲁公《祭侄文》，百计购之不可得，怏怏不乐。后查氏谋葬其亲，卜壤则马氏田也，寒中知之大喜，即诣查愿效祊田之易，田凡十亩尽付焉，抱书帖疾归，若惟恐查氏中悔也，后来传为佳话。余谓以此意求《史记》《通鉴》则可，以易陆状元书，则诚可哂矣！朱锡爵以爱妾易宋本《汉书》，朱大韶以美婢易宋本《后汉纪》，婢去时题诗云："无端割爱出深闺，犹胜前人换马时。他日相逢莫惆怅，春风吹尽道旁枝。"亦一艺林话柄，毕竟班、袁两书为不刊之作，《陆鉴》何物，可与抗衡，马寒中事所谓东施效颦，适形其陋而已。朱藏《袁纪》，后归黄姬水，黄刻《两汉纪》称得宋刻于云间朱氏者也。乃黄本仍多沿讹袭谬，曾无异于他本，则朱事虽若雅调，弥复可哂也。黄季刚常劝太炎先生购《四部丛刊》，答云"我是洋板出身"。盖读书之与藏书，犹矢人之与函人，事相类而用心固不同也。迩日此一类史鉴及纂图、互注，重意重言本之经子，为在昔黄、阮诸家所不一睐者，已为人间巧取豪夺之物，零编断叶，犹云是剩馥残膏，而精刊名钞，曾不易觏。嗣宗登广武山，空有竖子成名之叹，涵芬所择群籍经脱正文，曾不自知，他更何说耶？洪氏《北江诗话》云："藏书家有数等，曰考订家，曰校雠家，曰收藏家，曰赏鉴家，曰掠贩家。"今已混为一谈，鱼目明珠，杂然并列，曾不知辨。余深惜四库于时收储未丰，无以知其端委，而馆臣更疏于考核，遂信笔以评是非，论无尺度，于一体之作，或可或否。而二三收藏家，又矜为旧刊，不复究论得失，或更饰辞以讳之。兹特参互稽寻，辨其源流如此，于宋世坊本经籍及诗文选集以资场幄之用者，拟别篇再析论之。

夫书贵雅正，俗鄙之作，虽旧刊不贵也。旧刊贵精校，校精即明钞愈宋椠也。此外则徒阗富矜奇，乃骨董家事，非余敢知。昔黄尧圃、卢召弓、孙渊如、阮伯元之流，集书皆精校精读，故往往舍宋本而取明本。今世唯旧刊是贵，以文其陋，即赝鼎亦每不加辨，徒以插架炫富有耳，宁非可哂！余于是编之来，人所矜为残璧断珪者，复舍而弃之，岂于珍籍失之交臂，盖所嗜与俗殊酸咸，余所取徜在川局刊《相台五经》《晋书》《南、北史》之类也。

原载 1942 年 3 月四川省立图书馆编《图书集刊》创刊号

四库珍本《十先生奥论》读后记

　　《四库书目提要》云："《十先生奥论注》四十卷，宋时建阳麻沙坊本也。据其原目，凡前集、后集、续集各十五卷。此本续集脱去前五卷，仅存十卷，而前集第七卷以上，亦属后人抄补，其原注并佚去不存。此所载方恬、刘穆元、陈武三人，史传俱无可考。宋人文集名著史册者，今已十佚其八九，而名姓无闻，篇章湮灭，如集中方恬诸人者，更指不胜屈。此书虽残篇断简，得存于遗佚之余，议论可观，词采可取，固网罗放失者所不废也。"方恬诸人，篇章湮灭，诚如《提要》所云。然即吕祖谦、陈傅良诸人集颇行于世，而此所录者，亦篇篇俱在集外。叶水心文，亦但取之别集，是亦集外文也。余昔读南宋浙东诸家之文，多不见于本集。即《文献通考》所附各家之说，亦皆本集所无。渐积岁月，每有所知。今阅此篇，大抵已具。是此本之足宝贵者，固不仅在辑存方恬诸家文而已。惟前七卷乃后人抄补，中多谬妄，兼多缺文。今列其目，次第考之：

前集卷一《历代圣君论》吕祖谦

尧舜　大禹　成汤　文王　武王

前集卷二《圣贤论》杨万里

○曾子　○颜子　○孟子

前集卷三《杂论》胡寅

秦　豫让　项羽　张良　韩信

前集卷四《杂论》方恬

○秦　机论　广度

前集卷五《古圣论》陈傅良

○伊尹　○周公　○尧舜　○成汤　△文王

○文王　△伊尹

前集卷六《杂论》陈傅良

△秦　○项羽　○项羽吴王濞　○范增　张良

二疏　韩信樊哙贾谊终军

前集卷七《杂论》叶适

○士风　○苟且　○奔竞

此所谓"前集自七卷以上，属后人抄补"者。详案之，实为谬妄。如卷二《圣贤论》，仅杨万里文三篇，其《曾子》《颜子》二篇，与后集卷十之《曾子论下》《颜子论中》同。《孟子》一篇，与后集卷十一之《孟子论上》同。则此卷即从后集抄出，不必从前集原本得之。卷四《杂论》方恬文三篇，其《秦》一篇文残损不足。然亦与前集卷十五之《秦论》同，当亦系依十五卷抄出而故缺之者。卷五《古圣论》陈傅良文七篇，其《伊尹》《周公》《尧舜》《成汤》四篇，与后集卷五《七圣论》同，知亦取之《七圣论》者。而《尧舜》《成汤》特损缺，所存无几。《文王论》有二篇，复又有《伊尹》一篇，皆残缺不完。在后集之《七圣论》，陈氏有序云："惟《文王》，故离之系其末。"是原论后有《文王》一篇。而此本后集《七圣论》无《文王》，不足七人。知前集之《文王论》，固亦取之后集者，亦与《尧舜》《成汤》同为残缺。后更有一《文王论》与《伊尹论》残文。卷六《杂论》陈傅良文六篇。其《秦》一篇文亦不全，而《项羽》一篇，《项羽吴王濞》一篇，《范增》一篇，与续集卷九文同。是此三篇亦抄之续集者。其《张良二疏》一篇，后集六卷亦有此题而佚其文，是此篇亦取之后集者。卷七《杂论》叶适文三篇，《士风》与续集卷十三文同；《苟且》《奔竞》二篇，与续集卷七吕祖谦文同。是并为取之续集者，而又妄以吕祖谦文为叶适文，则荒谬益甚。总此前集七卷观之，盖书贾愚妄者之所为，而以欺无识之收藏家者也。庄仲方《南宋文范》颇有取之《十先生奥论》者，皆一一注出。中有方恬《机论》一篇，今在此抄补七卷中之卷四内。则此七卷文之不重见于后卷者，可信其从原书抄补。以此例之，则此七卷之卷一吕祖谦文五篇，卷三胡寅文五篇，此两卷为可信。卷四方恬文《机论》《广度》二篇亦可信。卷五陈傅良

前一《文王》残文,后一《伊尹》残文,卷六首《秦论》残文,
与末《韩信樊哙贾谊终军》一篇亦可信。此外则全不足
信,应加删汰。颇怪四库馆臣,方修书时,或删或补,不稍
顾虑,每有全集而妄删其数卷者,胡为于此不稍甄别订正
耶? 卷中残文,亦颇可就他书校正补足,乃一仍旧观,听
其残缺,是亦粗疏不考之咎耶? 今按后集第五卷应补《文
王》一篇于末,以足七圣之数,前集抄本卷四中《文王》一
篇是也。此文残损特甚,计存四段,今依明本《古论大观》
校之如下:

第一段后阙文　盖至于《易》然后喟然叹曰:"天
下之难极于文王,文王之心见于《易》。古之圣人迫
之而后应,求之而后得者,吾闻之矣;迫之而愈不动,
求之而愈不可得者,吾未之闻也。于此得文王之
天……"

第二段中"固也"下阙文　彼天之雷独何为其然
耶? 方一阳之复五阴之剥也,以理推之,阴犹怙其盛
而不却以逊阳,阳有寖隆之势而无忌于阴,剥后之
交,则阴阳之相战也。雷之击宜先于阴阳之战,而乃
伏其声于杳冥无用之表,蛰跳踉叫号之物于不食不
饮而不病以死之中,又进而临,进而泰,凡天地之间,
风之披,雨之偃。

第二段后阙文　而雷犹偃然,文王取焉,以重易
之复,而征其意于《系》之辞曰:"出入无朕,朋来无

咎。"噫！彼之数也宜出，此之时也宜入，天下之势又方来而不容御。

第三段后阙文 出入之交，必有受其伤者矣，犯出入之机而不伤，虽朋来也而可无咎。惟易之复也有之。故用其至神伏其道而蛰其民，谢适至之时，而逃既穷之数。

第四段后阙文 周文王也，夷其明于虞芮质成之后，而避禹之不能避，化《汝坟》之妇人，悲王室之如燬。而无异心，而使怨汤者无敢怨。避禹之所不能避，使怨汤者无敢怨，而没其身焉，以臣于商。迫之而不能动，求之而愈不可得，而天下之民卒立武王而君之，曰"西伯之子也"，而不曰"其要我也，其厉我也"。噫！禹汤犹人也，文王其天矣哉！

后集卷六有《张良二疏》一题，而文则全阙，是固应取抄本前集卷六陈氏此文补之。此篇后接有别论，则并题与文之首段佚之，求之《古论大观》，则仅存之文为陈傅良之《汲黯萧望之论》，亦可据补：

《汲黯萧望之》篇首阙文 君子之用于世，非不乐其身之安于朝廷之上，而得究其所欲为者也。泄柳、申详所以不安于缪公之侧者，非二人欲也，无泄柳、申详之人以安之也。嗟夫！乐其身之安于朝廷之上，而究其所欲为，而同列者无泄柳、申详之人，则一日而去君侧，固君子所惧也哉！《采葛》之诗曰："彼采葛兮，一日不见，如三月兮，彼采萧。"

抄本前集卷六首《秦论》，卷末《韩信樊哙贾谊终军》，此一篇为可信，而其间四篇《项羽》《吴王濞》《范增》《张良》则不可信。以《古论大观》求之，有陈傅良《高祖论》《曹参论》《林宣优于孝文论》《霍光》《田千秋》《蔡义论》诸篇，不见于今本四十卷中。意者卷六中佚去诸篇，当是此等。《古论大观》有方恬《激俗》一篇，抄本卷四首阙之方恬文，亦应以此篇补之，皆可以意决也。嫌于臆断，惟存此说而已。海内藏书家甚夥，谅《奥论》完本，犹有存者，以俟他日书出定之。至此卷首之《秦论》，其篇末亦残缺，以《古论大观》校之，其陈氏《秦论》则后篇残缺尤多。而篇端则与此全异，自篇首至"以六姓之遗黎"以上，与此篇首之文殊。《古论大观》为陈氏文，此则妄取眉山苏氏文也，兹录《大观》之文于下，篇后阙文，则无可据补也。

周盖千八百国，春秋之际其存者百七十余国，已而并而十二，又并而七也。其七也，非复尽春秋之旧也，已而又折而入于秦。嗟乎！自千八百而至折于一，天下之毒极矣。而六国之际，其兵无日不连于境，其民父子兄弟不介而庐聚者亡几也，而不闻有匹夫之祸。匹夫之祸则起于秦，何也？自周之媚夫民也，而天下之权重于君，虽然，其始也敢疑于上而不敢议；其后也，敢议而不敢怨，又其后也，敢怨而不敢为乱。尝观《诗》风雅之变，苦刑政之苛、困赋敛之重，诟謈愤悱，宜无所复惧，而婉娈揫幽，曾不敢暴其过。至于六国，邀于纵横之相持，而切于存亡之相及，亟战支敌则可以后亡，故其民犹出其力以纾上之急。宁死于将而无宁为虏，则亦周之泽不忍乱者犹在也。秦之兴，以周之衰，其民欲无厌而狎侮其上，君之威灵屈而不足以震感其下，以制其命，必君也极其尊，民也极其卑，而后可以锢天下犯上之心，故凡秦之法尊君而卑民者已甚。噫！秦之民，六国之民也，尝读《太史公书》至于楚人泣涕于怀王之卒，楚人死不帝秦，则其习闻于不仁之号，谋所以并天下而难于臣之也如此。

第五卷为陈傅良文，有《文王论》二篇，《伊尹论》二篇。详校核之，《文王论》后一篇诚陈氏文，前一篇则刘子翚文，所谓屏山先生者也。《伊尹论》前一篇诚陈氏文，后一篇则吕祖谦文也。刘、吕二篇，文并残阙，今补之于次：

屏山《文王论》第一段后阙文　惟人亦然。

第二段后阙文　惟心亦然，人知充其力于四体而不知充其力于一心。心之力藏于恍惚，发于精微，失其养则彫耗弱懦不能胜，微得其养则运量酬酢，动无抗心，心苟无力，何事能集？文王其圣流之冠冕乎？何其力之大也？商纣季世，事之方殷，以眇然之躬，忧勤经理，日昃而食不暇焉，他人观之，其中襟岂能顷刻静谧耶？然而不磷不缁，养成圣德，渊懿纯一，曾不以胶胶扰扰为妨，自非操之有道，未易能也。夫事物之交茫然自失，小者出入而不纯，甚者放僻而不反，于是有避世自全远尘见独者，其心非不足也，一有接焉，又愦愦矣。盖力之大者，由其心之精也。

第二段后阙文　乌贵夫烈然谢世哉，心之不精非特外物汨之也，亦中襟受之也，中苟不受，彼将安寄？

第三段后阙文　情性神意，足为一区，若同而异，若异而同，遇事纷然，迭为主宰，乌知其为雌雄者，由炼之不精也。

第四段后阙文　谨其所养，动无与抗。

第五段后阙文　文王羑里之囚，死生忧患之至矣，而从容演《易》，安时处顺，无异凝流端冕南面而居，盖其平昔涵养之功，政在事物变迁之际，与之循习，无所骇异也。昔晋文公欲为襄公择傅，胥臣曰："文王在傅不勤，处师不烦，非专教诲之力也。"彼言禀之于天，从容自合云耳，殊不知圣禀虽异，未有不因涵养而成者。

第六段后阙文　胥臣又曰："若有邪，责教将不入，犹蒙瞽之不可视听也。"既不知圣之所以圣，又不知愚之所以愚，绝学弃类伤教为大，予读《国语》未尝不叹惜于斯也。且善潜心文王者莫如孔子，孔子之圣固天纵之，而造次颠沛，未尝舍是，自志学至从心，十年一化，大圣自修，犹节节而进，况他人乎？

东莱《伊尹论》篇首阙文　古之圣人苟有不足于中者，无讳也。夫无讳于其心，则亦无讳于其人，故后世有得议焉者无恤也。

第一段后阙文　夫子序《书》，于鸣条则曰"战"，于受则曰"杀"；而孟子于周公之过，则亦以为"宜"。夫曰"战"、曰"杀"者，直书之也；曰"宜"者，然之也。以汤武之师而夫子则直书之而不贷，以周公之过而孟子则然之而不辞。呜呼！彼三圣人者，诚以为未足也，于后世之议奚恤哉。吾观伊尹之心盖有甚于此者焉。鸣条之役，创之者汤也，而从之者尹尔，而夫子序《书》则曰："伊尹相汤伐桀。"夫先尹后汤，则是首伐桀之谋者，尹也。虽然，此犹可也。太甲既立，不明于德，而桐宫之迁，盖居忧焉，而夫子则书之曰"放"。嗟乎！

第二段后阙文　吾固谓伊尹之心有甚于汤、武、周公也。盖尝观桐宫之迁，非放也。《书》曰"太甲既立不明"，而不曰不明见于未立。意者未立之前，太甲如故也，既立之后，声色臭味有以蛊之者多矣。脱声色臭味之蛊，而俾之密迩先王之训，此伊尹悟太甲之机也。尝观伊尹告太甲之书有五，而居桐之后无一焉，意者言不可以悟太甲，所持以悟之者，汤之训耳，此又伊尹之心也。已而自怨自艾，天理顿发，居仁由义，与汤匹休向非桐宫之训，则旧习犹不免也。然则迁桐之制，亦古人亮阴之制。亮阴之制古也，非创也。今观之《书》，自居忧之外则无说，而复位则即见于三祀之末年，虽一日不过也。是则无古人亮阴之制，尹不敢为也。虽然，其心诚然也，而其迹则若悖也；其制虽古也，而其事则若今也。尹岂不知后世之议及此哉，然亦不可得而窜也，则亦曰"吾听之而已矣"。是故夫子不得掩于一字之名，而伊尹亦不可逃于一字之内。非为伊尹设也，为后世无伊尹之志者设也。以尹之圣，犹不免，而况于非尹也哉！此孟子所以缵夫子之志而名之以"篡"也。夫子书法不隐，而伊尹为法受恶，虽一毫之私不贷也。嗟乎！天下任兴于尹，而任之重如此哉！吾固谓伊尹之心有甚于汤、武、周公也。昔者陈司败以党君之过目夫子，夫子闻之曰："丘也幸苟有过，人必知之。"且夫子安于受党君之过，而且幸人之知己者，何也？则亦曰："无讳于心，故无讳于人耳。"知夫子所谓幸，则知汤、武、伊、周之心也。不然，非夫子先有此心，其何以议圣人之心也哉？

《十先生奥论》有此东莱《伊尹论》之残文，则知此论原在吕祖谦《尧舜》《禹》《汤》诸论之后，抄拾者误入之陈傅良各论之中，而陈遂有两《伊尹论》。《十先生奥论》既有刘屏山《文王论》残文，则知《十先生奥论》原有刘子翚一家，抄拾者误杂之陈傅良各论之中，而陈氏遂有两《文王论》。《奥论》本每卷各一人，此既有刘氏之文，则《奥论》原有刘氏文一卷或二卷可知也。《提要》云："此四十卷中，核其作者，已十六人，但题曰十先生。"存此疑异之辞。今案：合三集言之，可知者已十六人。若后集则无所阙佚，自是十人。前集依旧存者计之，有吕祖谦、胡寅、方恬、陈傅良、杨万里、刘穆元、戴溪、张震、叶适九人，合刘子翚为十人，此前集亦十人也。知十先生云者，每集皆十人也。《宛委别藏》中有《诸儒奥论策学统宗》前集五卷，共有文三十二篇，中有陈傅良文七篇，杨万里文六篇，皆同于《十先生奥论》。吕祖谦文七篇，其六见于《十先生奥论》。惟《周公》一篇不见，当是《十先生奥论》阙卷中文，而应系之《伊尹论》下，兹特钞录于后。又有刘子翚文十篇，其《文王论》，《十先生奥论》有其残文，则余九篇亦《十先生奥论》阙卷中佚文。抄本中有《曾子》《颜子》《孟子》三篇，皆复取后集中之杨万里文。是殆前集原有此目，实为刘屏山文，刘文佚而妄以杨文补之。《诸儒奥论》中固有屏山之《孔子》《颜子》《曾子》《子思》《孟子》诸篇，亦有《尧舜》《大禹》《成汤》《文王》《周公》诸篇。是《诸儒奥论》即取之《十先生奥论》中，一以人分卷，一则合三集而以类分卷耳。则取彼屏山之文,以补此《十先生奥论》之阙,应当二卷。《诸儒奥论》序屏山在东莱之前,应亦《十先生奥论》之旧。则《十先生》原阙七卷,应卷一、卷二为屏山此十篇文,卷三为吕东莱《尧舜》等论,末有《伊尹》《周公》二篇。卷四为胡寅。卷五为方恬,而应补《激俗》于首。卷六为陈傅良文,去其间《项羽》《范增》诸篇,而易之以《高祖》《曹参》诸篇,则前七卷之文,可寻者已六卷,足以正原抄者之妄,而补四库馆臣之疏。其尚阙一卷,由《古论大观》核之,中复有陈傅良《学至乎礼而止论》《虞夏不言损益论》《子谓武尽善论》《仲尼不为已甚论》《孟施舍似曾子论》《唐制度论》《韩愈所得一于正论》《太宗功德兼隆论》《使功不如使过论》《天人相与之际论》《王者之法何如论》《为治顾力行何如论》《易敌论》《荀氏在孟子之间论》。意者《止斋文前集》卷五,全不足据,应是此数篇。盖先有止斋《奥论》一书(玉海楼有之),其后或广之为《十先生奥论》三集,分类编之则有《诸儒奥论》三集。明人多据此各为选本,而最广者为陈氏之《古论大观》。南宋人集外之文,赖此一系,所存非鲜。故谓《诸儒奥论》《古论大观》取《十先生奥论》,而《十先生奥论》实滥觞于止斋《奥论》,盖无不可。则据《古论大观》以补《奥论》之亡可也,若《诸儒奥论》前集有郑敷文《三王论》《老子论》二篇。郑敷即郑伯熊也,以例求之,当即《十先生奥论续集》前五佚卷之文,可推而知也。

东莱《周公论》 天下之变生于激，而变之酝焉者生于循。盖不激则变不生，不循则变不酝，是故变之激非可畏也，而变之循可畏也。循之为可畏者何也？人心溺于变而安于激，而不知祸之可戒也。阴阳激而为雷为霆，兹变也已，而闻之者不惧，而见之者不骇也。彼固以为朝闻而夕见之也。则亦奚惧而奚骇？嗟乎！人之情其亦骇于所未常见，而惧于所未常闻者乎？盖上世未尝有放其君者矣，而汤径犯之，是以当时犹有舍稽之言，其如台之言者，盖不安于其心者之言也。已而武王继之，而天下习矣。孟津之师一集而不期之会者相踵也，彼纣固有罪也，而当时征伐之事无亦亵于所见者乎？吾观牧野之师一卷而归马放牛之事随至者，武王其亦忧于天下之习也？未几，武王既丧，卒之变生于藩篱而成于肘腋，尚动东山之师，而周公亦敢于为天下之大不义。嗟乎！周公非若人也，而亦安焉者何也？盖亦逼于其时，值乎其变者然也。盖尝读书而至于管蔡之诛，未尝不果于周公之一举也。盖周公之一举诚果也，以臣而放君，前此固闻也，而戮手足之爱者奚见也？以象之傲而佐之嚚瞍之顽，犹不得逞也，而卒怛怛于不义而况于无嚚瞍之顽，而又非象者何如也？吾固谓周公之果也。且武庚之立，盖武王之意也，杀其父而立其子，人情则同然也。而周公诛之，彼天下之人则曰："是武王立之也，而周公诛焉。无以若是怒也哉！萃乎周公，其何以谢天下也？"杀其父而又戮其子，人固以为不仁也，既立而复黜之，人固以为不信也，一旦而戎二昆，人固以为不友也。夫以一周公之身而萃不仁不信不友之责，而周公则亦安焉？吁！周公非诚安之也。周公之意以谓吾宁以身负管蔡，而不可以身负武王也；吾宁以身负武庚，而不可以身负天下也；吾宁以身负天下之谤，而不可以身负宁王之责也。向使管蔡不锄，武庚不削，天下殆且无周也。而奚管、蔡、武庚之足恤也哉？此周公之本心也，而实难以语夫人。吾观《金縢》之书，《鸱鸮》《七月》之诗，且有以见周公之不有身也。夫不知有身而奚以恤？夫人死生大事也，忘死生之分，而欲以身代武王者，此其心何如也？《七月》之诗为遭变而作，而《鸱鸮》之什则急于救乱者然也。今读其诗，若无与于遭变救乱之辞，切切然惟知有先公创业之难，而自述其为国之不易，安于堕。成王之疑初未尝急聘以求释，彼亦何心以脱天下之谤也哉？然则周公非欲全名也，盖欲全周也。非果于不仁，而果于仁天下。非果于不信，而果于信其心。非果于不友，而果于友文王。向使时不遭变，变不激不觊，吾见周公之心得以远乎其天矣。彼管、蔡、武庚所以自贻勦覆者，亦觊变幸灾之所召也，于周公奚其贬？

《提要》又云："方恬、刘穆元、陈武三人，则史传俱无可考见。"按：方恬字元养，见《南宋文录》。而《奥论》所采刘穆元文，皆为《易统论》(本名《易统》)。《括苍汇记》有刘赞，遂昌人，特奏召，此撰《易统》者也，殆即此书。则赞其名，而穆元其字也。陈武亦入庆元党籍，字蕃叟，瑞安人，止斋先生族弟。于书无所不读，尤长于《春秋》，芮祭酒雅重之。成淳熙进士，以右文殿修撰知泉州，与止斋同学，而名齐之。《提要》言郑湜有二，其一字溥之，福州人，光宗时为从臣，奏立太子监国，见《留正传》；其一则绍熙元年为从政郎，进《治术》十卷。而全谢山《答临川论庆元党籍帖子》云："郑湜，乾道中成进士，官秘书郎，所陈皆谠论，逮名党籍。《宋史·宁宗本纪》'绍熙五年遣郑湜至金'，《金史·交聘表》'明昌五年宋翰林学士郑湜来'。溥之本直院，使金时暂假学士衔以行。"是谢山不以为有二郑湜也。盖光宗即位湜为秘书郎，庆元初权直学士院，赵汝愚罢，湜以撰制侮韩侂胄免，出知本州，后为刑部侍郎，卒谥文肃。江苏国学图书馆有《二十先生回澜文鉴》，其作者姓氏中，云"刘穆元字和卿。登进士第，有文集，号谦斋。方恬字仲退，南省进士第一人，号鉴轩。郑湜字实夫，登进士第，历官至侍郎，号艮轩。张震字雷叟，登进士第，号晋庵。"言各人字不同。此非方恬辈有二，盖字非一耳。黄荛圃藏《二百家名贤文粹》，中又云"张震字真父，绍兴二十一年第"，则字亦不同也。《提要》所谓"俱无可考见"者,实馆臣之疏也。

《十先生奥论》存者四十卷,除复重二卷,实仅三十八卷。此三十八卷中,陈傅良文独有十一卷,叶适文五卷,吕祖谦、杨万里文各四卷,余十二家文为十二卷。此编之作,实以女婺之学为主,可概见也。况所录皆明体达用之文,意在坐言起行,而不偏于理义之空疏,与夫事功之驳杂。此固宋季国步方艰,怵心时变者之所为,想亦金华文献之传流者为之也。《提要》谓此书"虽不出于科举之学,而残编断简,得存遗佚之余,议论可观,词采可取"。夫四库馆臣以吕氏《历代制度详说》、唐氏《帝王经世图谱》,且列之类书家,亦以为科举之学,更何有于此编? 是其言已不必论。《提要》于《圣宋文选》云:"此皆北宋之文,自欧阳修以下十四人,惟取其有关于经术政治者,诗赋碑铭之类不载焉。"《十先生奥论》去取之意,亦《圣宋文选》之例。所收共十六人,除伊川先生一篇外,皆南宋文也。二书实可相续,无所轩轾。《提要》于二书注语,不免任情抑扬。其实《圣宋文选》又奚不可认为科举之学耶? 此编以陈君举为主,而东莱、水心次之,固见其为出于金华学派。当时陈龙川、唐悦斋实与吕、叶齐名,乃此编独不之取。而又间及程、朱、杨时、张栻之文,此为女婺之学,后与朱氏一派合流,龙川、悦斋皆以开罪于晦翁而见黜。是编者之学风又可见也。金华而外,南宋宏文亦多,此编独取杨万里、张文潜、张栻、胡寅者,其故盖亦可考。殆以南轩之徒,后多折而入于止斋之门。张文潜为苏门之巨子,自应见重于蜀。而杨万里则初学于张浚,后又学于胡铨。则此编必出于张氏之徒,而又折入于陈氏之门者无疑也。惟其折入止斋之门,故主陈氏而以女婺之学为主。惟其出于张氏,故取南轩之文,而兼及杨万里辈,避程、朱、龟山而弃龙川、悦斋也。南渡后蜀学多入于浙,与浙学合流,三牟、高氏其著也。所谓西蜀之史学,永嘉之制度,并而为一者也,事见王应麟。衡此编之得失,宜先考论当时学术之流变,观其去取,以知其宗趣,然后可以立言。惜四库馆臣未之详究,遂轻于为论,而于抄补之妄,既未能订正,于其阙损,又无所校补,则疏忽之咎,固不可辞也。

南渡之学,舍道学一系外,自应以女婺为大宗,所谓中原文献之传者也。而金华先哲著述,既多散遗,其佚文仅存者,颇视本集中文字犹精。余昔读《文献通考》,见其所取各家之文,多在集外,莫知所据。李微之云:"近世吕伯恭最为知古,陈君举最为知今。吕亲作《大事记》,陈亲作《建隆编》。"反复《通考》之书,知所取陈文,即本之《建隆编》,《宋史·艺文志》所谓《开事基要》者也;所取吕文,即本之《历代制度详说》。吕书刊于武英殿者既非全帙,而八千卷楼钞本亦有遗文,予据《通考》补之。陈书久佚,余亦据《文献通考》辑出,《宋志》所谓一卷者,要亦十得八九也。《十先生奥论》中所取陈氏文,多论西汉事。又别有见于《古论大观》者。《宋志》有陈傅良《西汉史钞》十七

卷，则《奥论》所录，大要本于此也。玉海楼藏书有止斋
《奥论》，岂陈氏他杂论皆取于此乎？此编与《二十先生回
澜文鉴》所取郑湜文，如《君体》《相体》《国体》等，大要即
本之郑氏所进《治术》十卷者也。他如李元阳所刻《通典》
中附《诸儒议论》，《四库》著录之《十七史名贤权论》，二书
皆明本，世尚多有之。此亦求宋人集外佚文之大宗也。
《二百家文粹》更为收辑宋文之宝藏，不知今世犹有存者
否乎？诸选所取何去非、南宫靖一辈之文，本书固仍在。
若张唐英文，乃《唐史发潜》六卷佚文，仅赖此等选本以存
之。凡张栻之《通鉴论笃》四卷，刘子翚之《汉书杂论》二
卷，皆可于此诸篇求之。斯之所系亦巨，《提要》固未及知
也。《南宋文录》中又有吕东莱《吴论》上下、《宋论》上下、
《魏论》、《齐论》、《梁论》上下、《陈论》等篇，皆未易一一言
其所出，未审即取于《奥论》后集之续卷中乎？而胥在集
外。益知宋文之散在群书者，实不可胜求也（《东莱集》近
世刻本皆不全，惟《四库》为足本，余往时阅文津书，此集
残损亦多，斯亦应补者也），清人所录，多本之前代旧选。
予尝阅明人选本几三十种，其中佚文固不胜指数，殆亦本
之宋人选本。且有六朝唐人之文，为孙星衍《续古文苑》、
严可均《全六朝文》及清修《全唐文》所未有者。孙、严搜
讨之勤，每求残佚于金石，采断散于类书，乃佳章完璧之
存于明者遂逸之，诚大可惜。是选本虽陋，实究心文献者
所不可废。至宋人集外之文之存于明者，更累累不可胜

数。明人所选，又自以《古论大观》为最博。北宋有《皇宋文鉴》《圣宋文选》，南宋则此《十先生奥论》及《诸儒奥论》所收为富。并选南北宋文者，则有《二十先生回澜文鉴》及《类编回澜文选》四十卷。凡《古论大观》及诸明人所录，多见于此。《二百家文粹》自更为巨数也。

南渡以后，女婺之学极盛，盖自有其独造之处。王子充曰："圣人之经，儒者之传，诸子百家之著述，历代太史之纪录，以及天文、地理、律历、兵谋、术数、字学、族谱之杂出，皆学者所当读而通之者也。先王之道，所以立天下之大本；先王之制，所以成天下之大业，皆于是乎在。宋河南程子、关中张子者出，始克实践精讨，而圣贤明德之要，帝王经世之规，乃大有所发明。其后朱文公、张宣公、吕成公一时并兴，即当其时如永嘉薛氏、郑氏、陈氏、叶氏，闽中林氏，永康陈氏，后先迭出，各以所学自成一家。大抵均以先王之道为己任，先王之制为必行。"苏天爵言："南渡之初，一二大贤既以其学作新其徒，吕成公在婺，学者亦盛。同时有声者，有薛（季宣）、郑（景望）之深醇，陈（傅良）、蔡（幼学）之富赡，叶正则之好奇，陈同甫之尚气，亦各能自名家。其为文也，本诸圣贤之经，考求汉唐之史，凡天文、地理、井田、兵制，郊庙之礼乐，朝廷之官仪，下至族姓、方技，莫不稽其源袭，究其同异。"此女婺学术之纲领也。黄潜言："婺之学有三家焉，陈氏先事功，唐氏尚经制，吕氏善性理。在温则王道甫尝合于陈氏，而其言无传。陈君举为说皆与唐氏合,叶正则若于吕氏同所自出。"袁清容亦言:"女婺史学之盛,有三家焉。东莱之学,据经以考同异。龙川陈同甫急于当时之利害,召人心感上意,激顽警媮,深以为世道标准。悦斋唐与政搜辑精要,纲挈领正,俾君臣得以有考,礼乐、天人、图书之会粹,力反于古。"此言女婺学术之派系也,所谓浙东史学者,以此最为深宏也。论浙东之学,舍此而言明清,斯为不知要。言此诸家,不知穷其根实,惟囿于《宋元学案》理学家言,则又大惑矣。惟浙东之学,以制度为大宗,言内圣不废外王,坐言则可起行,斯其所以学独至而言无弊。顾著作宏富,植根于深固,斯《奥论》数十卷者,曰英华之言可,曰枝叶之言亦可。要以李心传所举吕氏《大事记》、陈氏《建隆编》之类,则根实也。玩其华叶而遗其根实,重其根实而轻其英精者,皆非知要。合而论之,始可以见女婺学术之全。不知浙学之全体,则亦不可与论此书也。往时陈君寅恪于语次称汉人经学、宋人史学,皆不可及。予闻其说而善之,叩诸陈君援庵、余君嘉锡,皆以为然。乃鄙意复又稍别者,以经学有西汉东汉之分,史学亦有北宋南宋之异。盖治法密于唐,自北宋人视之,若谓徒法之不如徒善,故北宋史人皆高谈性道,不识治法;虽激论变法,而北宋究无能论法者。自孙甫作《唐史记》,以为"郊庙、祀乐、律历、灾祥之事,官制、刑法、食货、州郡之制,其备议细文,各有司存,史难其载",欧阳修、司马光之作《五代史记《资治通鉴》亦然，而史之典制以废。然吕、陈、唐、叶之徒，言史必以制度为重心，此两宋史学相异处。至若吕氏《十七史详节》之书，与《通鉴》同为削繁就简之作，而吕书于诸志表杂传，一一存之。盖仿荀悦之删班为《汉书纪》，不废十志之文也。至北宋言史而史以隘，专主人治而遗史之全体。是北宋之言史专于理道之旨，义每狭而浅，未若南宋之广且深矣。粗论浙东之学如此，凡研究《奥论》者，不可不察也。

此文草创于北平，材料多资于北平图书馆，亦颇有取材于天津图书馆及江苏国学图书馆者。积二年稿未定，他作多于南京陷落，遂致散失。此稿以徒校订旧文，别笥藏之，仅得保存。返蜀于兹已三年，以今夏暑期休假还乡，山居寡务，重为次序。而书籍不备，无以资检阅。《奥论》后集卷六陈傅良之《曹参邴吉论》阙后半，为误以《叔孙通论》接之。《曹邴论》全文见《古论大观》中，未审为忘于抄录，抑抄后失之，兹则无从补也。又此《奥论》前《提要》一篇，与通行《四库全书总目提要》亦微有出入，刻亦未能勘覆。郑湜《治术》十卷内容，《文献通考·经籍志》中或当有说，亦以书未在侧，不及考核。并志歉于此。若浙东史学之旨义，及其下逮元明之系统，则拙著《中国史学史》论之差详，于此仅略述之。册中所录东莱《周公论》全文虽可信其为《十先生奥论》所有，但方

恬《激俗》诸篇既未录入,则吕文亦宜置之。又七卷
目录于伪者加○以识之,乱者加△以识之,以便于览
者之检覆。

原载 1941 年 6 月《图书季刊》新三卷第一、二期合刊

附

录

与友人论宋史书

　　自范氏通史（指改写前之《中国通史简编》）流行一时，课改和《历史教学》一类刊物，亦大率依范氏涂辙，皆以一般政治理论批判历史，立场观点自然正确，但去历史唯物论似更远耳。材料、内容比之过去作者，并无大异，仍是讲宦官外戚等等问题，仍是侧重统治阶级历史材料，和孔子《春秋》、《紫阳纲目》用褒善贬恶的态度批判历史相去无几，只不过把"圣人之道"换成"无产阶级"而已。而并未从社会发展的观点来探讨各时代人民的生产和生活来改造历史，到底马列主义的史学应当如何着手，是否应从社会经济着手，反不明了。于历史的物质基础不加追寻，而津津于讨论过去叫"盗贼"今天要叫农民起义，过去叫"夷狄"今天要叫少数民族，这所产生的批判自然是正确的立场观点，但以此即是马列主义的历史，这种风气文通私心总觉不安。这四五个月来专就宋史从经济方面接触的材料不少，也寻出些问题，虽属浅陋，亦稍有意思

（今日因暇与故友一谈以求教益）。郑行巽《中国商业史》叙述北宋的商市，把四川推得过分高，过分突出，这个材料的来源是出于《文献通考》。同时，《通考》记载全国酒税，四川也是非常突出，但酒税的总额是分别说，铜钱若干、铁钱若干。四川收入数字的突出，正是因为四川全用铁钱，大概铁钱十当铜钱一，成都年收四十万贯是铁钱，东京四十万贯是铜钱，这是完全不能相比的。看清楚这个原因，酒税、商税四川就不突出了。但又有一个问题，四川直到南宋都用铁钱，酒税、商税是因为铁钱数字才突出，为什么四川的二税、上供、免役各种收入的数字在全国比较就又不突出？若把这些数字也作铁钱计算，那四川就低得太突出了，这个问题又在何处？偶然一下想起，这必定是政府发行交子的问题。《宋史》一类书但记交子，没说交子一贯究竟是准铜钱一贯，还是准铁钱一贯。我们在前也没注意这一点，全中国用铜钱，政府发行交子可能是准铜钱。从前四川民间自己发行交子，本只限于一地使用，可能准铁钱。商税、酒税是天圣时政府发行交子以前的税法，有它用铁钱的历史，沿着这种习惯，四川所以就很突出。免役、上供、二税是天圣政府发行交子以后的税法，是以铜钱计算，所以就不突出。又过两天，我在李攸《宋朝事实》内看到天圣发行交子是配铜钱的记载，人户将到见钱，不拘大小铁钱依例准折。这一误解就此澄清。但是这一材料终于没有说明商业上、经济上的什么问题,这是不够的。

宋代的生产有相当的提高,宋代的经济有相当的发展,是很显然的。唐代租庸调和二税都是缴纳实物,宋代盐、茶、商、酒各税都是缴纳货币,货币使用量扩大,物品的比值易于决定,也是经济提高、商业发达的主要原因。唯宋代二税三分之一是货币,三分之一是实物,那是都市大量使用货币,乡仍只限于三分之一的货币,这就又不能把宋代的货币使用量估计得过高。《元丰九域志》比《太平寰宇记》所记各县的镇不止增一倍,就是乡间的市场不止增一倍。以往地理书没记过市镇,宋的各县市镇皆设有商税务、酒税务,专门有人员在乡镇收税,这是民间贸易有了发展,农民购买力的提高,供给民间的手工业成品的扩大是可想见的,市场的增加数字是可以出来的。各个县和农村市场商酒税的收入,《宋会要》一处一处是可以看出的。商税多少,在全国各地如何分布,就是各地富力的比较。宋代税法为百分之二或百分之三,由一年的总收入是可以计算出全年的贸易额。由户口和商税两种数字可以看出每户有多少交易额(钱与米、帛的比值大约钱一贯、银一两、米一石、布一匹的价格长期是相当的——少时或七八百文,高时或千二三百文)。《朝野杂记》说(《玉海》同):景祐中天下商税四百五十余万缗,酒课四百二十万缗,盐课三百五十五万余,庆历中商税钱一千九百七十五万余缗,酒课一千七百一十余万缗,盐课七百一十五万余缗。这是经过一段时间商税增加三倍以上，也就说明了贸易和生产增加了三倍以上。盐税增加得少，这是很合理的，人家比从前富有些，但盐是不能多吃的。但这里有个疑问，景祐到庆历不到二十年，可否能够如此突飞猛进地增加，尤其是人口不能增加一倍的时候，盐课却已增加一倍，这怎么合理？再考之《食货志》，至道中已收四百万贯（太宗），天禧末至八百四万贯（真宗）。景祐在天禧后，不应该景祐少于天禧。至道至天禧二十余年增加一倍，天禧至庆历亦二十余年，亦增加一倍，就大致于相当了。《朝野杂记》说的景祐应该是错了，《玉海》"景祐"作"景德"就合适了。至道景德户四百余万，盐课三百余万，庆历户一个数十万余，盐课七百万余，户增一倍，盐课亦增一倍，这也就合适了（仁宗时代收入增加得多，另有一个原因，是他用大钱，大钱的数量不可知，谅不会太多，由盐税的收入比之人口的增加要多些，于此种比率可窥见大钱的数量，当时的物价亦微有上升，都可用以计算）。龚鼎臣《东原录》说：商税庆历中二千二百万，知道一千九百万的数字是庆历初年，依张方平说是庆历五年。庆历共有八年，龚鼎臣说的应该是八年的数字，五年至八年又增二三百万，真是一个猛进的现象。有人说，商税还是以海上珠宝商人为主要。其实不然，《玉海》说：海舶皇祐中五十三万，治平中增十万，五六十万和二千万比较，很清楚商税主要部分还是从各县镇来的，从

《宋会要》可以考出。酒税收入增加得多就可奇怪了，酒全然是浪费，当然要生活优裕、生产有剩余的人，才会有酒的浪费。当时两广和福建、四川的一部分都没有酒禁，不收酒课，自然是这些地方少酒的原因，但合此估计，在一千万户人的仁宗时期，酒课是应在两千万贯钱以上，那每年酒的浪费就大了。造酒都是用谷类，这时粮食生产的剩余也可想见。如其是粮食不够，政府是禁止造酒的。从酒课上看，就不能使我们想象宋代的社会是贫窘的社会了。但是，宋王朝又始终在叫穷，这原因只能从地主剥削上看了。真宗时，主户六百余万、客户二百余万，仁宗时主户六百四十七万、客户三百七十余万（太宗、神宗时的主客户尚未去计算，南渡后就发展到主户四百万、客户八百万的比例了）。地租是十分之五，社会的贫困是多数人的生产（包括主户中的自耕农）被少数人剥削来浪费和荒淫了。政府收入（中央州军的收入支出数字比中央政府略多，不在此数字内）真宗时一倍于太宗，仁宗时三倍于太宗，神宗时又一倍于仁宗。在中央政府收入六倍于开国之时，政府还为贫穷叫苦连天，它的支出增加主要是在冗兵、冗官、郊祀、宗禄四项，也完全是浪费。劳动人民的生产完全供给了地主官僚的浪费，政府人民都穷，只是少数地主官僚富裕。王安石的新法，他根本不能解决宋的贫乏。原新法以聚敛为主，这就是收入比仁宗增一倍的来源。贫穷地区担负多（北方），富裕地区担负少（南方），贫穷人家担负相对多，富裕之家担负相对少，官户减半，坊郭户亦轻。近来一般看法都说，王安石代表小官僚、小地主、小资本家，打击了大官僚、大地主、大资本家，司马光是代表大官僚、大地主，真是适得其反。这一问题我另写了六千多字的稿子，交中央教育部（因教育部以"中学历史大纲"到各大学征求意见），那篇稿子也是全用数字写出，我觉这样写法更切实一点，也就是说更接近历史唯物论一点，我自然不敢说我懂得多少马列主义，但我愿意这样学习历史。

约作于 1952—1953 年，原载《蒙文通全集》

致柳翼谋（诒徵）先生书

一九三四年九月

翼老著席：

奉读来教，知寿人兄允于明春入蜀，真为川大青年庆幸。文通暑期中在平，略读东莱、水心、龙川、止斋诸家书，欲以窥宋人史学所谓浙东云者。求唐书，惟得《帝王经世图谱》与《金华唐氏遗书》。全谢山曾于《永乐大典》中钞出悦斋诗文，在平访之，友知皆云未见，不审江浙间犹有之否？伏乞有以指示。

窃以北宋之学，洛、蜀、新三派鼎立，浙东史学主义理、重制度，疑其来源即合北宋三派以冶于一炉者也。黄晋卿言：婺之学，陈氏先事功，唐氏尚经制，吕氏善性理，王道甫合于陈氏，陈君举与唐氏合，叶正则与吕氏同，于此可谓三派六宗乎？袁伯长亦言：婺源史学之盛有三家焉：东莱之学据经以考同异，龙川陈同甫急于当时之利害，悦斋与政礼乐天人图书之会粹。黄、袁之说同，似浙东史学者，此三家其卓卓者；而悦斋之集不可得见，诚使人引为憾事。读悦斋《九经发题》，于《孟子》一篇，深得义理之正，不悖濂洛之旨，徒以与晦庵忤，遂为人轻，诚大可惜。若其《鲁军制九问》，本历史之见地，说经制之沿革，一贯真切，此类真非清代汉学考据家可几及。凡东莱、水心说制度皆类此，切事情而又得前人制法之意，尽有超越汉师处，乃清儒一概屏之，此真清代史学不讲之过。黄梨洲、全谢山世推浙东理学家，乃《学案》一书，于诸家史学不论及，而于学派源流亦若未晰。其书本义理，不及史学可也，而一归之为洛学之徒，其传及于明初王、方，于其流亦足以见其源，而并以为朱之徒，恐黄、全于宋人浙东史学实有轻心处耳。

伊洛抗志孔孟，自卑汉唐；荆公推《周官》，欲以致君尧舜，亦卑汉唐；而浙东邃于史，则疑其非伊洛之举也。荆公重制度而贬《春秋》，伊洛一派重《春秋》。浙东学者重制度、说《周官》，其于《春秋》不徒以褒贬，又疑其非伊洛之传，而有接于新学之统也。

陈振孙言：王昭禹作《周礼详解》，其学皆宗王氏新说。王与之言：三山林氏之奇有《周礼全解》，祖荆公、昭禹所说，而东莱学于林之奇，林解《尚书》未完，东莱补之，则非泛泛传授。而之奇直祖荆公，则浙东经制之学非远接王氏何耶？况吕大中父子实师王氏，亦汪玉山、林三山学所出，而东莱又师二子，此足明浙东制度之端绪也。

（叶水心言：诸儒方为制度新学，钞记《周官》《左氏》汉唐官民兵财所以沿革不同，此指陈君举辈言之，新学当是正指荆公，此又一证也。）

程、王之学不谈史，而浙东之儒言之。王淮言朱熹为程学，陈同甫为苏学。《隐居通议》亦言水心欲合周、程、欧、苏之裂。朱子亦曰：伯恭生怕人说异端俗学之非，护苏氏尤力。此见浙东史学与苏气脉之相关。

盖二苏自谓家学，以古今成败得失为议论之要，其学自本乎史。叶水心谓李氏《续通鉴》，《春秋》以后才有此书。而李心传《系年录》，实祖《续通鉴》。牟子才《读书次第》云：要把二岩书贯穿。谓巽岩与秀岩二李氏。黄晋卿言：渡江后，蜀之文章萃于东南，牟氏父子为蜀士之望，擅文章之柄而雄视乎东南者，大理（瓛）一人而已。隆山（应龙）世其家业，有闻于史学，学者有所不知，必之先生而考质焉。于前朝制度之损益，故家文献之源流，如指诸掌。盖苏以史学为本，而二李为蜀中史学之冠，牟氏得李氏心传史学端绪（宋濂语）以入浙，浙中学者被其风，宗法苏、李，遂与伊洛之义理、荆公之制度合而为一途。金华之传，文章之士尤多，明宗苏之效乎？

苏天爵序《柳贯集》曰：南渡吕成公、薛季宣、郑景望、陈傅良、蔡幼学、叶正则、陈同甫各能自名家，皆有文以表见于世。其为文也，本诸圣贤之经，考求汉唐之史，凡天文、地理、井田、兵制、郊庙之礼乐、朝廷之官仪，下至族姓、方技，莫不稽其沿袭，究其异同。此见浙东之文章本之经史，以义理、考证润饰辞翰，其末流亦大率如此，倘本之蜀者，尤多合北宋三派以为一者也。而又小别有三，若以流弊言之，凡明以来之策论派，刘、苏之余波；纲目书法，此则义理说之余波；宋末缀辑制度之作，后亦流为类书。斯见北宋三派，萃于一则震烁古今，其末流则言多粪土也。诚以南渡后胡马窥江，故中国文物皆粹于东南，所以能成此绝学也。

秋初学年开始定课，遂不揣浅妄，拟授中国史学史一门，于六朝史学拟讨其体制，于宋则拟就《宋元学案》中提出有关系五六学案，而以各家文集之有关文字选以补入，溯其源为前编，及于北宋三派；竟其流为后编，及于宋濂、王祎，以完一宗本末。学俭识短，故陈其妄于左右，希详加教正，使误失稍鲜。而《唐悦斋集》全氏所辑者，尤幸能得之。王道甫（自中）有《厚轩文集》，亦思求之。或于《名臣奏议》《宋文范》之类求得数篇否？

窃以中国史学惟春秋、六朝、两宋为盛，余皆逊之。于此三段欲稍详，余则较略。每种学术代有升降，而史学又恒由哲学以策动，亦以哲学而变异。哲学衰而史学亦衰，《国风》熄而《国语》兴，由《左》《国》观之，实由多数畸形之史体编辑而成。六代精于史体，勤于作史；宋人深于史识，不在作史而在论。六朝人往往不能作志，为之者亦勤于缀拾而短于推论；宋人则长于观变而求其升降隆污之几。若代修官书，及文人偶作小记，固未足以言史也。间有能者，而未蔚成风气，偶焉特出之才，不能据以言一代之学。子长、子玄、永叔、君实、渔仲，誉者或嫌稍过，此又妄意所欲勤求一代之业而观其先后消息之故，不乐为一二人作注脚也。伏冀谅其浅妄而详以诲之。

又东莱《大事记》之通释、解题，意在通经、子、集部以观世变，王袆续之，此亦浙东一派之传也。其书亦不见，未知可以踵武东莱否？江南可访其书耶？诸希赐示。来教以亲为公之说，精辟异常。天下为公者，儒墨所同，以亲为公者，墨所独创。可谓一言而定千载之纷、决两家之辨，无任佩快。

特此上达，敬颂撰安。　　　　蒙文通拜上　七日

赞虞、幼南两兄同此候好

原载 1982 年 12 月《中国历史文献研究集刊》第二集

论北宋变法与南宋和战

弟于两宋事，持论尤有最要者：宋承五季之后，徒知矫藩镇之弊，而不立建国之规，有救弊之法，而无开国之法。唐末五季取民最苛，宋承之未有根本改革，此叶水心财多论之来源，张方平论之详矣。宋初收军权，于边郡尚宽，故边将尚得以有所为，国家亦收其效，贾昌朝论之详矣。后乃边将亦以中国御将之法御之，而宋兵遂不竞，此水心法密权专之所由来也。弟谓荆公变法偏重理财，民已困而荆公犹理财不已。荆公剥民，岂徒新法，即旧法之似未变者，至荆公亦为剥民之具，《建隆编》言之已悉矣。宋初多取于民而收兵权，故国家用费以无名赏赐为多，非此则无以厌兵将之心，此观于太祖杯酒释兵权语诸将之言，观于太祖犯吾法惟有知耳之言明也。而任子之类、废官任差遣之类，徒增冗俸，皆惟知以财悦文武内外之心，此宋财困之源。荆公变法，而宫观以安置反对者，提举以位置附和者，保甲之属亦赏赐甚巨。敛财而又靡财，则又何怪绍述以下为政者之日非也。水心言荆公"不知宋之所以为宋"一言最彻,以荆公见宋之弊,知法之当变,而未知所以变之,此所以益变而益坏。大凡北宋学风,优于哲学,而短于为国,以北宋士大夫本不知法,故变法与反对变法皆无卓识。观于荆公上仁宗万言书,论事已析,言理财不过数十字,而仍以教育养人才、善风俗为说,而未言及如后之所谓新法。及神宗以收复燕云为志,专力富强,而荆公佐之,新法日布,皆富强之事也。谓荆公所行者素志乎,抑素所未知者乎? 其力依附《周官》,特以塞难者之口耳,况《周官》为封建时代之制,不可行之于郡县时代,此途人所能知之事也。此论自水心发之,马贵与扬之,亦可以大白于后也。

至若宋之军政,虽曰未变可也。陈氏《历代兵制》已尝言。盖欲更兵制之时,神宗以为祖宗于此有深意,欲废枢密院,神宗亦以祖宗言。是宋始终以藩镇为惧,至亡国而惧尤未已,应变之法,始终未变,厉民已甚者,荆公又从而厉之,荆公不知宋,亦不知《周官》,卑视汉唐,故胸中实不知法,一旦操变法之柄,杂采俗吏之法而行之。而反对者亦不知宋之为宋、法之为法、《周官》之为《周官》,故不足以折荆公,而曰法不应变,则更无以服有识者之心。凡北宋有新法派之史料,有旧法派之史料,惟求之于吕、唐、陈、叶之说,而上穷其源,而北宋之史可理也。

南宋和战之事亦二派史料纷陈,亦惟求之此数家而后可言。秦桧以收兵权迎合高宗心理，和后而宋之兵益坏。建炎之初，宋固不能战，建炎四年以后，则战之功固已可观，将之专、兵之骄已大戢，凡唐悦斋、真德秀辈之论详矣。既和之后，财耗于给军，而军之额已空十之八，而将专其富，以底于亡，无兵之用。其论之尤奇者，如陈氏谓养盗为兵，优于以民为兵、优于以盗资敌；以地资藩镇，优于以地弃之于敌，皆目击祸毒之言也。如后之言者，以《十三处战功录》疑朱仙镇事可也，将谓无偃城之捷乎？谓无十二金牌之事，则韩、刘各将淮东西军之退，非由诏敕乎？奈何并《三朝北盟》记事而并抹杀之也？夫北宋兵之坏，正以北宋初年兵之精。观乎太宗伐汉及示夏使事，则宋初之兵皆国技好手，故能以十五万之精兵定海内、防夷狄，而任之以非常人所能任之事。于后兵之训练已非，而犹以非常之事任之，此宋庠所以谓之未战先疲者也。宋之边境，未尝不可守，而中国国中未尝可守，此观于李纲、叶适之论靖康之事而明。其所以然之故，则真德秀、唐悦斋所言，自太宗务弱州郡，江淮荆浙并城隍而早堕之，匪之小者尚白昼操兵入城市莫之能御，纵横十数州郡莫之谁何。故金不能下两河三镇，而逾淮逾江莫之能抗者，正宋之所以自为而太宗之故也。论南宋，莫若即战地而考之，始则战于江南，继则战于淮南，顺昌、偃城之役，胜负不必辨，而已战于淮汉之北也。谓宋之必不能战而必待于和乎？和战是非，不必宋人辨之，于金人辨之而已明。尝求之金文，则见其论曰：宋人之和为无诚意，安有据其土地、虏其父兄而不思复仇者？此金不可和之明验，而孰知中国竟于父兄之仇、土地之没而不思报，即金阿术亦是论也。尝观《金史》，金以江不可渡而图入蜀据上流，卒之蜀不可入者，非金之不欲，以宋蜀口之屡捷也。苟非韩、岳、刘、吴，即划淮之和亦不可得，其事甚明。是成桧之和者，韩、岳之徒也。李纲言：必能守而后能战，能战而后能和。即秦桧之党张嵲亦如是言也。此则千古不易之论，奈何后之人并此而不知，乃欲信口论反古来之谳。两宋事求之于史料，不若求之于浙东之说，以此皆知法知势之儒，无党于新旧、和战之间而说最明也。

原载 1937 年 5 月《论学》第五期

跋华阳张君《叶水心研究》

　　经学莫盛于汉，史学莫精于宋，此涉学者所能知也。汉代经术以西京为宏深，宋代史学以南渡为卓绝，则今之言者于此未尽同也。近三百年来，宗汉学为多，虽专主西京其事稍晚，然榛途既启，义亦渐明。惟三百年间治史者鲜，今兹言史者虽稍众，然能恪宗两宋以为轨范者，殆不可数数觏，而况于南宋之统绪哉！双江刘鉴泉言学宗章实斋，精深宏卓，六通四辟，近世谈两宋史学者未有能过之者也。余与鉴泉游且十年，颇接其议论。及寓解梁，始究心于《右书》《史学述林》诸编，悉其宏卓，益深景慕。惜鉴泉于是时已归道山，不得与上下其论也。后寓北平，始一一发南渡诸家书读之，寻其旨趣，迹其途辙，余之研史，至是始稍知归宿，亦以是与人异趣。深恨往时为说言无统宗，虽曰习史，而实不免清人考订獭祭之余习，以言搜讨史料或可，以言史学则相间犹云泥也。于是始撰《中国史学史》，取舍之际，大与世殊，以史料、史学二者诚不可混并于一途也。

华阳张君，精究于史，撰《叶水心研究》一编，凡数万言，发摘旨要，穷其底奥，倘所谓能自得师者耶！不以余之肤庸，时相就讨论，且曰：将于南渡吕、唐、二陈诸家，一一为之董理如治叶氏。闻足音于空谷，能不使人蹙然而喜乎！余谓南渡之究史者众矣，而实以三派六家为最卓。其与北宋异者，自欧阳、司马之侪论史不言制度，而南宋诸家则治人与治法兼包，义理与事功并举，班、荀以降，言史固未有忽于典制数度者也。自孙甫作《唐史记》，谓礼、乐、兵、刑、钱、谷之事则有司存，为史者难乎其备载也，于是庐陵、涑水之书，其于朝章政典皆略而不言，盖"治在人不在法"者，固北宋一代之恒论也。南渡诸家，迥异于是。王祎言：

> 圣人之经，儒者之传，诸子百家之著述，历代太史之记录，以及天文、地理、律历、兵谋、术数、字学、族谱之杂出，皆学者所当读而通之者也。虽然，学问无穷，诚有不能遍观而尽识者。惟圣人之经，则弗可以莫之究也。先王之道，所以立天下之大本，先王之制，所以成天下之大业，皆于是乎在。乃自厄于秦，训诂于汉，愈传而愈失，时异事易，愈变而愈非。宋河南程子、关中张子者出，始克实践精讨。而圣贤明德之要，帝王经世之规，所以垂宪后世者，乃大有所发明。其后朱文公、张宣公、吕成公，一时并兴。而

当其时,如永嘉薛氏、郑氏、陈氏、叶氏,闽中林氏,永康陈氏,后先迭出,各以所学自成其家。大抵均以先王之道为己任,以先王之制为必行。

苏天爵言:

> 南渡之初,一二大贤,既以其学作新其徒,吕成公在婺,学者亦盛。同时有声者,有薛(季宣)、郑(景望)之深淳,陈(傅良)、蔡(幼学)之富赡,叶正则之好奇,陈同甫之尚气,亦各能自名家,以表见于世。其为文也,本诸圣贤之经,考求汉唐之史,凡天文、地理、井田、兵制,郊庙之礼乐,朝廷之官仪,下至族姓、方技,莫不稽其沿袭,究其异同。

此见南宋诸贤治学之风范,与夫其人之众也。袁桷曰:

> 女婺史学之盛,有三家焉:东莱之学,据经以考同异,而书事之法,得之于夫子之义例,以褒贬而言者,非夫子旨矣。龙川陈同甫,急于当时之利害,召人心,感上意,激顽警媮,深以为世道标准。悦斋唐与政,搜辑精要,纲挈领正,俾君臣得以有考,礼乐、天人、图书之会粹,力返于古。

黄溍曰:

> 婺之学,有三家焉:陈氏先事功,唐氏尚经制,吕